U0636619

"福建文化海外传播"丛书编委会

主　　任：章正样

副 主 任：马建荣　王　岩

委　　员：（按姓氏笔画为序）

　　　　　王青松　陈柏华　陈绍明　陆洪斌

　　　　　卓斌斌　夏礼群　郭彩庭

编 辑 部

主　　编：马建荣

副 主 编：卓斌斌

编　　辑：林　颖　陈新谊　卢　涛

福建文化海外传播丛书

福建省中华文化学院　编

闽南文化在海外

郭志云 ◎ 编著

海峡出版发行集团
海峡文艺出版社

图书在版编目(CIP)数据

闽南文化在海外/郭志云编著. —福州:海峡文艺出版社,2024.12
(福建文化海外传播丛书)
ISBN 978-7-5550-3843-6

Ⅰ.G127.57

中国国家版本馆 CIP 数据核字第 2024GM5883 号

闽南文化在海外

郭志云　编著

出 版 人	林　滨
责任编辑	余明建
出版发行	海峡文艺出版社
经　　销	福建新华发行(集团)有限责任公司
社　　址	福州市东水路 76 号 14 层
发 行 部	0591－87536797
印　　刷	福州约瑟弗文化发展有限公司
厂　　址	福州市仓山区浦上工业区 B 区 47 号楼二层
开　　本	720 毫米×1010 毫米　1/16
字　　数	214 千字
印　　张	17.75
版　　次	2024 年 12 月第 1 版
印　　次	2024 年 12 月第 1 次印刷
书　　号	ISBN 978-7-5550-3843-6
定　　价	68.00 元

如发现印装质量问题,请寄承印厂调换

总序

林金水

不同的文化都是在一定的地域环境基础上形成和发展起来的。福建以其独特的地理位置、自然环境，孕育、滋生、演化出福建文化特有的浓郁、鲜明的大山文化与海洋文化相融交织的地方特色。

福建素有"东南山国""海滨邹鲁"之称，负山傍海。其地势西北高，东南低。西北大山，武夷、杉岭诸山脉，位于闽赣边界，北接浙江仙霞岭，南通广东九连山。中部大山，"闽中屋脊"——鹫峰山、戴云山、博平岭三座山脉，呈东北—西南走向，切割福建南北，是内陆山区和沿海地区的划分线，绵延于政和、屏南、建瓯、古田、延平等地。文化本来就是在流动中吸纳百川，进步、发展、提升。然福建山海形胜，"山脉绵亘，道里崎岖，鸟道盘纡，羊肠迫隘，陆行百里，动需旬日"。春秋以前，福建北上通道与中原几乎隔绝，致使福建成为"化外之地"，文化长期处于"昙石"化、土著化的固化状态。

一个时代的历史确定了一个时代的文化。朝代每每更迭，福建文化活泼的元素因此一次又一次被激活。福建历代王朝统治者，对福建政治、经济、军事的管理、改革、开发，促进了福建文化的活跃、升级、发展。而满足福建文化交流、沟通、传播，又取决于陆路交通的开辟。秦代，福建并入秦朝，闽中郡设立。秦军入闽，取道"余干之水"，由江西信江，越武夷山脉，抵闽江上游一带，又沿闽江顺流而下，直达闽中郡的东冶（今福州）。闽北各地反秦起义，也取道"余干之水"北上，抵鄱阳。这是福建最早与中原各地来往的通道。汉初武帝时期，福州是当时海上交通的中心，由闽江口出港，南交交趾七郡，东接北方诸港。魏晋以降，孙吴入闽，设建安郡。晋末"衣冠南渡，八姓入闽"。福建至江西、浙江、广东三省陆路开通，中原汉族移民入闽，中原文化南传。北方汉人由闽北入闽，主要有三个通道：一由浙江江山诸山，经霞浦枫岭关入闽，分居浦城、崇安（今武夷山市）、建阳、建瓯等县的"福州官路"；一由江西鄱阳、铅山至崇安西北分水关入闽，分居崇安、建阳、建瓯等县，沿闽江水路到延平的"福州官路"；一由江西临川、黎川，经光泽西杉关入闽，分居光泽、邵武等县，循水路到延平会合"福州官路"。西路向东通道，由江西瑞金经汀州、清流，乘船下九龙滩，经顺昌会于延平，或避九龙滩，走将乐，经顺昌会于延平；向东南通道，由汀州陆路，经上杭、永定羊肠鸟道至漳州。东路，福宁、福州二府通道，由浙东沿海温州入闽，经福宁（今霞浦）、宁德、罗源、连江至福州。福建北、西、东环山通道都会合福州。大山陆路交通的开辟，将福建三分之二的区域连成一片，其余府县由福州南下，与莆田、泉州、漳州相连。福建陆路四方开通，形成福建与国内各地相互沟通，相互交流的联络网，对福建文化的发展、提升起着非常重要的作用。闽西北邵武、建宁、延平三府成了福建与外省交通的要冲，是大量北方汉民入闽的首居之地，以汉民族为主的福建主流社会开始建立。大山的力量，带来了中原儒家文化在福建的生根、发芽、发展、壮大，成了福建社会的主流文化。那是大山的文化。大山地灵人杰，孕育出一批福建文化代表性的大人物杨亿、柳永、朱熹、袁枢、真德秀、宋慈等。

宋元时期，陆路开通，大山文化与儒家文化相融一体日臻成熟。然闽道行阻尚未改变，而水路交通的重要性日益突显出来。除福州外，泉州、漳州二府地属晋江和九龙江流域，自然条件十分优越，既有泉州平原、漳州平原，又面向大海，对外海上交通便利。唐中叶，就已同东亚、东南亚，以及印度等国往来，福建对外贸易呈现"市井十洲人""船到城添外国人"的景象。宋元福建海外贸易空前繁荣，"海上丝绸之路"进一步开通，以泉州为起点和终点的交通航线六条：一、泉州至占城；二、泉州至三佛齐等地；三、泉州经马六甲海峡至印度、波斯湾；四、泉州经南三佛齐入波斯湾，沿阿拉伯海岸航行至亚丁湾及东非；五、泉州至菲律宾古国麻逸、三屿等地；六、泉州至高丽、日本。阿拉伯、波斯、印度、高丽等不同国家、不同民族、不同信仰的侨民纷至沓来，入居泉州。泉州成为福建对外文化交流的中心、"海上丝绸之路"的起点。另，明代漳州月港、清代厦门港是我国对外贸易重要的港口。海外各地不同文化在此交汇融合，盈溢着闽南文化浓厚的海洋色彩，标志着福建文化由内陆山区大山文化，由东北至西南向东南沿海地区转移，形成了大山文化与海洋文化相交织的、具有地方特色鲜明、内容丰富多彩的福建文化。其显著特征就是开放性、多元性、吸纳性，为福建文化传播走向世界，提供了非常有利的条件。

2024 年 10 月 15 日至 16 日，习近平总书记来闽考察时强调，要在提升文化影响力、展示福建新形象上久久为功。推进文化建设是新时代统战工作的实践要求。在当前风云变化、复杂多变的国际形势下，向世界阐释推介福建优秀文化，展示八闽文化的个性特征与品格，是我们义不容辞的责任。

本丛书是一套研究福建文化对外传播历史通俗性、学术性的著作。它主要面向海外港澳台同胞和海外侨胞，国内民族、宗教界等人士及世界各国人民。编者从全面系统、丰富多彩的福建文化中，筛选能体现福建文化本质特征的"闽都文化""朱子文化""闽南文化""客家文化""妈祖文化"五个专题，分别加以论述。

闽都文化 闽都福州，别称三山。国家历史文化名城，福建文化对外交流的重要窗口。现为海峡两岸融合发展、交流合作重要承载地。福州文化主体是侯官文化。侯官"历宋元明皆无更革，及万历八年（1580）废怀安县，以其地并入侯官，而侯官所辖之境益大焉"。侯官优越的地理优势，领明末清初福州中西方文化交流风气之先，形成了海纳百川、开放多元、文明灿烂的福州文化。西方对福州最早的认知，起于明末大学士叶向高在其故居芙蓉园与"西来孔子"意大利人艾儒略之间展开的一场东西方面对面的对话——三山论学，它在西方广为流传。之前，艾儒略在西门外福州书院（共学书院）作"天命之谓性，率性之谓道"演讲，将朱子理学思想传入西方。近代，1865年美国传教士卢公明《中国人的社会生活》一书，真实记录福州人的社会生活，图文并茂将福州文化的方方面面传入西方。当下，生活在海外的福州移民华侨，是福州文化对外传播的主角，从参与商贸交往、宗教传播、工艺交流、留学交往、思想文艺传播，乃至福州饮食，打造福州文化与世界各国文化相互沟通、交流、借鉴的平台。

朱子文化 它是福建文化的精髓，集濂学、洛学、关学、闽学之大成，是中国人的思想智慧。它从大山汇融到中原，从福建走向海洋，是福建特色地域文化成熟的重要标志。朱子文化阐释儒学义理，整顿伦理道，提倡通经致用，议政理事，经邦治国，使儒学重新回归到中国传统思想文化的主体地位。明末，它以儒家文化的思想，首次与入华耶稣会士利玛窦传播的天主之学展开儒耶之争。此后，耶稣会士以朱子理学——中国人的智慧传入西方。迄今，传遍世界各国，如法国、德国、英国、瑞典、俄国、加拿大、美国。东方，朱子文化从朝鲜、而日本、而越南、而新加坡、而泰国。朱子文化对外传播，越来越多元化、多样化，倍受海外侨民的欢迎。

本丛书与国内其他地域文化对外传播及福建对外交流史诸书相比最大不同的是，其主要内容，突出两岸文化的相通与交融，尤其《闽南文化在海外》《客家文化在海外》《妈祖文化在海外》等三部书。它们以具体、详细的资料，阐明台湾地域文化形成、发展，与发祥自福建的闽南文化、客家文化、妈祖文化影响是息息相关的。福建是台湾文化的根。郑成功治台时期将大陆主体文化系统全面地带进台湾。无论是生产技术、商业贸易等物质文化，还是政治制度、宗教信仰、文学艺术、教育科举、风俗习惯、方言俚谚、音乐戏曲、建筑雕刻、绘画美术、民间信仰等人文文化，大部分都是由闽南人、客家人的文化向台湾地区传播和延伸的。闽南文化和客家文化是台湾文化主体的源流。

闽南文化 闽南与台湾一水之隔，闽南人移居台湾并成为主体居民，将闽南文化带到台湾，使其在台湾传承与融合，深刻地影响着台湾文化的形成与发展。闽南文化的主要特征：崇祖重乡的生活理念、敢拼会赢的精神气质、重义求利的价值取向、山海交融的行为模式。台湾同胞说闽南话的人最多，约占全台人口总数的80%以上。台湾闽南话的语音系统和福建本土闽南话几乎没有差别。闽南文化作为中华优秀文化的重要组成部分，其中所涵盖的"敢拼会赢""和谐共生""山海交融"等理念与实践，是其在新时代新发展的不竭动能。在闽南话对外传播中，发挥闽南华侨华人的功能，激发闽南文化的活力，有助于更好地推动构建人类命运共同体。

客家文化 汀州、漳州二郡是纯客家人的地区。客家文化是由北至闽赣粤迁移、流动的中原文化。它与闽南文化、台湾客家文化形成三角相互交错、相互影响、相互借鉴的客家文化的主要特征。明末客家人是所有大陆人中最早移居台湾的先驱。项南指出，"客家精神的内涵是很丰富的，其核心在于团结和奋进"，"客家文化继承和发扬了中华文化的精华，长期迁移史又养成了兼收并蓄取其长、开拓进取不保守的民风，使客家民系具有强大的凝聚力和生命力"。客家文化范围极广，形式多样，有客家方言、服饰与饮食、客家民居、乡神崇拜、客家民俗、山歌船灯戏、宗教社会、客家民性、耕读传家、客家思想观念等。福建客家文化在台湾得到继承与变迁，诚如谢重光所言："从民系特有的性格，到岁时习俗、神明信仰、宗教心态，到流行和偏好的文艺形式，以及作为民系文化载体的方言等等，在台湾客家人中都得到全面的继承。"两岸客家文化的交融，在客家文化海外交流中走在了一起。

  妈祖文化 以信仰作为福建文化对外传播的系列之一，妈祖文化充分体现了福建文化多元共存、共同发展的特性，是信仰文化与物质文化的融合体。它有具体可见的妈祖宫庙，从信仰中见建筑，从建筑中见信仰。福建文化的对外传播，在闽南文化、客家文化建筑中，又增添了妈祖文化建筑。台湾妈祖庙建筑亦深受闽南妈祖庙建筑风格影响。《妈祖文化在海外》以实物凸显了妈祖文化的真谛，以历史事实见证它在亚洲、美洲、大洋洲、欧洲、非洲世界五大洲传播，殊为难得。妈祖文化同样由福建移民的迁移而传进台湾。妈祖庙最早在明中叶由俞大猷在澎湖创建。台湾妈祖宫庙供奉的妈祖，均从湄洲分灵而来。不同祖籍的移民，供奉的神像不尽相同。湄洲岛一带妈祖庙分香入台，称为"湄洲妈"，泉州人的妈祖庙称为"温陵妈"，同安人的妈祖庙称为"银同妈"，妈祖佑两岸，银同是归乡。一定时间内，这些宫庙都要回福建本庙进香。当下，也有台湾宫庙分灵大陆各省和香港。两岸宫庙缔结的《结盟书》，有漳州银同天后宫与彰化南瑶宫的《结盟书》："缔结友好宫庙，永缔万世神盟"；湄洲祖庙与嘉义新港奉天宫的《结盟书》："为发扬妈祖信仰济世护航神圣懿德，发展乡邦宗教文化事业，增进胞谊亲情，敬修厥德，利用厚生，永结至亲，实赖神庥。"闽台妈祖文化是中华文化特殊而重要的一部分。妈祖文化的世界传播就是中国传统文化的世界传播。它与一带一路促进世界交通的连结是一样的，加强了世界各国文化与中国传统文化联系。两岸妈祖文化联袂对外传播，成为连接中外文化、沟通不同信仰、促进世界民心相通的纽带，融汇着世界多元的文化元素。2009年妈祖文化入联合国世界非遗名录。

福建文化从大山，走向海洋、走向世界，向世界各国人民传递的是：团结与奋进，发展与进步，友好与合作，信仰与沟通，文明与交流，安全与保佑。

福建以对文化自信与世界各国一道，为构建人类命运共同体做出了贡献。是为序。

2024年12月于金桥花园

（林金水，福建师大社会历史学院教授、博导，福建文史研究馆馆员。曾任省政协第八届、第九届委员、第十届常委。）

序

涂志伟

　　秋季刚过不久，收获的喜悦还停留在心头。虽然已是初冬时节，闽南的气候却还是暖洋洋的。此时收到郭志云老师编著的《闽南文化在海外》书稿，作为长期从事闽南文化工作的我感到十分高兴。这是作者又一份沉甸甸的文化研究成果。该书是《福建文化海外传播丛书》（5种）中的重要一册。这套丛书立意深远、选题重要，旨在深入挖掘蕴含在福建文化之中的时代精神和实践价值。2023年9月，《中共中央、国务院关于支持福建探索海峡两岸融合发展新路建设两岸融合发展示范区的意见》指出："发挥泉州、漳州闽南语地区台胞主要祖籍地优势，建设世界闽南文化交流中心。"《闽南文化在海外》的写作与出版，恰逢其时。历年来有关闽南文化的研究成果已经颇为丰硕，各种专著、丛书的出版数量很多，但这部以闽南文化在海外为主题，进行全面深入研究的专著具有创新性，其学术价值、现实意义十分重要且适时。

　　闽南文化是长期的政治、经济、文化和社会发展历史过程中形成的极具鲜明特色的一种地域文化，也是民系文化。闽南文化上承中原、吴楚，下续台湾、东南亚，播及世界各地。闽南文化是经过漫长的历史演变与文化磨合，以及东南沿海地带独特的地理环境等多种因素逐渐造就而成的，是中华文化的重要组成部分。闽越文化是闽南文化的底色，中原文化是闽南文化的主体，海洋文化是闽南文化的鲜明特色，闽南方言是闽南文化的主要载体。存续状态良好的闽南习俗、闽南方言、闽南宗族、闽南信俗、闽南传统艺术、闽南传统建筑、闽南饮食等各种文化形态，构成了闽南文化的完整系统，体现了鲜明的文化特征，保留了丰富的祖地文化内涵，决定了闽南文化具有顽强的内合力和强大的张力。宋元时期，闽南掀起中外文化大交流、大融合的第一波浪潮。泉州成为闻名世界的"海上丝绸之路"起点港口城市之一，是东方第一大港。明隆庆年间，漳州月港开禁，史称隆庆开关。漳州月港是明中后期我国唯一的合法直接出海贸易的港口。月港的开放是闽南文化与外来文化的第二次交流。清末至民初，随着厦门港的崛起，形成闽南文化与外来文化交流的第三波浪潮，开始了闽南文化的现代转型。改革开放以来，厦门成为我国最早设立的经济特区之一。2013年，习近平总书记提出了共同建丝绸之路经济带与共建21世纪海上丝绸之路的"一带一路"重大倡议。作为中国扩大对外开放的重大战略举措和经济外交的顶层设计，如今共建"一带一路"已经进入高质量发展的新阶段。这正是推进建设世界闽南文化交流中心的大好时机。

《闽南文化在海外》是一部体现闽南文化鲜明特色的著作，生动而具体地介绍了闽南文化不同历史时期在世界各地的传播及其影响。全书共含绪论及十二章正文，全面梳理呈现了闽南文化的发展历程、闽南文化的主要特征及海外传播的主要价值，从地方方言、乡土民俗、民间信仰、地方戏曲、音乐美术、教育书院、侨乡侨批等方面介绍闽南文化海外传播的具体情况，并分析海外传播的典型案例，指出了海外传播的发展趋势。

该书总体框架清晰、章节编排合理。总分结合，资料丰富，叙述顺畅，见解深刻，将知识性、文献性、可读性融于一体，让读者在字里行间感受闽南文化的丰富多彩。该书既有从古至今历史发展的纵向年代跨度，也有东南亚国别的横向地域广度和闽南文化各门类的宽度，从而勾勒出了较为清晰的闽南文化海外传播的画卷。作者在占有大量研究资料、吸收诸多研究成果的基础上，进行系统梳理、提炼升华，并着眼新形势、新视角，提出了不少有见地的观点。全书史料扎实可靠，史观正确，论述有据，条清理晰。这体现在对闽南文化历史发展的概述、体现在闽南文化分门别类的梳理、体现在闽南文化海外传播足迹的追踪。闽南文化的海外传播，体现了闽南人爱拼会赢、勇立潮头，主动迎接全球化的时代精神；体现了闽南文化勇于创新、包容开放的品格；体现了闽南文化在中西文化交流互鉴中所做出的贡献。这也是闽南文化的海洋文化特质。

作者是文学博士，曾长期在省直统战系统、文化部门工作，有丰富的实践经验。现在高校从事文化学、政治学的教学研究，积累了较为丰厚的研究成果，公开发表的学术论文达数十篇，获得了诸多的荣誉和奖项。但对于闽南文化研究，尤其是闽南文化在海外的研究方面，作者是新生的力量。作为生于斯长于斯的闽南人，他对闽南文化自有一份深情。但写作时间紧、任务重、涉及面广，要求又高，想要顺利完成此项研究工作难度极大，十分不易。我与作者未曾谋面，当初有幸读到作者初稿，如今再次阅读即将出版的定稿本，深深感受到作者是下了苦功，做足功课，数易其稿，不断提炼修改，精益求精，完成了这项有分量的研究成果。我为他的勇挑重担、不懈努力感到由衷的高兴，也热烈祝贺作者大作的顺利出版，这是一个新的起点。

当然，闽南文化是一个历史文化概念，也是一个当代文化概念，更是发展的活态文化。在新时代，闽南文化的内涵、外延不断丰富、拓展，需要我们以新视野继承和弘扬闽南历史文化，促进闽南文化创造性转化、创新性发展。陈支平教授在《闽南文化丛书》(增订版)中说，"深具东南海洋地域特色的闽南文化，以其前瞻开放的世界格局，在中华文化的对外传播乃至世界文明的发展史上，留下了不可磨灭的足迹"。进一步追寻、研究闽南文化在海外的足迹，推出更多更有分量的新研究成果，这是摆在我们广大闽南文化研究者面前的一项重要课题，也是建设世界闽南文化交流中心的一项迫切任务。希望作者能够以此为契机，继续深入研究闽南文化，我等同仁当共同努力，担当起时代交给我们的历史重任与文化使命。

在这温暖的冬日午后，安静地翻阅即将付印的《闽南文化在海外》书稿，徜徉在温馨的书香中，内心满是喜悦。承蒙组织编写方和作者错爱，一再相嘱为该书撰序，我勉为其难，更是有感而发。

谨为序。

2024 年 12 月于漳州

（涂志伟，福建省闽南文化研究会副会长、漳州市闽南文化研究会会长、福建师范大学闽学研究中心特约研究员。）

目　录

绪论

闽南文化与文化自信

——

　　"文化"一词来源于拉丁文 cultura，原先指的是农耕及对植物的培育，后逐渐引申，把对人的品德和能力的培养也称之为文化。关于文化的定义，一直是令国内外学术界都十分头痛的问题。在持续多年的"文化热"大讨论中，有人做过一个粗略统计，"文化"一词有多达 140 多种不同的界定方式，更有学者明确指出，"英语中文化的定义有 260 多种，据说是英语词汇中意义最丰富的二三个词之一"[1]。目前，学术界公认的意见认为，被称为人类学之父的英国人类学家爱德华·泰勒，是第一个在文化定义上具有重大影响的人。他在《原始文化》第一章《关于文化的科学》中说："文化或文明，就其广泛的民族学意义来讲，是一复合整体，包括知识、信仰、艺术、道德、法律、习俗以及作为一个社会成员的人所习得的其他一切能力和习惯。"[2]泰勒将文化解释为社会发展过程中人类创造物的总称，包括物质技术、社会规范和观念精神。从此，泰勒的文化定义成为文化定义现象的起源，后人对这个定义褒贬不一，同时亦不断地提出新的观点。

　　在古代中国，虽然没有非常明确的"文化"之定义，但"文""化""文化"等词很早就已经出现并广泛使用。"文"与"化"并联使用较早见于战国时期的《易·贲卦·象传》："刚柔交错，天文也。文明以止，人文也。观乎天文，以察时变；观乎人文，以化成天下。"其大概的意思是：天生有男有女，男刚女柔，刚柔交错，这是天文，即自然；人类据此而结成一对对夫妇，又从夫妇而化成家庭，而国家，而天下，这是人文，是文化。人文与天文相对，天文是指天道自然，人文是指社会人伦。治国家者必须观察天道自然的运行规律，以明耕作渔猎之时序；又必须把握现实社会中的人伦

① 金元浦：《定义大众文化》，《中华读书报》，2001 年 7 月 25 日。
② 爱德华·泰勒：《原始文化》，连树声译，上海文艺出版社，1992 年，第 1 页。

秩序，以明君臣、父子、夫妇、兄弟、朋友等等级关系，使人们的行为合乎文明礼仪，并由此而推及天下，以成"大化"。

而"文化"作为独立名词第一次使用，则始见于西汉刘向《说苑·指武》："圣人之治天下也，先文德而后武力。凡武之兴，为不服也，文化不改，然后加诛。"圣人治理国家，是先利用文化和道德使众人信服，然后才运用武力使众人信服。只是运用武力得到国家的人，众人不会降伏，如果文化没有改变，以后也会像现在这样被别人反压。可见，在古汉语系统中"以文教化"是"文化"一词的基本含义。换句话说，尽管中华文化根基深厚、源远流长，但今天我们通用的"文化"一词却是近代学者在译介西方相关词汇时，借用中国原有"文""化""文化"等熔铸而成的舶来品。但即便如此，中华文化在世界文明史上举足轻重的历史地位仍旧无可撼动。在世界四大文明古国中，中华文明是唯一延续时间最长且未曾中断的文化系统。中华民族自夏代进入灿烂的文明社会，此后虽然朝代的更迭甚为频繁，但传统文化却以其顽强的生命力和强大的适应力经久不衰、代代相传，并持续获得新的发展与提升。《易经》、汉字、《楚辞》、四大发明、书法、服饰、戏曲、宗教、饮食等方方面面，都彰显着中华文明的独特性。

纵观历史，不论是东方世界，还是西方国家，文化之于经济建设、民生发展及国际间综合国力竞争的重要性都不言而喻。尤其是中国特色社会主义新时代以来，伴随我国综合国力的不断提升，对于文化，尤其是传统文化、地域文化的关注逐渐成为普通民众的生活自觉与行动自觉。正如习近平总书记指出，"要讲清楚中华优秀传统文化的历史渊源、发展脉络、基本走向，讲清楚中华文化的独特创造、价值理念、鲜明特色，增强文化自信和价值观自信。要认真汲取中华优秀传统文化的思想精华和道德精髓，大力弘扬以爱国主义为核心的民族精神和以改革创新为核心的时代精神，深入挖掘和阐发中华优秀传统文化讲仁爱、重民本、守诚信、崇正义、尚和合、求大同的时代价值，使中华优秀传统文化成为涵养社会主义核心价值观的重要源泉。要处理好继承和创造性发展的关系，重点做好创造性转化和创新性发展。"① 因此，在大力厚植文化自信、培育和践行社会主义核心价值观与建设中国式现代化的今天，积极挖掘中国传统文化、民族文化、地域文化的深厚资源，不仅仅是价值观驱动的需要，更有利于实现二者的良性互动。

闽南文化与文化自信之间存在着密切而复杂的关联。作为中华优秀传统文化的重要组成部分，闽南文化具有深厚的历史底蕴与独特的文化内涵。这种文化包括语言、民俗、艺术、信仰、建筑、教育等方方面面，是广大闽南人民在长期的历史发展过程中所形成的独特文化体系。而文化自信则是指一个民族或国家对自身文化的认同感和自豪感。对于闽南地区的人民群众而言，闽南文化正是他们文化自信的重要来源之一。通过持续不断地传承和弘扬闽南文化，人们可以更加深入地了解自己的文化传统和历史根源，彰显闽南文化的源远流长与时代价值，从而进一步增强对中华优秀传统文化的自信心、自豪感与认同感。概而言之，只有深入了解、传承与弘扬博大精深的闽南文化，才能不断增强文化自信；而文化自信的不断提升，则反过来有助于更好地保护和播散闽南文化。

一、闽南文化的概念界定

对一个事物进行抽象的概念界定，其实就犹如绘制地图一样，地图展示的显然不是一片具体的块，而只是特殊地域的抽象表示。地图绘制得越精确，人们看了它就越不容易迷失途径。关于闽南文化的概念界定问题，历来都有许许多多差异性的理解和看法，学术

---

① 2014年2月24日，习近平总书记在中央政治局第十三次集体学习时的讲话。

闽南泉州、漳州、厦门三市行政区划图

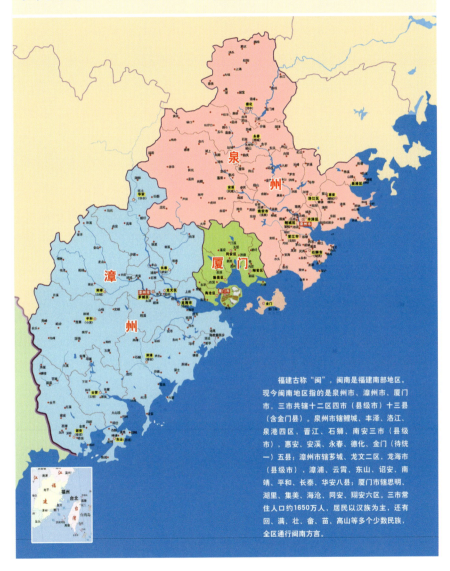

福建古称"闽"，闽南是福建南部地区。现今闽南地区指的是泉州市、漳州市、厦门市，三市共辖十二区四市（县级市）十三县（含金门县）。泉州市辖鲤城、丰泽、洛江、泉港四区，晋江、石狮、南安三市（县级市），惠安、安溪、永春、德化、金门（待统一）五县；漳州市辖芗城、龙文二区，龙海市（县级市），漳浦、云霄、东山、诏安、南靖、平和、长泰、华安八县；厦门市辖思明、湖里、集美、海沧、同安、翔安六区。三市常住人口约1650万人，居民以汉族为主，还有回、满、壮、畲、苗、高山等多个少数民族，全区通行闽南方言。

图片来源于2014年福建省人民政府印发的《闽南文化生态保护区总体规划》。

界谈论较多、认可度较大的主要是以下四种：

1. 以行政功能区域划分，福建省的厦门市、泉州市和漳州市所属的地区所产生的文化，名之为闽南文化；

2. 以讲方言为标准进行划分，凡是讲闽南方言的地区的文化都应当纳入到闽南文化的范畴之中。在这种概念之下，闽南文化的区域就有了更大的涵盖，不仅包括第一个概念所谈到的有限区域，也包括福建省内其他地区，乃至台湾等国内其他的闽南方言区和国外的一些闽南方言聚集区；

3. 以民系为分类标准，凡属于闽南民系的人的文化都应该属于闽南文化；

4. 以源头划分，闽南文化源自于中原河洛地区，传至福建、台湾等地，直到今天台湾仍然称闽南人为"河洛郎"，因此应该将闽南文化称为河洛文化。

如前所述，文化的概念本身就是不确定的，所以闽南文化概念的多样性与复杂性并不足为奇。以上的四个概念单单就表面看来，可能都有其合理性的一面，但存在的片面性与不足之处也是不容忽视的。第一个概念强调的是闽南文化的地域性，但其很显然窄化了闽南文化所覆盖的地域范围。作为一个地域性的概念，闽南文化原本指的是生活于福建南部泉州、漳州、厦门地区（也包括现在的龙岩新罗区、漳平市等早期隶属于漳州的区县，今属三明市的大田县等）的闽南人创造的特色文化。不过，自明朝中叶以来，由于大批的闽南人被迫下南洋、过台湾，囿于一隅的闽南文化也随之发生了较大规模的向外迁移与海外传播，并大量吸收融汇了当地的区域特色文化，有了新的变化与发展，也使得闽南文化区域不再受制于地域性的局限，扩展为涵盖闽南、台湾和东南亚闽南华侨华裔聚集地的更为广大的区域。

第二个概念单单从地域上看是合理的。闽南文化所覆盖地区的主要特点是使用闽南方言（包括闽南语以及它的分支语系），有着相同或者相似的文化传统和民风民俗。范围包括福建省的泉州、漳州、厦门，广东的汕头、潮州、汕尾和雷州半岛，海南省，台湾地区等。此外，浙江、广西、江苏、江西等省区，也分布着讲闽南方言的分散县市、乡镇、村落（方言岛），香港、澳门也有近200万人使用闽南方言。据不完全统计，在我国使用闽南方言（包括闽南语以及它的分支语系）的总人数达到了6000多万，占汉族总人口的5%左右，海内外使用闽南方言的人达到了近8000万①，成为汉语众多方言中甚为突出的一个语种。但是，文化是一个宽泛的概念，语言只是其中的一个重要维度，自然不能将其视为区域文化定义的全部。

第三个概念以民系为划分的标准，破除了地域、方言等因素的狭隘性与限定性，这就意味着今天我们探讨的闽南文化不仅仅是专属于闽南地区的地域文化，而是已经超越了闽南地域限制而成为广大闽南人所共同拥有的文化，可以名之为闽南民系文化。这种文化以闽南方言为载体，但是又同时融合了中原文化、闽越文化、海洋文化、华侨文化、异国他乡文化等多种元素。不过，需要指出的是，同一民系并不等同于同一文化。因此，这个概念的合理合法性也有待进一步完善。

第四个概念有一定的代表性，一直以来也拥有着一定数量的支持者，但显然它混淆了起源地和形成地。河洛文化的的确确是闽南文化的重要源头，甚至是最重要的源头，但并非唯一源头。闽南文化是在河洛文化基础上形成的新的文化形态。闽南文化的形成来源是复杂的，主要包括先秦至唐初期闽越地区自有的文化，唐宋时期中原南迁文化的根植，以及宋元时期海上交通来往导致的外来文

---

① 陈燕玲：《闽南文化概要》，厦门大学出版社，2020年，第40页。

化的冲击与影响。在发展过程中，闽南文化以其博大的胸怀兼收并蓄地接纳了吴（楚）文化、赣文化、客家文化、粤文化等的影响，并在宋元时期融入了阿拉伯民族、东南亚诸民族乃至西方文化的一些特色和元素。因此，河洛文化的命名并不能涵盖现有闽南文化的覆盖面，更不能以之替代闽南文化的概念。

2014 年 5 月，福建省印发了《闽南文化生态保护区总体规划》，提出闽南文化生态保护区总体规划期从 2011 年至 2025 年，分三个阶段实施。《规划》中对闽南文化下了一个具有法律权威性的定义："闽南文化是秦汉晋唐期间南迁汉人携来的中原文化在福建东南沿海特殊的地理环境中与闽越、闽南本土文化多次融合，宋元明清以来在异域经济文化交流和向外拓展中吸收了东南亚、阿拉伯、西方等外来优秀文化元素而形成的农耕文化与海洋文化交织的闽南民系文化，是历代闽南人创造出来的精神文明与物质文明的总和，是中华文化的重要组成部分。"[1] 虽然起源于当时的泉州、漳州，但是在无数闽南人的共同创造与代代传承之下，如今的闽南文化早就超脱时空的限制，已然是源远流长、博大精深的中华文化的重要支系。若是简单地从文化形态上进行划分，闽南文化主要表现为非物质文化遗产和物质文化遗产，如南音、北管、什音、褒歌等传统音乐，以及闽南传统民居营造技艺、福建土楼营造技艺等传统建筑技艺等。这些文化形态不仅生动形象地展示了闽南文化的独特魅力，也为人们提供了了解和传承闽南文化的重要途径。

概而言之，"多源复合的血缘与文化认同"[2] 造就了闽南文化是一个丰富多彩却又独具特色的地域文化概念，它是世世代代的闽

---

[1] 《福建省人民政府办公厅关于印发〈闽南文化生态保护区总体规划〉的通知》，2014 年 4 月 23 日印发。

[2] 陈支平：《闽南文化三论》，收录于闽南文化交流协会主编《闽南文化的当代性与世界性论文集》，2014 年 6 月。

图片来源于 2014 年福建省人民政府印发的
《闽南文化生态保护区总体规划》。

南人共同创造的精神文明与物质文明的总和，"传承了发展了中华文化"①。

二、闽南文化研究的现状

关于闽南文化较为系统的探究主要集中在近现代阶段。尤其是 20 世纪 80 年代以来，随着学术研究的逐步深入和学科体系的日臻完善，学术界关于闽南文化的研究也逐渐系统化、深入化、专业化。不同学科的学者们从语言学、历史学、民俗学、人类学、社会学、艺术学、文化学等多元学科甚至跨学科的角度对闽南文化进行了抽丝剥茧的深入研究，取得了较为丰硕的学术成果。截至 2024 年 10 月，通过中国知网（CNKI）数据库以"闽南文化"为主题关键词进行检索，获得的搜索结果为 2563 篇，其中学术期刊 1277 篇，学位论文 276 篇，会议论文 313 篇，报纸文章 287 篇。而以"闽南文化"为篇名关键词进行搜索，获得的结果为 886 篇，其中学术期刊 406 篇，学位论文 31 篇，会议论文 176 篇，报纸文章 122 篇。进入新时代以来，对"闽南文化"的研究呈现逐步上升的发展趋势。通过对已有文献进行分类整合，现有的闽南文化研究主要聚焦在以下四个方面：

一是辨析闽南文化的来源问题。闽南文化历史悠久，它的形成和发展与闽南地区整体的开发是密切相关的，但在时间的判定上，仍然存在着较大的争议。刘杰在查阅大量文献资料的基础上，提出"闽南文化渊源于秦汉之际"②的看法。杨雪燕是在研究海峡两岸文化融合的语境中探析该问题，她指出闽南文化是海峡两岸闽

① 林华东：《闽南文化的历史性、时代性和世界性》，收录于闽南文化交流协会主编《闽南文化的当代性与世界性论文集》，2014 年 6 月。
② 刘杰：《闽南文化在闽台文化交流中的作用研究》，华侨大学，2011 年硕士学位论文。

南人共同创造的优秀地域文化，是博大精深的中华民族文化中的一朵奇葩，其起源是在秦始皇统一中国后①。在这个问题的研究上，学者林华东的意见颇有见地，他在探究地域语言的基础上，提出闽南文化"肇端于汉"②的观点，令人耳目一新。汤漳平、许晶则从地域起源上分析认为闽南文化源于中原文化，而台湾文化又源于闽南文化③。对此，刘冉也表示认同，他同样支持闽南文化起源于中原④的观点。张嘉星在自身多年研究的基础上，提出闽南语言文化的初步形成时间是初唐时期⑤。

二是闽南文化的概念、内涵与特征研究。一直以来，"闽南文化"作为一个概念在国内外学术界的激烈争论不断，学者因为研究角度的不同而存在着许多不同的看法。刘文波认为，闽南文化是在闽南特定的地理环境和历史条件下孕育生成的。闽南山地丘陵密布、地少人多与海域广阔、海路交通发达两个方面的历史地理条件，促进了闽南文化独特人文精神的形成⑥。对此，刘登翰的看法是："闽南文化是源于汉晋，成熟于两宋，发展于明清，在近代社会的历史

---

① 杨雪燕：《闽南文化在推动两岸文化交流与发展中的影响与作用》，《天津市社会主义学院学报》，2013年，第3期。

② 林华东：《肇端于汉 多元融合——关于闽南文化历史形成问题的探讨》，《东南学术》，2013年，第4期。

③ 汤漳平、许晶：《关于中原文化与闽南文化关系研究的几点思考》，《闽都文化研究》，2004年，第1期。

④ 刘冉：《闽南文化的思想政治教育资源及其价值研究》，闽南师范大学，2014年硕士学位论文。

⑤ 张嘉星：《再论闽南文化形成于初唐》，《福州大学学报》（哲学社会科学版），2017年，第2期。

⑥ 刘文波：《闽南文化的形成与人文特征》，《高等财经教育研究》，2014年，第1期。

演变中……逐渐形成的区域性文化。"[①]林星也强调，闽南文化是中华文化的重要组成部分，具有独特的地域特色，其影响力不仅限于福建厦门、漳州、泉州等地，还延伸至台湾和东南亚地区[②]。林国平给闽南文化下的定义是——"闽南文化是指闽南人及其后裔共同创造的、以闽方言为主要载体的、以闽越文化为基础、以中原文化为主体、以海洋文化为特色的文化共同体。"[③]时梦怡认为闽南是中华的一支，它是厦门、泉州、漳州闽南人一代代传承下来，并在不断发展和创新中形成的一种区域文化[④]。汤漳平、许晶在对闽南文化概念的理解上更加突出的是语言的影响力，他们强调闽南文化不仅仅局限于某一特定的群体或地域，而是涵盖了整个闽南民系的文化精髓[⑤]。而在另一篇文章中，汤漳平强化了这一观点，认为闽南文化是一种源远流长的族群文化，它以祖籍认同为核心，将人们的情感融入其中，成为一种独特的文化符号，具有深厚的历史底蕴和丰富的人文内涵[⑥]。谢重光对这个问题的解读是，"与中华文化及其范围内各种地域文化一样，闽南文化是一种多元结构。其根源在于闽南人的族群来源是多元的。"[⑦]林华东则认为，闽南文化

① 刘登翰：《论闽南文化——关于类型、形态、特征的几点辨识》，《中华文化与地域文化研究——福建省炎黄文化研究会20年论文选集》（第二卷），福建省炎黄文化研究会专题资料汇编，2011年。

② 林星：《发挥闽南文化优势促进闽台交流》，《福建省社会主义学院学报》，2009年，第1期。

③ 林国平、陈辰立：《试论闽南文化的特质》，收录于《闽南文化的当代性与世界性论文集》，海峡文艺出版社，2014年，第8页。

④ 时梦怡：《闽南文化是两岸同胞共同的精神家园》，《台声》，2018年，第5期。

⑤ 汤漳平、许晶：《关于中原文化与闽南文化关系研究的几点思考》，《闽都文化研究》，2004年，第1期。

⑥ 钟建华、汤漳平：《族群文化——闽南文化概念的重新界定》，《泉州师范学院学报》，2008年，第5期。

⑦ 谢重光：《闽南文化多元结构刍议》，《地方文化研究》，2024年，第1期。

的"开放兼容意识、务实共赢心态、向海探索精神、眷念乡土情怀"深度演绎和丰富了中华文化的"和合观、务实观、革新观、家国观",为中华文化的传承、创新和发展增添了活力①。郑镛则提出,闽南是典型的溪海过渡区文化类型,其文化基因有中原文化、百越文化和楚文化,还有外来文化。其特征是多元杂糅性、传承持续性、流播迁转性②。陈支平认为,会通华洋的文化补强意识是闽南文化的重要特征,具有一定的开放性和吸收外来文化的勇气,是闽南文化走向世界的根本保证③。

三是闽南文化的具体类别研究。闽南文化是一个宽泛的概念,其中囊括的子类别异常丰富,包括民间文学、民间信仰、戏曲文化、方言文化、建筑文化、书院文化等等。洪映红认为,闽南语民间歌谣中"讨海歌""疍歌""过番歌"这三个具有鲜明海洋叙事特征的歌谣类型,呈现了闽南地域文化中的海洋面貌,揭示了其中蕴含的海洋文化内涵,即悠远的海洋传统和勇于打拼的海洋精神④。长期聚焦闽南童谣研究的王淼同样认为,闽南童谣作为闽南地区民族文化的一种,历史性、思想性、审美性及其价值取向都具有一定的文化研究价值。它不但蕴含着具有闽南特色的古老文化,还渗透着闽南人民智慧的力量,保留了闽南民俗文化的缩影⑤。闽南民间故事研究的专家戴冠青指出,通过闽南民间故事中让好人死后再生的独

---

① 林华东:《论闽南文化的继承性与创新性》,《闽南师范大学学报》(哲学社会科学版),2020年,第3期。

② 郑镛:《论闽南文化的特质及其生态保护》,《福建师范大学学报》(哲学社会科学版),2010年,第1期。

③ 陈支平:《闽南文化三论》,收录于闽南文化交流协会主编《闽南文化的当代性与世界性论文集》,2014年6月。

④ 洪映红:《闽南文化的海洋叙事——以闽南语民间歌谣为视点》,《集美大学学报》(哲学社会科学版),2020年,第4期。

⑤ 王淼:《闽南童谣的当代文化价值与教育价值探析》,《文艺争鸣》,2017年,第11期。

特传达，体现了闽南文化的乐观主义精神和积极向上的审美追求，对于深入认识闽南文化精神、促进闽南文化建设具有特殊意义①。黄科安将被誉为"宋元南戏"的"活化石"的泉州戏曲，认定为闽南文化中最具特色的组成部分②。而蔡明宏的《闽台民间历史记忆的文学书写——闽南语歌仔册在台湾》③建立在厚重的文献积累基础之上，以"文学想象"与"历史真相"交互参证角度，从歌仔册在台湾地区的历史概貌、歌仔册与台湾民间社会图景、歌仔册与台湾殖民风云变幻、歌仔册与台湾在地文学创作、歌仔册与台湾念歌表演艺术5个维度挖掘歌仔册文学书写疆域内的闽台民间历史记忆。王曦从族群认同视域探讨闽南族群跨境迁移中闽南方言在族群认同中和文化认同中的地位和作用，闽南方言的认同功能与其交际功能、文化功能之间相互关联、相互作用，与长久维系闽南族群认同、构筑"一带一路"心相通、保护闽南方言资源等休戚相关④。陈支平认为，在中华民族复兴与重铸中华文化的时代，一些有代表性的闽南书院率先开启了产业化的发展道路，对于中国书院的现代化、闽台书院的文化交流以及"海上丝绸之路"上的书院文化传播都有一定的理论与现实意义⑤。

四是闽南文化的价值意义研究。闽南文化历经时代风霜，越来越醇熟、厚重，不仅仅在历史上意义非凡，而且在当下和将来都

---

① 戴冠青：《闽南人的生死观及其文化意义——以闽南民间故事为例》，《东南学术》，2015年，第3期。

② 黄科安：《闽南文化与泉州戏曲研究》，《福建论坛》（人文社会科学版），2012年，第3期。

③ 蔡明宏：《闽台民间历史记忆的文学书写——闽南语歌仔册在台湾》，福建师范大学，2023年博士学位论文。

④ 王曦：《族群认同视域下闽南方言的跨境传播》，《湖南科技大学学报》（社会科学版），2020年，第5期。

⑤ 戴美玲、陈支平：《闽南书院文化传承与产业化发展》，《重庆社会科学》，2018年，第11期。

起到十分重要的作用。林伟莘强调指出，闽南文化是联系两岸人民血脉与情感的媒介，也是两岸同胞的共同精神家园，是两岸同胞铸牢中华民族共同体意识的重要方式，更是实现国家完全统一的有效路径①。王兰娟、陈少牧认为，闽南地区是海上丝绸之路的主要发祥地，所孕育的闽南文化在闽台两地以及海上丝绸之路沿线国家和地区有着广泛的传播与深刻的影响②。宋昕睿认为，闽南文化既是福建电影的表征对象，又是支撑其影像内容的关键架构。福建电影本土化创作中的闽南文化越来越具备现实感，这一现实感将反向塑造福建电影的发展优势，助力闽南文化和电影创作的深度互融③。郭志云认为，依托闽南历史文化资源、闽商资源、闽南民俗文化资源能够形成培育和践行社会主义核心价值观的良好氛围，提升社会主义核心价值观的实践张力，真正实现内化于心、外化于行④。林小芸则认为，闽南文化作为中华传统文化的一部分具有丰富的内涵，在促进世界闽南人精神家园建设方面具有重要意义。弘扬闽南文化，探索将其融入高校德育工作路径，对于立德树人、传承中华优秀传统文化，促进海峡两岸文化交流交融、民心相通、融合发展，实现中华民族伟大复兴具有重要价值⑤。韩金秒、陈光田建议依托闽南文化资源，提高对外汉语教学的教学效果和教学水平，形成文化教学特色，不仅能增强教学的吸引力，提高留学生跨文化交际的

① 林伟莘：《闽南文化：两岸筑牢中华民族共同体意识的媒介逻辑》，《泉州师范学院学报》，2023年，第3期。

② 王兰娟、陈少牧：《闽南文化在海上丝绸之路建设中的历史作用与时代价值》，《西安建筑科技大学学报》（社会科学版），2018年，第3期。

③ 宋昕睿：《闽南文化与福建电影的本土化创作》，《电影文学》，2023年，第17期。

④ 郭志云：《论社会主义核心价值观与闽南文化》，《福建省社会主义学院学报》，2015年，第5期。

⑤ 林小芸：《闽南文化融入闽南高校德育工作的路径探析》，《闽江学院学报》，2022年，第3期。

能力，也能推动闽南地区走向世界[①]。苏振芳强调，闽南文化是中原文化、外来文化和本土文化相融合的区域文化，是多元一体的中华文化中具有鲜明特色的汉民系文化。深入研究和发掘闽南文化在海外的影响力，对福建建设 21 世纪海上丝绸之路所需的历史文化软实力支撑，具有重要的作用[②]。

由此可见，经过长时间的积累，闽南文化研究领域的各个层面都取得了较为丰富的成果，这些研究既深化了我们对闽南文化的认知，也有利于新时代更好地传承弘扬闽南文化。在文化自信、文化自强越来越被强调的今天，进一步深化拓展闽南文化研究的广度、深度，有着十分重要的理论意义和现实价值。

三、研究闽南文化在海外的时代意义

小时候

乡愁是一枚小小的邮票

我在这头

母亲在那头

长大后

乡愁是一张窄窄的船票

我在这头

新娘在那头

后来啊

---

① 韩金秒、陈光田：《闽南文化在对外汉语教学中的运用价值》，《集美大学学报》（教育科学版），2020 年，第 1 期。

② 苏振芳：《闽南文化融入 21 世纪海上丝绸之路建设的思考》，《中共福建省委党校学报》，2015 年，第 9 期。

乡愁是一方矮矮的坟墓

我在外头

母亲在里头

而现在

乡愁是一湾浅浅的海峡

我在这头

大陆在那头

——余光中《乡愁》

　　2017 年 12 月 14 日，祖籍福建永春的台湾作家余光中因脑中风在台湾高雄驾鹤西去。一时间，网上的信息铺天盖地，"乡愁，终于不再是一方矮矮的坟墓，您与母亲相聚了""您虽然去了那头，

图为余光中为泉州市永春县余光中文学馆题写的"乡愁"。

但您的诗永远地留在了这头"……网友的留言、评论，不约而同地紧紧围绕着他的《乡愁》。这一首诗写于 1972 年，却穿越近半个世纪的时光，至今依旧紧握人心。与余光中交友三十余年的浙江大学江弱水教授的回答直指人心，"他用最精炼的方式，最浅白的语言，把母亲的形象与故乡联系在一起。就像李白的'床前明月光'，最简单的往往也是最直击人心的。"在他看来，《乡愁》里，没有一个字多余。的确，整首诗虽短短几行，却包含了时间的流逝，"小时候，长大后，现在"，又有家国的梳理，"我"越走越远，而那个"故乡"越来越大，从母亲，到家乡，再到大陆。余光中通过几个时序语贯串全诗，借邮票、船票、坟墓、海峡等，把抽象的乡愁具体化，概括了诗人漫长的生活历程和对祖国的绵绵怀念，流露出诗人所强调的作家应有的深沉历史感与责任感。

时间回到三十多年前的 1992 年，余光中以访问学者的身份，第一次回到阔别已久的祖国大陆。当踏上这片熟悉的土地时，他忍不住热泪盈眶。他做的第一件事就是回到祖籍福建永春祭扫先人。在很多人看来，爱国诗歌很容易流于概念化和喊口号，但《乡愁》巧妙运用"船票""海峡"等象征性的意象来传达游子的爱国之情，把一个壮阔的题材写得自然而然。文化的归属感、认同感所迸发出的力量，由此可见一斑。

的确，文化是一个民族的"基因"，是一个民族的"身份证"，充分体现着一个民族的历史脉络、民族精神和思想精髓。塞缪尔·亨廷顿指出，文化是"对一个社会的成功起决定作用"[1]的因素。文化软实力主要是指文化的吸引力和感染力，对于国家而言，它是一种支撑力、创造力、推动力、竞争力，是综合国力竞争中的核心力量。习近平总书记当年在《之江新语》里写道：文化的力量，或者我们

---

[1] 塞缪尔·亨廷顿、劳伦斯·哈里森主编：《文化的重要性》，新华出版社，2002 年，第 2 页。

称之为构成综合竞争力的文化软实力，总是"润物细无声"地融入经济力量、政治力量、社会力量之中，成为经济发展的"助推器"、政治文明的"导航灯"、社会和谐的"黏合剂"①。党的十八大以来，以习近平同志为核心的新一届中央领导集体高度重视文化建设，对文化改革发展做出了一系列重要部署，提出了许多新思想、新观点和新要求。作为中华传统文化和现代文化的有机统一体，闽南文化同样是当前我们国家文化软实力建设的重点，更是提升我国国际竞争力和影响力的重要载体。正如习近平总书记在文化发展座谈会上所说："要坚定文化自信、担当使命、奋发有为，共同努力创造属于我们这个时代的新文化，建设中华民族现代文明。"②在他看来，"闽南文化作为两岸文化交流的重要部分，大有文章可做。"③从这个意义上，在已有基础上进一步深化闽南文化在海外的研究，从而推动闽南文化更好地发展，更好地讲好中国故事、传播中国声音，使命光荣、责任重大。

一是深化学术研究推陈出新的具体举措。作为一个文化范畴，闽南文化的研究涉及的面很广，既包括历史学、社会学、艺术学等传统学科，也涵盖政治学、文化学、人类学、地理学等新兴的研究视域，具有广泛而深远的学术价值和研究空间。通过深入研究闽南文化在海外的相关情况，可以促进相关学科领域的发展和创新，推动学术研究的深入和拓展。同时，深化闽南文化在海外的研究还可以为其他学科领域提供新的研究视角和方法，能够有效打破学科壁垒，促进学科之间的交叉与融合。

二是传承弘扬中华优秀文化的应有之义。作为中华文化的重

---

① 习近平：《之江新语》，浙江人民出版社，2007年，第144页。
② 习近平：《在文化传承发展座谈会上的讲话》，《求是》，2023年，第17期。
③ 习近平：《两岸文化交流大有文章可做》，http://www.xinhuanet.com/politics/2015-03/04/c_1114523227.htm。

要组成部分，闽南文化承载着丰富的历史信息和独特的地域特色。通过研究闽南文化及其在海外的方方面面，可以深入挖掘其历史渊源、发展脉络和时代价值，为中华优秀传统文化的传承与弘扬提供有力支撑。闽南文化在海外传播的独特性和多样性，恰恰也体现了中华文化的多元性和包容性。通过闽南文化在海外的梳理、呈现与探析，可以不断增强海外华人华侨的民族认同感和文化认同感，切实推进中西文化的融合发展，增强我们国家的文化软实力与国际竞争力。

三是推动社会发展地区繁荣的必由之路。闽南文化中的崇儒、重本、海洋人文精神等思想内涵，对当前我国的经济社会具有积极的启示意义。这些思想内涵强调了教育的重要性、传统文化的传承、海洋经济的开发等，对于推动社会发展和进步具有重要意义。随着闽南人的迁移，闽南文化在海外的传播和影响力不断扩大，不仅促进了当地经济社会的发展，也可以通过旅游业、文化产业等带动周边地区的繁荣。通过研究闽南文化在海外的基本情况与发展路向，可以探索其对社会发展的推动作用，为地方经济社会发展提供新的思路和方向。

四是推动构建人类命运共同体的重要抓手。作为中华文化的重要代表之一，闽南文化通过多年来的海外传播已经具有了相当高的知名度和影响力。通过研究闽南文化海外传播，可以加强与国际文化界的交流与合作，推动中华文化走向世界。同时，闽南文化的独特性和多样性也吸引了世界各地的学者和普通游客前来参观和交流。这种双向式的国际交流与合作有助于增进不同文化之间的了解和友谊，促进世界文化的多样性和包容性，最终推动构建人类命运共同体。

综上所述，研究闽南文化海外传播具有十分重要的理论价值与现实意义。通过深入挖掘其历史脉络与基本现状，可以进一步弘扬中华优秀传统文化；通过探索其对经济社会发展的推动作用和国家间交流合作的纽带功能，可以更好地推动中华文化走向世界并持续增进不同文化之间的交流融合。

闽南文化的发展历程

　　一方水土养一方人，闽南文化的形成、发展、繁荣都与该地区的经济社会发展密不可分。不管是从当下新时代来看，还是就古代历史而言，泉州、漳州、厦门作为闽南文化的核心区域，因为海域广阔、港口众多、土地肥沃、人杰地灵，一直都是福建省最为富庶的地方之一。从地理意义上看，地处亚热带的闽南地区，常年气候温暖，雨量充沛，这为其长期以来的经济社会平稳发展奠定了重要的环境前提。而该地区东临东海，仅一湾浅浅的台湾海峡与我国台湾地区隔海相望，往南边更可抵达东南亚的众多岛国，地理位置优越、交通运输便利。不仅如此，闽南地区还背靠着崇山、戴云山、武夷山等三道山脉，北方地区的寒流、西伯利亚的冷空气往往都在山川的阻隔之下而侵袭不到当地，同时险峻崎岖的地势也将我国古代中原地区的战乱、纷争等都隔绝在外，成偏安之局。

　　三面环山，一面朝海，闽南文化正是在这样一个十分优越的地理环境与丰富多彩的历史变迁交汇之中，慢慢孕育形成，直至发展壮大，声名远播。追古溯今，可以大致上把闽南文化的形成发展历史分为较为明显的四个阶段：孕育形成期、发展壮大期、兴盛奋争期和传播扩散期。

第一节　闽南文化的孕育形成

　　关于闽南文化的形成时间问题，在多年来的研究中，学术界给出了几种大相径庭的说法，包括晋代说、唐初说、唐末说、五代说、宋代说、明清说等。实际上闽南文化是以中原文化的传播扩散为前提，陈元光带兵入闽、王审知入闽称王之后，中原地区的文化才逐渐传播至闽南地区。因此，晋代说、唐初说、唐末说都显得比较牵强。但是，宋代说、明清说又显得时间太迟，毕竟宋元明清时期闽南地区的经济社会发展已经到了相当鼎盛的阶段。文化的形成与发展具有一定的地域性，"地域文化是地理与历史相互作用的结果"①。从这个意义上来讲，闽南文化的形成要有一个比较明显的界限，这个界限既是地域界限，也可以是时间界限。当年留从效担任清源节度使据有漳、泉，实际上就是一个偏安于闽南的独立王国。北边是"世为仇敌"的福州，南边是"人使不通"的广州，西边是"猿径鸟道"，而东边则是茫茫大海，这些对于漳、泉的连成一气和闽南文化的形成都起到了关键性的作用。所以，将留从效据有漳泉、任清源军节度使的五代时期视作闽南文化形成发展的关键阶段，显然更加符合科学逻辑、真实可信。从这个意义上，闽南文化的形成的历史节点应该划到五代时期。当然，任何的事物都不会突兀地出现在历史时空当中，闽南文化的形成是一个长期的过程，必然也需要经过相当长时间的孕育。

文化与文明总是相伴相生的，人是文化与文明的现实载体，也是文化文明存在、发展和传播的重要平台。从这个意义上，闽南文化在历史上的孕育与形成，同我国古代汉人对闽南地区的发现与开发是同步进行的。据史书记载，在秦汉以前的很长一段时间里，闽地居住的都是土著的古百越族人，闽越人口数量相当有限。"闽越千人"，这是《史记·南越尉陀列传》中的记载。秦始皇统一中国后，虽宣布废除了闽越国，但闽越人的数量却有了明显增加。为了便于管理，秦朝开始在福建设置行政机构，置闽中郡。秦末楚汉相争，刘邦以弱胜强，大败项羽，这其中离不开闽越族人的鼎力相助。汉高祖五年（前202年），闽越族首领无诸因支持刘邦反秦灭

---

① 刘文波：《闽南文化的形成与人文特征》，《高等财经教育研究》，2014年，第1期。

楚立下了战功，被汉朝封为闽越王。

后来的闽越王余善自高自大，不自量力地起兵反汉，终于招致杀身之祸。汉武帝兵出四路平闽，势如破竹地平息了这一场蓄谋已久的叛乱活动。为了更为长久地杜绝后患，汉武帝下令将相当一部分的闽越人迁至江淮地区，闽越国在西汉元封元年（前110年）灰飞烟灭，从此销声匿迹。而此时的福建因为大量人口被迫迁徙，出现了人稀地广、非常荒凉的景象。不过，这样的境况并未持续太久，后来的多次大规模迁民潮很快地从根本上改变了闽南地区地广人稀的萧条境况，同时也为这里带来了丰富多彩的中原文化。

较早的大规模人口迁移发生在历史上的东汉至三国时期。据史书记载，孙吴曾5次出兵入闽，最多的一次兵力达到了20万人。可见福建在汉武帝平闽、闽越人北迁之后，已经发展到了一定的规模。到了晋太康三年（282年），福建已有建安郡（在今南平建瓯）[①]和晋安郡[②]。此时的闽南作为一个相对独立的区域，开始酝酿闽南文化的发生。但需要指出的是，晋安、晋江的历史文化地名的遗存显示了闽南与闽东文化的亲密关系，也充分表明此时的闽南尚未从闽东南的大区域格局中完全剥离。

西晋"永嘉之乱"以后，北方地区战乱纷争频发，一大批士族地主带着整个家族向南方迁移，使得闽南地区的人口增长很快。这些中原士族的到来定居，不仅促进了本地区的经济社会发展，更重要的是将历史悠远的中原文化传播到了这里，随同而至的还有4世纪的中原语音。这样一来，中原的文化和中原的口音加之本地区

---

① 建安郡辖建安（在今建瓯）、南平、将乐、建平（在今建阳）、东平（在今松溪）、邵武六县和闽东地区的吴兴（在今浦城）、侯官（今福州地区）两县，以及闽南地区的东安县（在今泉州南安）。东安县辖今莆、泉、漳、厦、岩。

② 晋武帝太康三年（282年）设晋安郡，治所侯官县（今福州鼓楼区），辖原丰、侯官、罗江、宛平、温麻、晋安、同安、新罗8县。其中，晋安、同安属于闽南地区。

原有的闽越文化，如闽越人对海洋的认知，对闽南气候、物产的理解等，在大规模的人口迁移定居中得到了进一步的融合发展。

唐总章二年（669年），潮漳之间发生了大规模的叛乱，戍卫归德将军陈政奉朝廷之命率将校士卒3600多名及其家属等一同入闽以平定"蛮獠之乱"。不久之后，眼见南方战事吃紧，唐廷马不停蹄地又火速派兵增援，陈母魏氏、陈政两位兄长及子侄等连同固始89姓7000余军士及家属南下入闽，使得"蛮乱"很快得到了平息。公元677年，陈政因病去世，其子陈元光代父为将。为了更好地管理这片掌控下来的新土地，陈元光启奏朝廷申请设立一个州级行政机构，垂拱二年（686年）获准建立漳州。此后的16年间，唐廷又先后三次分泉州（今福州）地置武荣州（泉州曾用名，治在今南安丰州），但是都没有持续太久便废除。一直到久视元年（700年）才正式确立了武荣州，并于景云二年（711年）将其更名为泉州，这一名称沿用至今。漳州、泉州的建制设立，有效地促进了闽南地区两个最重要的中心城市基本格局的形成。

当然，中原移民入闽并非一朝一夕，而"是一个漫长的过程"①。在此期间中原地区人口迁往闽南一带大大小小还有很多次，但上面提到的这几次较大规模的移民潮，彻底改变了闽粤地区地广人稀的荒凉情状，也将浩如瀚海、源远流长的中原文化带到了偏安一隅的闽南。得益于这几次较大规模的移民潮，中原在闽人数很快就远远超过了闽越地区的当地土著，闽南的文化、闽南的方言、闽南的民俗等，正是在入闽的中原文化基础上逐步孕育形成起来的。

---

① 刘登翰：《闽南文化研究的几个问题》，《东南学术》，2014年，第4期。

第二节　闽南文化的发展壮大

　　五代时期既是闽南文化孕育形成的时间界限，也是其发展壮大较为显在的历史阶段。虽然从浩瀚五千年的历史长河来看，只有短短几十年时间的五代可以说是微不足道、不值一提，甚至是可以忽略不计的，但它对闽南文化的发展壮大而言却是至关重要、不可或缺的。作为中国历史上的一个大分裂时期，五代期间中原地区呈现出战乱不断的纷繁局面，但福建却因为地理位置等方面的独特性而远离战事，并且在经济发展和对外贸易方面取得了举世瞩目的长足进步。从唐朝的末年到宋代的初年，王审知，王审邽、王延彬父子，以及上文提到的留从效、陈洪进等先后主政闽南，他们对闽南地区的经济社会乃至文化文明的发展壮大都做出了不可磨灭的巨大贡献。

　　"开闽王"王审知（862—925 年），自光启元年（885 年）入闽直到去世，在闽的时间长达 39 年。出身贫寒的他，对于底层百姓的冷暖关注颇多，有意识地实行了"保境安民，发展生产"的方针，对当时整个福建的社会安定及经济、文化建设与发展等都做出了不可磨灭的历史贡献。这一点尤其深刻地体现在了他对待泉州上。光启二年（886 年）八月，王审知、王潮兄弟俩带兵攻打泉州，杀了贪暴枉法、无恶不作的泉州刺史廖彦若。这时，在福州的福建观察使陈岩，迫于形势，承认王氏兄弟，只得疏请唐朝廷委任王潮（王审知兄）为泉州刺史。王审知兄弟进据泉州后，"招怀离散，均赋缮兵，吏民悦服"，泉州面貌很快好转，生产得到恢复，百姓生活逐步安定。并且，由于王审知大力发展对外贸易，无数的海外商人来福建进行贸易，阿拉伯以及波斯的商船穿梭于福建沿海。作为福建最重要的对外通商口岸，泉州从唐中期以来，就已经是东南

沿海最大的对外通商口岸,和广州同等级。虽然当时福建的土地相对贫瘠,人口又少,但并不妨碍福建的经济实力在当时的五代十国中跻身一流行列,这与王审知积极开展对外贸易是分不开的。经济的发展势必带来文化的繁荣,从这个意义上,闽南地区文化的发展壮大与开闽王的相关决策与做法密不可分。

作为"开闽三王"之一的王审邽(858—904年),对儒学可谓是情有独钟,因而从政之后便展现出了极为突出的政治才干,历史上主政泉州地区长达12年的时间。担任泉州刺史之后,勤政爱民的他始终将儒家的仁政思想作为施政的取向。一方面,他继续奉行"招怀离散"政策,派人将逃离在外的泉州籍流民尽数召回,并借给他们耕牛、犁耙等农具，帮助和支持他们到小溪场（今安溪县）、归德场（今德化县）等山区开垦田地，发展农业生产。另一方面，通过协助修筑住宅等方式，使得老百姓们能够安居乐业。在这一系列举措的加持下，泉州的经济发展明显加快，并很快出现了一派欣欣向荣的景象。与此同时，十分重视人才的王审邦又命长子王延彬在泉州西郊的南安建招贤院，专门接待和安置中原流入人士。中原地区战乱，人民苦不堪言，许多中原公卿大夫、文人士子看到福建的安定繁荣，纷纷入闽避乱[1]。一时间，招贤院内人才济济，他们在此进行文学创作，或切磋学问，都使得中原地区的优秀传统文化在泉州乃至闽南地区快速传播，由此对闽南文化的发展起到了很好的推动作用。泉州之所以获得"海滨邹鲁"的美称，也很大程度上有赖于此。

唐天祐元年（904年），王审邦死后，长子王延彬接替父亲继续执掌泉州。一方面，他秉承父志，着力发展农业生产，五谷岁岁丰登。另一方面，他积极奖励通商，大力发展对外贸易。当时，从泉州出口的商品主要有瓷器、绸缎、茶叶、铁器、海味等。每年放船出洋，即便风急浪高，也能够扬帆远航，并且收益颇丰，王延彬也因此被称为"招宝侍郎"。太平盛世的安定稳定，再加上对外贸易带来的经济富足，让王延彬有更多的财力和精力来推动文化的发展。崇信佛教、好谈佛理的他在泉州大兴土木，建造了云台、凤凰和凉峰三座别馆，作为会文聚友、歌舞娱乐的场所。诚心拜佛的他还在泉州建庙修寺[2]。可以说，泉州佛教的兴盛离不开当时王延彬

---

[1] 道光《晋江县志·王审邦》中有这样的记载："时中原多故，学士故老多避乱来依，审邦遣子延彬作招贤院礼之。如李洵、韩偓、王涤、崔道融、王标、夏侯淑、王拯、杨承休、杨赞图、王倜、归传懿、郑璘、郑戬等，皆赖以全。"

[2] 主要有青阳山的法石寺，州城北山的福先招庆寺，城南的教忠寺，在南安县为高丽僧人元衲建的福清寺等。

的重视推动。而佛教的逐渐兴盛和大量寺庙的纷纷兴建，对闽南地区的民间信仰、建筑艺术、雕塑乃至民间歌舞、阵头、游艺等都起到了极大的推动作用。虽然因为骄纵自负，王延彬曾被闽王王审知罢黜官职，但很快复任，两度执掌泉州事务达16年之久，中间则由他的弟弟王延钧替补，前后总计达到了50多年。在这期间，兄弟俩保境安民，当地风调雨顺，对闽南各方面事业的发展壮大都做出了很大贡献。

在五代的三位闽王里，祖籍福建永春的留从效可以说是贡献最大的一位。945年，出身贫寒的留从效被授为晋江王，负责管辖泉、漳二府。出身贫寒的他，熟知老百姓的疾苦，因此以身作则地大力倡导勤俭养民为本，不仅得到了下属的敬重，更得到了广大老百姓的拥护爱戴。他执政期间，坚持做到体恤民生，减免苛捐杂税，简化政事，同时大力发展农业、手工业等传统业态，而陶瓷生产与铜铁的开采冶炼等与对外贸易有关的产业逐步兴盛，有效地促进了泉州的经济发展，"仓满岁丰"①成了泉州习见的景象。与此同时，留从效还十分重视发展地方文教事业②，每年通过科举考试选拔一批人才。可以说，留从效治理泉州的17年，对泉州地区的开发建设起到了无可替代的重大贡献。最为突出的成就当然是扩建泉州城，加长加宽商业用路，并逐步构筑"云栈"（即客舍和仓库），使泉州地区的外贸也有了长足的进步。泉州之所以凭借"刺桐城"的雅称闻名于世，实际上也正是源于留从效当年扩建城垣、环城遍植刺桐树。

陈洪进是继留从效之后掌握泉州军政大权的又一重要历史人

---

① 李启宇：《闽南先贤》，鹭江出版社，2009年，第17页。
② 据记载，五代时，泉州有进士4人，漳州有2人。延至宋代，泉州中进士者达862人（特奏名480人除外）。五代至两宋时期，泉州先后有4位状元，8位宰辅。

物。出身贫寒又身怀大志的他，少时喜读兵书，成为泉州州兵之后始终兢兢业业，屡立战功，深得留从效的赏识。建隆三年（962 年）留从效因病去世之后，陈洪进见其子昏庸无能，便趁机发动兵变而迅速掌握了兵权，用计谋和平夺取了闽南政权。建隆四年（963 年）四月，南唐后主李煜眼见其自据一方，征讨无望，便顺势任命陈洪进为清源军节度使，这个名分从事理上承认了陈洪进对泉州、漳州的统治地位。一年之后，陈洪进又被任命为泉漳观察使。在几次新旧王朝的频繁更迭中，陈洪进以其超群的智慧手腕，使得闽南免于兵戈之苦，保持了较长时间的安定与繁荣，这一功劳对于闽南文化事业发展意义重大。一方面，陈洪进继承了先王治理泉、漳的基本方针，聚焦发展农业生产，改革田赋，兴修水利，着力保一方稳定。现在泉州晋江的陈埭，就是当时陈洪进选派家丁配合当地百姓筑起一道海堤，围垦出的方圆达几十里的良田。此外，他还注重发展外贸、文教，修建佛寺，对闽南的经济贸易、社会文化发展做出了重大贡献。北宋乾德三年（965 年），正是在陈洪进的倡议之下，一座高 4.5 米、宽 1.5 米的阿弥陀佛石像在九日山西峰拔地而起、巍然挺立，这也是泉州最早的石雕造像之一。后来，陈洪进又为遁入空门、出家为尼的女儿修建千佛庵（后改名为崇福寺）。据《泉州古代书院》记载，到五代时，闽南仅泉州地区就已经修建了佛院几百座，单单南安就有大小佛寺 140 座。"道路逢人半是僧"的说法虽然略显夸张，却也是当时佛教兴盛的绝佳注脚。

综上所述，短短几十年的五代一晃而过，但恰恰就是在这一中原动荡不安的历史阶段中，闽南文化的体系形成、发展、壮大，包括佛教信仰、建筑风格、艺术形式乃至饮茶风俗等生活习惯都是在这一时期中产生并推广的。许多独特的闽南民俗在中原文化的激荡之下，逐步蜕变成了专属于这个地域的特定模样。

第三节　闽南文化的成熟兴盛

逐步发展壮大的闽南文化在朝代的频繁更迭面前并没有显得慌乱，而是愈加步履从容。特别是在步入宋朝之后，由于闽南地区相对和平安定，社会经济得到了长足发展。农业、种植业走向繁荣，尤其是茶叶、荔枝、甘蔗、棉花和占城稻等的种植面积有了明显增加，造船、制瓷、丝绸、五金、食品等行业也发展迅猛。经济基础决定上层建筑，闽南文化也正是在这一时期稳步走向了兴盛阶段。

宋元时期，整个福建的社会经济发展迅猛，带来了人口的爆发性增长，也促使这里一跃成为"国内经济先进之区"[①]。宋人王存《元丰九域志》中关于人口方面的数字记载[②]，很具有说服力。北宋元丰年间（1078—1085 年），福建人口总数近百万户，达到了 992087 户，而这其中，泉州地区的人口超过了二十万户，有 201406 户，漳州人口也多达 100469 户，漳泉两地加在一起的人口数量就已经占到了福建总人口的 30%，闽南地区的重要地位由此可见一斑。也正因为人口数量的急剧增加，地广人稀的福建发展史很快被人多地少的窘境所替代，尤其是在闽南的沿海地区。泉州的陆地面积为 11015 平方公里，漳州为 12607 平方公里，厦门为 1565 平方公里，三地加在一起的总面积仅占全省的 20%。土地本就稀缺，再加上大量外来人口的涌入，使得这种发展的尴尬境地展现得尤为明显。

闽南海域广阔，泉漳厦三地的海域面积占了福建海域总面积

[①]　刘文波：《闽南文化的形成与人文特征》，《高等财经教育研究》，2014年，第 1 期。

[②]　王存：《元丰九域志》，中华书局，1984 年，第 17 页。

闽南泉州、漳州、厦门三市地理位置图

闽南陆地总面积约2.52万平方公里，西北多山，东南濒海，地势从西北向东南倾斜，地形多样，山地、丘陵、平原、河流俱全。在晋江、九龙江中下游，形成了福建两大著名的三角洲平原——泉州平原和漳州平原，有着比较良好的农业生产环境。

闽南海域面积约3.02万平方公里，海岸线总长度约1421多公里，沿海岛屿星罗棋布，拥有大小港湾数十个，主要有湄洲湾、大港湾、泉州湾、深沪湾、围头湾、安海湾、厦门湾、旧镇湾、东山湾、诏安湾等，自古以来是闽南人"以海为田"的自然环境。

北部的戴云山、南部的博平岭以及东临的台湾海峡大体构成闽南区域范围。戴云山脉主峰在泉州市德化县，呈东南走向，从德化延伸到惠安县西北部临海；博平岭山脉起于漳平南部，呈东北——西南走向，沿龙岩与漳州两地市交界处延伸广东省境内，两条山脉走向将闽南与闽中、闽西、广东天然区隔。区域内晋江、九龙江蜿蜒而过，直入大海，成为闽南地区物质能量循环的两大动脉。两江串联着两岸众多的河谷盆地，成为闽南区域文化发展的物质依托。历史上闽南的州、府、县大都散布于这些河谷盆地之中。"三面环山、两江入海"的地理环境，是闽南文化生成、发展的舞台。

图片来源于 2014 年福建省人民政府印发的《闽南文化生态保护区总体规划》。

的 40% 以上①。经济的发展，海运的蓬勃，带来的是闽南地区对外贸易的快速发展。作为宋朝的四大港口之一，泉州港是南宋时期朝廷重要的财政来源，得到了宋王朝的高度重视，东方世界的海洋经济圈初具雏形。这一时期，来泉经商、传教的外国人数量激增，特别是中亚地区的阿拉伯人，很多都是携同女人孩子举家迁来泉州工作、生活。"死者名黑提漆，异国阿拉伯女人，她是有名人物高尼徽的爱女。卒于回历 400 年（1009 年）。"类似的记述，在泉州的古代石刻中随处可见。为了更好地生活，阿拉伯穆斯林甚至在泉州修建了信仰朝拜之用的清净寺，并且历经时代风霜，至今还完整保存。西方文化的大量涌入，除了带来东西方文化的交流激荡，也从另一个侧面刺激了闽南地域文化的推陈出新。

正是基于这样的历史背景，闽南文化得到了飞跃性的发展提升。得益于经济政治地位的大幅度提高，闽南人的踌躇满志与自立自信充分展现，"丰富的想象力和创造精神"②得到了充分的释放，并在此基础上完成了许多前无古人的伟大工程，创造了许多光芒璀璨的文化业绩，写下了闽南文化浓墨重彩的一页。洛阳桥、安平桥、东西塔等俯拾皆是，更不用说在当时就已经领先世界的造船技术、航海技术了。而这一系列的创新创造，很多至今依然照耀着后世，续写着中华民族优秀传统文化的骄傲与自豪。

而在这一阶段中，有一个人的贡献是不容忽视的，他就是"集北宋以来理学和孔子以下思想文化之大成"③的著名理学大师朱熹。24 岁的他首仕同安县主簿，其间到闽南各处宦游讲学，对闽南文

---

① 其中，泉州海域面积为 11300 平方公里，漳州为 18600 平方公里，厦门为 344 平方公里。

② 陈燕玲：《闽南文化概要》，厦门大学出版社，2020 年，第 16 页。

③ 福建省炎黄文化研究会、漳州市政协：《论闽南文化——第三届闽南文化学术研讨会论文集》，鹭江出版社，2006 年，第 24 页。

化的成熟兴盛起到了巨大的作用。甚至有人因此认为，应当把同安视为是"朱子学"的开宗圣地。同时，在林晓峰看来，漳州也是朱子理学南传的重镇。朱熹担任漳州知州时，他的思想体系已日趋完备，并已经具备了推广理学思想的前提条件。他在漳州主政期间实施仁政，践行理学，刊刻经书，兴教讲学，培育门人，其高徒陈淳是朱子理学南传第一人，闽南理学家对朱子理学的发展也产生了很强的推动作用。

这一时期也产生了十分丰富的民间信仰，如香火延续至今的妈祖、保生大帝等都是在这期间萌生发展起来的。其他如宋代沉船中发现的南曲曲谱，也足以证明那个时期闽南的方言艺术、戏曲文化、音乐艺术等已经达到了相当发达的程度。可以说，宋代闽南文化得到了充分的发展，直至南宋时期达到了鼎盛阶段。

到了元代，泉州港作为对外贸易交流港口的功能得到了更进一步的开发，一跃成为当时全国乃至全世界最大的港口，与亚历山大港齐名，其海上交通与经济发达的程度也达到了历史的最高峰。稍显遗憾的是，闽南文化并没有因此实现与经济社会发展的共生共荣。这其中原因当然是很多方面的，但最主要的是元朝的统治阶级实行军事专制和十分严厉的民族歧视政策，闽南文化作为社会最底层的"南人"创造的文化样态，首当其冲地受到了歧视和摧残。元代时期，全世界各地到泉州来为官、经商、居住的蒙古人、色目人以及西方各族人数量很大，并凭借着其政治、经济上的优势地位，在闽南地区肆意强推其母国文化。在这一系列因素的共同作用之下，闽南文化逐步走向衰退似乎也是命中注定的历史必然。

所幸的是，闽南文化并没有就此走向一落千丈，甚至一蹶不振，反而在不断的调试中步入到一个全新的发展阶段。不可否认，大量的外来文化的确对闽南文化的发展空间造成了挤压，但与此同时，它们的到来也给闽南文化的更新换代带来了新的元素、注入了新的活力，使其更具开放性和包容性，从而持续焕发出新的生机。典型如郭、丁、浦、金等四大姓的汉化，将其自身固有的文化元素融汇于鲜活的闽南文化之中，使闽南文化获得了全新的滋养。明朝中叶之后，不断有闽南人远涉重洋往南洋一带谋生，并获得了相当可观的成就，这大大增强了闽南人对外来文化的接受度，也提升了闽南文化自身的融合力和适应力。

元末十年，统治阶级的高压政策也达到了顶点。在政府禁商措施的持续挤压之下，闽南经济因其发展的备受瞩目而受到了巨大的冲击，并由此带来了一系列的连锁反应。原本举家迁来的阿拉伯人率先被停止来往，蒙古人与色目人虽未被抄杀，境遇的尴尬却如出一辙，无奈之中他们选择了一去不复返或是隐匿山林。如元亡以后，蒲家幸存者举族迁至晋江东石，却仍然无法安身立命，只好又迁至安溪、德化、永春等泉州山区，其原有的家产、海船等随之荡然无存。泉州的海上运输、对外贸易、经济交流等因此受到了极大影响。特别是明朝政府明确提出了海禁的规定，先是规定泉州不能与其他国家和地区进行贸易往来，继而又对禁令进行了升级，规定"片木不得下海"①。闽南地区本就地少人多，闽南人向来都倚重海运外贸经商为生计，如此一来，生路断绝，社会经济走向衰退。再加上晋江流域山林的过度开垦，造成了晋江流域的河道淤塞，曾经耀眼夺目的泉州港从此一落千丈、黯淡无光。闽南地区的外贸交通中心随之便转移到了漳州九龙江的月港。明末之后，又转移到了厦门。可即便如此，却再也回不到宋代泉州港那般在世界航运中举足轻重的地位。闽南文化虽然也因此受到了巨大冲击，但在历史的夹缝中，它依旧奋力争先、艰难求索。

----

① 转引自陈燕玲：《闽南文化概要》，厦门大学出版社，2020年，第17页。

闽南文化传播图

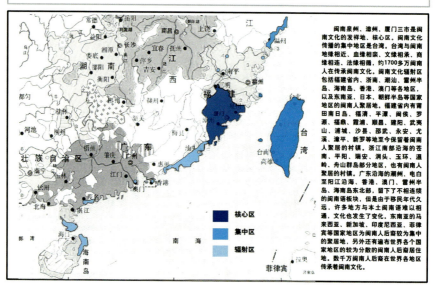

闽南泉州、漳州、厦门三市是闽南文化的发祥地、核心区。闽南文化传播的集中地区是台湾。台湾与闽南地缘相近、血缘相亲、文缘相承、商缘相连、法缘相循，约1700多万闽南人在传承闽南文化。闽南文化辐射区包括福建省内、浙南、潮汕、雷州半岛、海南岛、香港、澳门等各地区，以及东南亚、日本、朝鲜半岛等国家地区的闽南人聚居地，福建省内有莆田南日岛、福清、平潭、闽侯、罗源、福鼎、霞浦、顺昌、建阳、武夷山、浦城、沙县、邵武、永安、尤溪、漳平、新罗等地至今保留着闽南人聚居的村镇。浙江南部沿海的苍南、平阳、瑞安、洞头、玉环、温岭、舟山群岛部分地区，也有闽南人聚居的村镇。广东沿海的潮州、电白至阳江沿海、香港、澳门、雷州半岛、海南岛东北部，留下了不相连续的闽南语板块，但是由于移民年代久远，许多地方与本土闽南语难以相通，文化也发生了变化。东南亚的马来西亚、新加坡、印度尼西亚、菲律宾等国家地区为闽南人后裔较为集中的聚居地，另外还有遍布世界各个国家地区的较为分散的闽南人后裔居住地，数千万闽南人后裔在世界各地区传承着闽南文化。

图片来源于2014年福建省人民政府印发的《闽南文化生态保护区总体规划》。

第四节　闽南文化的传播扩散

虽然宋元之后，闽南文化的发展较之前代步伐减慢，但明清两代之于闽南文化发展的重要性仍然是不言而喻的，毕竟闽南文化作为中华文化重要分支的大规模传播扩散，恰恰正是发生在这一时期。随着闽南人在国内国外的大规模迁移，闽南文化在本时期的转型与传播主要体现在两个方面：一是文化中心的转移，二是地域文化向海外的传播扩散。

闽南文化中心的转移，实际上经历了两个阶段，第一次是由原来的泉州转移至漳州，第二次则是又从漳州转移至厦门。明代之后，漳州九龙江流域因为土地肥沃、物产丰富而渐渐富足起来，出现了漳泉并重的局面。作为海上丝绸之路重要始发地的漳州月港，在明万历年间达到了发展的黄金时代，"四方异客，皆集月港"。明隆庆元年（1567年），月港开放洋市，九龙江口很快发展成为我国东南沿海重要的海洋贸易中心，每年有数十乃至数百商船跟着季风出海贸易。在月港—马尼拉—阿卡普尔科的环球贸易航线，大帆船满载着"中国制造"，月港取代泉州港成为无数外销品的集散地与枢纽。而此时的九龙江两岸，是国内非常重要的手工产品的生产基地。漳纱、漳缎、漳绸、漳绣、漳瓷，装船之后顺流而下，被中国人的福船和西班牙的大帆船，带往马尼拉、雅加达、北大年和欧洲的阿姆斯特丹等。"尔清漳之错壤兮，旁大海以为乡。屹圭屿于砥柱兮，跻二担而望洋……"①《海赋》唱出了当时月港对外贸

---

① 陈寿祺：《福建通志78卷卷首5卷08乾隆2》，广陵书社，2018年，第567页。

易的盛大气象。与之相伴相生的是闽南文化中心的逐渐向西移动。地处九龙江出海口的厦门岛，在区位上恰好位于泉州与漳州的中心点，独特的地理位置成就了它的迅速崛起，成为当时闽南地区最为重要的对外贸易窗口和商业交流中心。漳泉两地的闽南人一同来开发厦门，两地直接的语言文化互相碰撞融合，闽南方言由此在泉腔和漳腔的基础上，又产生了泉漳交融的厦门话。后来，郑成功占据厦门抵抗清兵，更使厦门一跃成为闽南地区的军事要地和政治中心。1840 年鸦片战争之后，厦门作为"五口通商口岸"之一被迫对外开放，虽然因此饱受西方列强的凌辱，但近 10 个国家在此设立领事馆，修建了教堂、医院、学校等，并以此为依托传播先进的西方科学文化。20 世纪二三十年代，厦门的市政、交通等基础设施建设迅速发展，旅居海外的闽南华侨纷纷回到故土投资、建房，厦门的经济社会在战火纷飞的大时代语境中却获得了另类的发展。社会经济发达的历史背景与舒适优越的地理条件，使厦门在闽南地区很快便脱颖而出，成为闽南文化的区域交汇点和文化中心。前有泉州港，中有明月港，再到清康熙中叶后厦门港，闽南文化广泛吸收外来文化的养分，逐步实现了近现代的转型。

闽南文化的对外传播与扩散在明清时期表现得尤为明显。实际上，自唐代起闽南人便因海外贸易和迁徙活动而到达东南亚南洋地区。宋元时期，随着海外贸易的不断发展，越来越多的闽南人移居东南亚，并将闽南文化带到当地，与当地文化相互交流融合，产生了深远的历史影响。闽南与台湾地区一水之隔，闽南人移居台湾并成为主体居民，将闽南文化带到台湾，使其在台湾传承与融合，深刻地影响着台湾文化的形成与发展。闽南移民不仅带去家乡的生产方式和生活方式，而且带去闽南家乡的宗教信仰、节日庆典等。这就不难理解，为何直至今日，台湾在饮食习俗、衣着习俗、民居习俗、园林建造、戏剧娱乐、婚丧习俗、宗教信仰、禁忌风俗以及俚语方言等诸多方面，多与闽南文化相同或是相近。福建的闽南文化在台湾传播过程中，一方面保留了自身的风格和特色，另一方面又与台湾土著民族文化相融合，形成并发展起带有本地区特色的台湾闽南文化。经年累月之后，闽南文化的内容和表现形式，已然渗透到台湾民众日常生活的方方面面，"处处表现出与闽南文化自然而必然的关系"①。

明成化之后，闽南人的生路被政府无情断绝，不得已纷纷选择铤而走险，有的下海为盗，有的海上走私，还有的结伴前往菲律宾吕宋等地开垦新天地，于是促进了闽南文化的对外传播和闽南文化区域的扩展。这时候的传播主要还是在菲律宾、马来半岛、印尼和中南半岛等地。闽南文化一方面向东南亚传播一方面也吸收了南洋诸岛的文化养分。明清以来，闽南文化的发展一方面吸收了许多新的文化元素，另一方面，文化区域内各地由于汲取外来文化的程度不同及其他原因形成差异，又不断地彼此交流融合、取长补短，推动了闽南文化的持续发展。除了东南亚和台湾，闽南文化还传播到了世界其他国家和地区，如美国、加拿大、阿根廷、巴西等，这些地方也逐步形成了闽南人的海外聚居区，增强了闽南文化的海外影响力。并且，闽南文化在海外传播的过程中，与当地文化相互融合、影响，形成了具有鲜明特色的海外闽南文化。

概而言之，闽南文化的发展历程，是一部中原汉族开发闽南的移民史。其辉煌成就足以令世人敬仰，其道路之曲折坎坷也不禁令人感叹。走入近代以来，闽南文化并没有走入困顿式微，却越来越焕发出青春的活力，勇敢地走向世界，吸收着各种文化的养分不断发展壮大自己。特别是 20 世纪 80 年代以来，闽南文化表现出了

---

① 苏振芳：《两岸闽南文化的内在联系与两岸和平发展》，《中共福建省委党校学报》，2012 年，第 5 期。

更加旺盛的生命力，并越来越被世界所了解、所瞩目。在文化自信自强日益被提倡的今天，我们有理由相信闽南文化正在迎接自己的第二次辉煌鼎盛期。

贰

闽南文化的主要特征及海外影响

　　自秦始皇时期在福建设置闽中郡起，闽南文化就开启了与中原河洛文化的交流碰撞与融合发展。伴随着宋元之后伊斯兰文化、南洋文化、西洋文化等先后传入闽南地区，双向互动之下，逐步带动了闽南文化走向繁荣昌盛。闽南文化是一代又一代勤劳勇敢的闽南人在长期不懈的历史实践中不断挖掘、弘扬、创造出来的，具有"鲜明的地域特色、独特的民族性格和丰富的思想内涵"[1]，被珍视为中华民族优秀传统文化的一朵奇葩、一颗明珠。在经年累月的海外传播中，闽南文化也对东南亚以及其他所辐射地区产生了非常重要的影响。

第一节　闽南文化的主要特征

　　事实上，一种特定的文化命名，本身就意味着它具有自身特色和存在价值。闽南文化所包括的内容非常广泛，历史、地理、建筑、宗教、风土人情、传统习俗、生活方式、价值观念等诸多维度都有极为生动的具体体现。在对中原文化进行继承与扬弃的历史进程中，闽南文化充分吸收了爱国主义、进取精神、团结融合、自强不息等中原文化的积极因子，同时也保留了许多带有独特地域风格的特征，呈现出"多元复合性"[2]。我们可以将闽南文化的基本特征概括为4个主要方面，即崇祖重乡的生活理念、敢拼会赢的精神

---

① 郭志云：《论社会主义核心价值观与闽南文化》，《福建省社会主义学院学报》，2015年，第5期。
② 黄顺力、李卫华：《闽南文化的特征与两岸民众的文化认同》，收录于福建省炎黄文化研究会、厦门市政协主编《守望与传承——第四届海峡两岸闽南文化学术研讨会论文集》，鹭江出版社，2007年，第3页。

气质、重义求利的价值取向和山海交融的行为模式。这四个特征既各自独立又相互关联，从整体上揭示了闽南人的思维方式以及闽南文化的基本特质。"崇祖重乡"诠释家国情怀，"敢拼会赢"彰显拼搏精神，"重义求利"表达求真态度，"山海交融"展现博大胸怀。

一、崇祖重乡的生活理念

崇祖重乡，顾名思义，就是对祖先的崇敬和对家乡的忠实。这是一种寓理，通过通俗化的字面意义，就能够让人感悟到闽南文化的深刻蕴涵。类似于"清明不回家无祖，年兜（春节）不回家无某（妻子）"之类的俗语、谚语，在闽南民间社会中大量存在，生动展示了闽南人对家族、宗族的精神依恋。中国传统的家族本位观念和安土重迁的民族传统，在善良淳朴的闽南人身上体现得淋漓尽致。偏居东南一隅，远离中原政治经济文化中心，因而闽南人特别害怕被边缘化，害怕被忽视，故此非常重视对自身文化信息的保存、传承与弘扬。

崇祖重乡既是闽南文化的一个重要维度，也是闽南人一种潜在的心理意识，并且已经内化于心、外化于行，化作一种生活的哲学、生活的艺术，渗透在闽南人的凡俗生活与日常琐碎中。不论身处何方，闽南人对于认祖认宗都特别强调。因而，穿梭在闽南地区的大街小巷，你随处可见门楣上刻着如颖川、西河、陇西、太原等的姓氏郡望，借以表达他们对先贤的景仰和家族源远流长的自信。越是远离故土，闽南人越是不会忘怀自己从何而来。我们可以看到，不管是在隔海相望的台湾省，还是在东南亚或者远漂海外，世界各地的闽南人心中都有着十分浓烈的"乡祖意识"[①]，他们通过结社

---

① 林华东：《论闽南文化的继承性与创新性》，《闽南师范大学学报》（社会科学版），2020 年，第 3 期。

建馆、集体祭祀、修缮族谱等多种多样的方式来凝聚家族宗族之间的血缘关系。

民间信仰作为闽南文化的一个重要维度，历来为人津津乐道，妈祖、清水祖师、保生大帝、开漳圣王等信俗在世界各地的闽南人间不断地开枝散叶、蔚然成风。也因为对家乡和故土的无尽热爱，闽南人十分热衷于创办书院、兴办教育，传承和弘扬闽南地域文化，慷慨捐资助学的陈嘉庚、吕振万等就是最好的佐证。

语言是文化的载体，又是最基底的文化，最能够展现文化的品相特质。闽南文化的另一个重要载体——闽南方言，至今仍然大量使用着古代汉语的"鼎"（锅）、"册"（书）、"箸"（筷子）等基本字词，是所有方言类别中与古汉语最接近的方言，因而被学术界誉为"活化石"。梨园戏、高甲戏、歌仔戏、"讲古"、提线木偶和布袋戏等闽南民间艺术的演出，都是依托古老的闽南方言而保留着乡音乡色，深受两岸及全世界闽南人的喜爱。通过保留下来的如此丰富的文化特征，足见闽南人这个族群对于祖先和家乡的深深眷恋之情。被誉为"中国民族音乐瑰宝"的南音，其优美的旋律至今仍萦绕在两岸同胞和海外亲人之间，其唱词的标准音就是古老的泉州音。通过保留如此明显的"古早味"，一个族群追溯祖先、继承传统文化的精神理念达到了巅峰。

二、敢拼会赢的精神气质

不论是否熟悉闽南或者了解闽南文化，《爱拼才会赢》这首歌的曲调是许多人都耳熟能详、信手拈来的。这首歌不仅仅是闽南语传唱的巅峰之作，更是闽南人精神气质的最佳写照。"敢拼会赢"是直抒，彰显闽南人乐观进取、不愿服输、勇于探索、坚韧不拔、自强求新的个性。作为中国历史上一个移民区域，闽南地区的不少人口并非本地土著，而是源自五湖四海。这种先天的移民性质促

图为身着传统服饰，手持斗笠的惠安女在泉州东西塔随乐起舞。

使一代又一代的闽南人为了生存不断拼搏，拓展生存空间。他们传承了"自强不息"的优秀传统观念，融汇了古代闽越人的抗争性。唐宋以来，闽南人通过海上丝绸之路，吸纳了西方人尤其是阿拉伯人的竞争性，形成了"敢为天下先"的坚韧意志。可以说，现代闽南人的敢拼会赢精神正是源于古代闽越人在恶劣环境中的坚持抗争精神。

更加难能可贵的还在于，闽南人的敢拼会赢精神不仅仅体现在广大男性身上，连旧时社会中处于相对尴尬地位的女性身上同样流淌着拼搏不息、奋进不止的精神血液。20世纪泉州的惠安县在洛阳江大罗溪上修建水库，投身其中参加建设的民工多达1.5万人，而这其中妇女群众超过了1.3万人。无论是挖土、打夯、推车，还是锯木、打石、扛石，她们都奋斗在前，不是男人却胜似男人。勤劳勇敢的惠安女正是凭借着敢拼会赢、所向披靡的精神支撑，建起了惠女水库。

"少年呣打拼，老来无名声。""拼"与"赢"，充分刻画了闽南人的本质。闽南人无论做什么事，在"拼"的前提下求"赢"是他们的终生追求，是他们的理想目标。而且，闽南人的"拼"，不是傻拼，不是蛮拼，而是能拼、敢拼、善拼。作为滨海区域，海洋文化的宽广博大也深深影响着世世代代生活在这里的闽南人，促发着他们不断为改变命运而努力抗争。特别是宋元以来，泉州成为当时世界第一大港口，闽南人的视野一下子变得更加开放起来。越来越多的闽南人选择漂洋跨海，在世界各地开辟新的生存空间。这种不甘于现状、积极开拓进取的一贯做法，不正是"三分天注定，七分靠打拼"精神的最生动诠释吗？

"智者，先见而不惑，能谋虑，通权变也。"闽南人善观时变，精于把握机会发展自己。他们有着敏锐的洞察力，善于发现并掌握发展先机，努力地拓展赚钱的机会。只要门缝里还看得见一缕光线，闽南人便知道生活就有希望、有盼头。他们坚信，别人能的自己也一定能。他们善于捕捉机遇，敢于"无中生有"。坐落于泉州南安的水头镇，本地是不出产石材的，但是，改革开放的历史机遇，让水头人明白石材是住建的重要材料。因此，一家家石材企业鳞次栉比，全球各地的石材运达此处，经过切割、打磨再发往世界各地。本不出产石材的水头却意外地成了"世界石材集散中心"。"爱拼才会赢"作为闽南人的精神气质，被这些鲜活生动的案例包围着，被全社会所公认。当时间的列车驶入改革开放的轨道，40余年的经济腾飞造就了响当当的"泉州模式"。这也是"爱拼才会赢"这首歌传唱大街小巷的最根本原因所在。

三、重义求利的价值取向

作为中国哲学史上一个极重要的问题，义利之辨是历代思想家阐释的重点。包括孟子在内的许多人都对义利关系进行了一番辨析，重义轻利似乎是传统国人的一种集体无意识。敢拼会赢的闽南人部分继承了中原文化"重义轻利"的理念，他们在重知识、重感情的基础上，不断挖掘自身的创业能力和经商天赋，一时间亦商亦儒成风。"重义求利"就好比是白描的艺术手法，通过字面表述的义利统合，传递了闽南人内心深处务实求真的观念。在泉州经济威名赫赫的宋代，理学家朱熹却盛赞泉州"满街都是圣人"，足见闽南人骨子里对于义与利的并重。

正是由于对利的追求，闽南人在海内外都显示出了极佳的经商能力。他们脑子中的商贸情结，千百年来都不曾改变。"卖三占钱土豆也要做头家"的理念对于闽南人而言，早已是入脑入心。宋代诗人刘克庄曾在《泉州南郭》中描绘了闽南人在海上丝路的冒险进取："海贾归来富不赀，以身殉货绝堪悲。似闻近日鸡林相，只博黄金不博诗。"这种经商能力在数据上的最好体现就是福布斯每年公布的世界富豪榜。在华人富豪榜单中，资产过 20 亿美元的，有超过一半都是闽南人。

君子爱财，应当取之有道。千百年来，闽南人沿着"海上丝绸之路"走向世界，遍布在世界 100 多个国家和地区。他们历尽辛酸苦辣，明白抱团取暖之要义，在当地建会馆、兴学校、联谊乡亲，助弱扶危。通过多种途径，闽南人实现了对利益孜孜不倦的追求，但他们并不仅仅只是为了个人的一己私利。十分推崇关老爷信仰的闽南人，表现出了与他同样的情深义重。

崇尚传统文化的闽南人既务实求利，又将所得的财富回馈社会。从杰出侨领陈嘉庚到台塑大王王永庆，从倾囊兴学的吕振万到扶贫济困的李陆大，他们以自己的大爱传递了闽南人对于家乡、对于国家的深沉之爱，不论是捐资办学，还是修桥筑路，家乡、国家，永远是闽南人心底最重的牵挂。急公好义的义利观，很好地诠释了闽南人的价值观念和民族性格，真正做到了习近平总书记要求的"做人要实""创业要实"。这种义利观令世人钦敬。

四、山海交融的行为模式

人地关系论最核心的观点就是环境决定论。它认为人类的身心特征、民族特性、社会组织、文化发展等人文现象受自然环境的支配。地理环境能够塑造人，从而影响一个地域内人们的生存和行为模式，这一观念已经逐渐深入人心。闽南地区地理环境最明显的特点就是背山临海。"山海交融"是隐喻，透过山海意象述说闽南人随时可山可海的能力、顺应潮流灵活求达的行为方式。可以说，闽南文化既有包容性，又有"鲜明的地域特色"[1] 正是得益于此。

闽南人的山海交融，在于他们能因势而谋。俗话说，靠山吃山，靠海吃海。与一望无际的中原平原比起来，闽南人的生存环境显然要困窘许多。特殊的生存环境的的确确给闽南人的生存空间、生存方式带来极大的不便，也引发了他们不安于现状的抗争、打拼精神。虽然不可避免的也有部分闽南人选择小农方式的安定生活，但这恰恰也是环境决定论的印证所在。安溪、永春、德化、南靖、平和、长泰等地面山，他们靠山吃山；当需要生存抉择时，他们可以弃山向海。晋江、惠安、石狮、龙海、东山等地面海，他们向海谋发展；当遇上淡季或者海禁之时，他们可以耕山雕石。总之，闽南人骨子里有着山海交融的共性，既能开山拓荒，又能驾驭海洋；既能发展农业，又能推进贸易。漳州良好的自然环境、肥沃的土壤、适宜的

---

[1] 陈燕玲：《闽南文化概要》，厦门大学出版社，2013 年，第 19 页。

气候等等造就了鱼米花果之乡。泉州外向的城市气质使泉州人努力拼搏、各显神通，鞋都晋江、服装之城石狮、茶都安溪，都各具特色。

闽南人的山海交融，在于他们的"开放意识"①，应势而动。20世纪的安溪县是全国闻名的贫困县。在改革开放的春风中，安溪人依托茶产业和藤铁工艺起步，致力转变观念转型发展，把光电、光生物、信息技术、高端制造、智慧物流等新兴产业运作得风生水起。他们历经40多年的接续奋斗，实现由贫困摘帽到基本小康，再到全国百强县的三大历史性跨越，综合实力跃升至全国百强县50位②，创造了中国县域经济脱贫发展的"安溪模式"。

闽南人的山海交融，在于他们视野开阔的"向海精神"③。闽南一带地瘠民稠，生存压力迫使他们需要以海为田，以商养家。早在唐宋时期，他们的先民就已试水商贸，参与打造海上丝绸之路，担纲千年的时代弄潮儿，缔造刺桐名港。闽南人是商业意识最早觉醒、商贸文化最早形成的族群之一，是中华民族联系世界的最重要族群。今日的泉州，制造业发达，民营企业众多。一大批草根企业家为实现创业致富的时代梦想在奋斗，他们打造出闻名遐迩的"民办特区"，形成以民营企业为主力、以轻工产业集群发展为特点的"泉州模式"。

而漂洋过海的闽南人同样在世界各地显示出了极强的生命力和影响力。背井离乡既是他们生活的背景，更是他们奋斗的动力。据调查，目前台湾民众中祖籍安溪的超过230万人，占台湾省总人

---

① 胡沧泽：《关于闽南文化研究的若干思考》，《漳州师范学院学报》（哲学社会科学版），2011年，第1期。

② 2024年9月20日，中国中小城市发展指数研究课题组在《光明日报》发布"2024年度全国综合实力百强县市"，福建省泉州市安溪县位列全国第50名。

③ 林华东：《论闽南文化的继承性与创新性》，《闽南师范大学学报》（哲学社会科学版），2020年，第3期。

口的 1/10。南靖县梅林镇地处闽西南偏远山区，与海无缘，但其乡民却供奉着妈祖。原来在这深山老林里，自明末以来，也有村民到南洋及台湾等地谋生，现在分布在世界各地的梅林侨胞就有 10 多万人①。为保佑外出游子的平安，乡亲们请来妈祖在山里供奉祭拜，至今已延续 300 多年。从这个意义上，我们说山海结合的地理特征决定了闽南人特殊的行为模式——"开放互补性"②，山海交融既是现实的写照，更是文化哲学的世界观和方法论。

第二节　闽南文化海外传播的主要影响

　　闽南人的足迹遍布世界各地，其中以东南亚为最。1996 年出版的《泉州华侨志》记载了 1990 年国外泉州人有 600 多万人，其中印度尼西亚 154 万人、马来西亚 168 万人、菲律宾 124 万人、新加坡 86 万人、缅甸 17.5 万人，在大洋彼岸的美国有 15 万人、加拿大 4.5 万人。如果加上厦门、漳州等地，闽南籍的华侨将会达到 1000 多万人。而且，在这些闽南籍的华侨当中，涌现出了陈嘉庚、李光前、陈清机等著名人物。2002 年 9 月，《泉州晚报》海外版专门整理了一篇关于海外泉州籍华侨的人物谱，曾担任全国侨联一

---

① 林华东：《闽南文化的精神和基本内涵》，《光明日报》，2009 年 11 月 17 日，第 10 版。
② 黄顺力、李卫华：《闽南文化的特征与两岸民众的文化认同》，收录于福建省炎黄文化研究会、厦门市政协主编《守望与传承——第四届海峡两岸闽南文化学术研讨会论文集》，鹭江出版社，2007 年，第 6 页。

至五届名誉主席、主席、副主席的 56 人当中，有 17 人[1]是泉州籍，如果再加上厦门籍、漳州籍，则超过半数以上。闽南人的大量外流推动了闽南文化的海外传播，大致可分为以下几个阶段：

开始阶段——唐代至宋代。闽南人因海外贸易而开始移居东南亚，这同时也是闽南文化在东南亚传播的起始点。五代以后，闽人大量出海贸易，与东南亚诸国进行广泛的商业和文化交流。

繁荣阶段——宋元明清时期。闽南地区的海外贸易进一步发展，尤其是宋元时期，泉州成为"海上丝绸之路"的启航点和东方大港，与阿拉伯、东南亚等地区的文化交流达到高峰。闽南人因生活所迫或经商等原因，大量向内陆、台湾和海外移民，尤其是东南亚地区，将闽南文化传播到世界各地。

调整时期——清代至民国时期。随着西方势力的东渐和海洋交通的进一步发展，闽南人被卷入东南亚的劳动力市场中，因"下南洋"谋生而将闽南文化传播到更广泛的地区。例如，仅泉州籍港澳台侨胞就有 2000 多万人，在东南亚各国中，泉州籍侨胞 100 万人以上的有印度尼西亚、马来西亚、菲律宾、新加坡等国，10 万人以上的有缅甸、泰国、越南等国。

转型阶段——近现代时期。闽南文化继续在海外传播，特别是在东南亚地区，形成了独特的闽南文化圈。随着全球化的发展和信息技术的进步，闽南文化的传播方式更加多样化，包括海外华文媒体的报道、文化交流活动、旅游观光等。

闽南文化山海交融的包容性与崇祖重乡的地域性，彰显了这一地域性文化作为中华优秀文化重要组成部分的特殊性。闽南文化在海纳百川的同时积极求变，实现了与居住国地域文化的共存共

---

[1] 他们是：尤扬祖、李铁民、庄明理、高明轩、黄长水、颜子俊、庄希泉、王汉杰、陈宗基、洪丝丝、郭瑞人、叶飞、陈明、庄炎林、罗豪才、黄长溪、黄翠玉。

生，有效地促进了闽南文化在海外的传播及在地化发展。根据闽南文化自身的特征，我们可以大致将闽南文化海外传播的主要影响归结为以下几个方面：

一、闽南文化海外传播的政治影响

文化的交流与互鉴是闽南文化海外传播的过程中首先实现的显在影响，但与此同时，我们不能忽略其产生的一定程度上的政治影响。这些影响主要体现在以下几个方面：

一是增强国家的文化软实力。作为中华文化的重要组成部分，闽南文化从古至今长时间、大范围、全领域的海外传播，毫无疑问能够很好地提升中国的国际影响力与文化软实力。尤其是闽南文化在海外传播的过程中举办的影响较大的活动，吸引了大量海外华文媒体和侨胞的密切关注。这些媒体和侨胞通过相关的新闻报道进一步播散闽南文化，能够有效增进海外民众对中国的了解和认同。通过展示闽南地域文化的独特魅力和时代价值，可以不断地增进海外民众尤其是东南亚地区闽南华侨华人对闽南故乡、对传统中国、对新时代中国的深入了解与国家认同，从而为中国式现代化的建设以及社会主义现代化国家事业的发展营造越来越良好的国际环境。

二是有效促进国家民间外交。闽南文化的海外传播与中国同世界其他国家地区之间的民间交流和互动是相伴相生的。这些传播的渠道与相关活动的开展，为新时代我国民间外交的走深走实提供了重要的平台和渠道。通过推动和深化闽南文化在海外的传播繁衍与交流互动，能够持续加深海外国家和地区的民众对中国的理解，增进国家之间的友好感情，促进民间友好关系的建立与长效发展。闽南文化海外传播相关交流会议、展示等的成功举办，为专家学者和海外华文媒体代表提供了交流和互动的平台。这些活动不仅促进了闽南文化的传承和发展，也加强了海外民众与中国的联系和沟通。

三是进一步增强文化自信。习近平总书记在庆祝中国共产党成立 95 周年大会上提出了"四个自信"[①]，即中国特色社会主义道路自信、理论自信、制度自信、文化自信。这其中，文化自信是根本。文化自信是一个民族、一个国家以及一个政党对自身文化价值的充分肯定和积极践行，并对其文化的生命力持有的坚定信心。闽南文化在海外传播的过程中，积极弘扬中华文化的优秀传统和价值观念。这有助于增强海外民众对中华文化的认同感和归属感，推动中华文化在全球范围内的传播和发展。

由此可见，虽然闽南文化的海外传播不是政治层面的官方行为，其潜在的政治影响同样是显著的、不可忽视的。通过持续不断地在海外国家和地区展示闽南文化的独特魅力和文化价值，有助于提升我们国家的综合国力和世界影响力。

二、闽南文化海外传播的经济影响

事实上，闽南文化的海外传播不管是哪一个维度，都必然地以经济的方式予以呈现，只不过有的更为明显，有的则相对隐含。可以肯定的是，闽南文化海外传播带来的经济影响是全方位的、多层次的，主要有以下几个方面：

一是促进文化旅游事业的发展。闽南文化的深度传播，显著提高了泉州、漳州、厦门等地的知名度和影响力，吸引了众多海外游客，特别是闽南籍的华侨华人踏上故土、前来福建等闽南文化区旅游观光、寻根问祖。外来游客的增多，无疑能够带动当地旅游事业的繁荣发展，增加闽南地区的旅游收入，促进经济社会的迅速发

[①] 习近平：《在庆祝中国共产党成立95周年大会上的讲话》，《人民日报》，2016 年 7 月 2 日，第 2 版。

展。例如，漳州、泉州、厦门等闽南语地区作为东南亚地区华侨华人最主要的祖籍地，其丰富的闽南文化遗产吸引了大量东南亚地区的海外侨胞常态性地前来旅游参观，形成了文化交流和经贸往来的新动能。

二是推动相关文化产业走出去。闽南文化广泛的海外传播不仅仅只是文化、思想、信仰等非物质文化的传播，更多的是带有具象化的物质传播，与之相关的文化产品，如闽南语歌曲、闽南戏剧、闽南工艺品等的出口也在这越来越火热的文化传播中不断被激化。这些文化产品的海外输出，不仅能够满足海外华侨华人的文化需求、生活需求和思想慰藉，也可以从经济层面上不断拓展相关产业的国际市场空间，为闽南地区文化产业、文创产业的新时代新发展注入新活力、新动能。而通过一系列的闽南文化节、戏曲艺术展览、闽南文化研讨会等形式，既展示了闽人的艺术成就、文化魅力，也促进了文化产品的国际化推广。

三是显著增强品牌影响力。闽南文化的海外传播，提升了厦漳泉地区企业和品牌的国际知名度，增强其国际市场竞争力。借助闽南文化的独特魅力与广泛认同，泉州、漳州、厦门三地的企业可以打造更多更好的具有地方特色的品牌，吸引更多海外消费者关注和购买。闽南地区的一些知名企业，如中石漫旅（福建）文化发展有限公司、漳州片仔癀药业股份有限公司、九牧王股份有限公司、利郎（中国）有限公司、永春达埔彬达制香厂等，都充分地利用闽南文化元素进行品牌打造与品牌推广，成功打入国际市场的同时，也提升了企业的国际化水平。

四是有效促进国家间的经贸合作。习近平总书记指出，"广大海外侨胞有着赤忱的爱国情怀、雄厚的经济实力、丰富的智力资源、广泛的商业人脉，是实现中国梦的重要力量"，希望他们"运用自身优势和条件，积极为住在国同中国各领域交流合作牵线搭桥，更好融入和回馈当地社会，为促进世界和平与发展不断作出新贡献"①。闽南文化的海外传播，加强了海外华侨华人与祖籍地的深度联系，促进了国家间经贸合作和投资往来。许多海外华侨华人通过了解闽南文化，对祖籍地的经济发展产生了浓厚兴趣，积极参与祖籍地的建设和发展。这种文化上的认同感和经济上的互动为当地经济的持续发展注入了新的动力。仅 2023 年，香港晋江社团总会、菲律宾菲华泉州公会等一大批重点港澳台海外泉籍社团等归乡而来，促成意向投资项目 67 个，总投资额超 315 亿元。

综上所述，文化绝非可有可无的观念性存在，同样是一种愈发重要的时代生产力。闽南文化海外传播的经济影响，特别是对闽南地区的影响非常显著。

三、闽南文化海外传播的文化影响

从文化到文化，闽南文化海外传播的文化影响毫无疑问是这几个层面影响当中最值得说道的。闽南文化海外传播的文化影响是深远而广泛的，具体如下：

一是增强文化认同感和民族归属感。闽南文化的海外传播，尤其是在东南亚等地的广泛影响，使海外华侨华人对闽南文化产生了深厚的文化认同感。实际上，这种无意识、无系统的文化传播之所以能够经久不衰、源远流长，恰恰在于这种认同感不仅体现在对语言、习俗、信仰等方面的认同，更体现在对家乡、对祖先的家国归属感上。尤其是东南亚地区的许多华侨华人，至今仍保留着闽南人的衣着习惯、传统节日、乡土民俗和民间信仰等。这些仪式和活动在当地的广泛开展，不仅加强了他们的情感归属与文化认同，也

---

① 习近平：《在会见第七届世界华侨华人社团联谊大会代表时的讲话》，《人民日报》，2014 年 6 月 7 日，第 2 版。

警醒了他们时时刻刻的民族归属感。

二是进一步促进文化交流交往与深度融合。闽南文化的海外传播，不是单向度的输出，而是双向的互动，这一维度的传播为不同国家之间的文化交流与融合发展提供了重要的渠道和平台。通过与当地文化的接触、碰撞与融合，闽南文化一方面努力保持自身的地域特色与民族风格，另一方面也兼容并包地吸收了其他国家和地区文化的优点，取长补短、和而不同。这种文化交流与融合，不仅促进了不同文化之间的相互理解与互相尊重，也在更高层面上提升了人类文化的丰富性与多样性。

三是全方位扩大闽南文化的影响力和传播力。闽南文化的海外传播，提高了这一中华文化子类型在全球范围内的知名度和影响力。越来越多的海外民众尤其是华侨华人的后代子孙，开始把目光聚焦到这一博大精深的文化类型中，通过多种渠道和方式去了解和理解闽南文化。这一方面扩大了闽南文化海外传播的辐射面和影响力，另一方面也为闽南文化在新时代的传承与发展，提供了更加广阔的时间和空间。

四是极大丰富当地的文化市场与文化景观。闽南文化的海外传播，首先在具象的层面上为当地华人社区带来了丰富多彩的文化活动和文化产品。这些活动和产品的不断推陈出新，不仅丰富了当地民众的物质生活与精神生活，也大大提升了当地社区的文化品位和审美高度。例如，在东南亚地区的许多城市中，很多闽南地区的戏剧表演团体受邀到当地进行商业演出，再加上一系列的产品展销会、文化展示会和剧场表演等活动，为当地民众提供了近距离了解和欣赏闽南文化的机会，也展现了闽南文化的独特艺术魅力，同时丰富了当地的文化市场。

五是有利于促进文化多样性与文化创新。闽南文化在海外传播的历史进程中，并不是一成不变的，而是在追逐文化多样性与创新发展的道路上持续发力。在与不同文化的交流、碰撞和融合发展中，闽南文化海纳百川地吸收新的元素和创意，融入自身发展的历史秩序之中，对自身存在的不足进行有效剔除，并吸收越来越多的富有特殊性与时代感的海外文化元素，从而形成了独特的文化风格和创新方式。这种文化创新不仅在形式和内容层面上丰富了闽南文化的内涵和外延，也为其在全球一体化时代的创新发展和深度传承提供了新的动力。

四、闽南文化海外传播的社会影响

文化是一个国家、一个民族生生不息、发展壮大的重要精神支撑，其所蕴含的思想观念、人文精神、道德规范为人们提供深厚的精神滋养。闽南文化海外传播的社会影响可以从以下几个方面进行总结：

一是促进社会的多元化。闽南文化通过世世代代接续不断的海外传播，将自身的地方方言、乡土民俗、民间信仰、教育理念、商帮文化等带到世界各地、五湖四海，丰富了全球文化的多样性，也促成了所在地社会的多元化。闽南方言作为闽南文化的重要载体，在海外华侨华人社区中广泛使用，不仅维系了华人的文化认同，也为当地社会带来了多元的语言文化环境。

二是增进社区的凝聚力。闽南文化的海外传播，不仅加强了华侨华人社区内部的凝聚力，也促进了他们与当地社会的融入与融合。通过共同的文化背景，华侨华人能够更好地理解和适应当地社会，同时也向当地社会展示了闽南文化的独特魅力。闽南地区宗族文化、信仰文化、戏曲文化、语言文化等的广泛传播，有助于消解闽南籍华侨华人与当地人之间在文化、价值观等方面的冲突，从而构建更加积极的和谐稳定的社区环境，增强向心力与凝聚力。

三是满足多样化文化需求。闽南文化是丰富多彩的，能够在最大程度上满足海外民众对闽南文化的多样性需求。作为闽南文化的核心载体，闽南方言具有独特的语音、词汇和语法结构，满足了闽南地区及海外闽南语社群的语言交流需求。闽南的戏曲艺术、音乐文化等艺术形式，如歌仔戏、布袋戏、南音等通过其独特的韵律和表达方式，吸引了大量听众和观众，满足了人们对音乐、戏剧等文化产品的多样化的欣赏需求。闽南地区的饮食文化以其独特的口味和烹饪方式吸引了众多食客，满足了人们对美食的多样化需求。

综上所述，闽南文化的海外传播不仅仅是中华地域文化的"走出去"，而且也为全球文化的多样性和人类文明的进步做出了积极贡献。

概而言之，闽南文化是一个涵盖语言、建筑、宗教、民俗、艺术等多个维度的综合性文化体系。它以其独特的地域特色与丰富的文化内涵，成为中华文化宝库中一颗璀璨的明珠。闽南文化虽然表面看来只是一个抽象的概念，但其具体的载体都是非常鲜活生动、喜闻乐见的，既有物质形态的，也有非物质形态的。我们可以将这些历史悠久却极富生命力的闽南文化资源大致划分为 10 个主要的组成部分：地方方言文化、乡土民俗文化、宗族社会文化、民间信仰文化、地方戏曲文化、音乐美术文化、传统建筑文化、商帮精神文化、教育书院文化和侨乡侨批文化。

叁

闽南地方方言文化在海外

——

在《在通向语言的途中》的演讲中，海德格尔十分欣赏地援引了100多年前威廉·冯·洪堡特的一段话：

"如果在心灵中真正产生了这样一个感觉，即语言不只是用于相互理解的交流工具，而是一个真正的世界，这个世界必然是精神在自身与对象之间通过它的力量的内在活动而设定起来的，那么，语言就是在真实的道路上，在语言中作愈来愈多的发现，把愈来愈多的东西置入语言中。"①

这一段富有启迪性的真知灼见，虽然已历经沧桑岁月的洗礼，却愈发体现其科学性与合理性。洪堡特发现并加以反复论证，语言其实远远不仅是人们之间沟通交流的工具那么简单，而是伟大的人类在理解客观外部世界的过程中逐步建构起来的精神世界，也就是海德格尔所称的"精神家园"。透过语言去了解文化，透过文化去洞察语言，的确是一个广袤无边、永无止境的人类课题。简单地说，如果说文化是一棵参天大树，那么语言就是这棵大树的皮。被剥了皮，树就无法存活；没有了语言，文化同样无法传承发展。

闽方言是广大汉语研究者们形成共识的几个大类的方言之一。它形成于福建，是远离通语、与通语相异最大的方言。与区位上较为接近的吴（楚）语、粤语（广府语）等方言区在秦汉地区就有中原汉人入住相比，闽方言所在的区域则是在六朝之后才有较大规模的移民前来定居生活。再加上闽地多山、地形复杂，经济发展不均衡，地区之间的交流互动相对较少，导致闽方言内部的歧异众多，甚至出现同一个村落并不多的人却使用了多种差异性较大的方言子类别的情况，即通常所说的方言岛现象。而在这之中，闽南方言是所有闽方言类型当中流传播迁最远最广泛的语种。

---

① 海德格尔:《在通向语言的途中》，孙周兴译，商务印书馆，2004年，第246页。

第一节　闽南地方方言文化概述

　　顾名思义，闽南方言是在福建闽南地区形成和发展起来的语言。它主要是北方中原汉人在不同历史时代因避战乱、平叛乱或逃荒等多次向南迁徙进入福建的闽南地区后逐渐形成的。需要指出的是，当时闽地的土著语言对闽南方言的形成和发展必然会有所影响，但是从当时南迁汉人在人口数量上的绝对优势，以及他们带来的先进生产技术和优秀中原文化来看，再从闽南方言在语音、词汇和语法所表现出来的明显特点辨析，中原汉语可以说是占据着压倒性的优势。因此，闽南方言实际上仍然是以汉语为主体。

一、闽南方言的起源与地区分布

　　闽南方言究竟形成于何时？专家学者对此的看法历来众说纷纭，甚至争议很大，但基本上形成共识的是闽南方言在我国古代上古的末期，也就是"南北朝已见端倪"[①]，至于以何时何事件作为标志则意见出入很大。当前的闽南方言虽然分布非常广泛，但究其正宗，还是以历史上的泉州、漳州为代表。从这个意义上，闽南方言文化的形成发展与泉州、漳州的经济社会发展密不可分，也与历史上中原地区对古代闽南地区的开发息息相关。魏晋南北朝和唐代两次重要的移民，对闽南方言的形成发展起到了"决定性的作用"[②]。

　　闽南地区的第一次移民发生在 4 世纪的西晋时期。北方中原地区居民移居入闽，由此促发了部分初级泉州话的形成，时间大约

---

① 周长楫：《略说闽南方言——兼说闽南文化》，《闽都文化研究》，2004年，第 1 期。

② 陈燕玲：《闽南文化概要》，厦门大学出版社，2020 年，第 34 页。

是在西晋末五胡乱华时期（304—439年）。西晋永嘉二年（308年），因为北方的少数民族入侵中原，今河南一带的衣冠八族（即詹、林、黄、陈、郑、丘、何、胡）陆陆续续逃难躲避到泉州的晋江流域一带，与他们一同而至的还有中原地区的语言，后经演变被称作"泉州话"。但这次移民的数量并不多，且多移居至闽江和木兰溪流域。南朝梁天监年间（502—519年），为保持闽地疆域的安定稳定，朝廷在晋安郡南部置南安郡，治所设在了今泉州南安的丰州镇，管辖范围涵盖了今厦门、莆田、泉州、漳州一带。不过，南安郡在历史上存在的时间并不长，很快便被撤销。虽然如此，中原地区移民的到来，还是促成了少量"泉州话"的形成。本时期的闽南方言基本上是中原音掺"吴楚方言"和当地的"越语"融合而成的，只不过尚未形成规模，辐射的范围也相当有限。

闽南地区的第二次集中移民发生在唐朝。唐初福建南部的蛮夷叛乱，朝廷为了平息此乱，派陈政、陈元光父子携重兵南下平乱，随后驻守此地，屯垦漳州。实际上，在唐代设立漳州之前，漳州地域虽然已设置有绥安县、兰水县、龙溪县等，但这里的人口仍然相当稀少，不过几千户人家而已，即使加上少数生活于漳州南部山区的蛮僚，总体数量也并不多。陈元光所率领的唐朝军队与这些并不受控制的蛮僚进行了长期的斗争，最终的结局是蛮僚被平定，唐朝控制了漳州沿海平原等广大地区。历史上漳州的开发与发展是在南宋时期才步入了快车道，唐代的漳州距离繁华仍然有较大的差距。但不可否认的是，唐代的军事移民对闽南方言的重要分支漳州话的形成起到了不可替代的重要影响。

闽南地区的第三次集中移民发生在9世纪后期王潮、王审邽、王审知三兄弟统治福州、泉州的时期。公元878年，黄巢起义爆发，光州固始县人王潮、王审邽、王审知三兄弟领命率一众将士与家眷南下平定叛乱，后王潮被封作福建威武军节度使。本次的集中移民

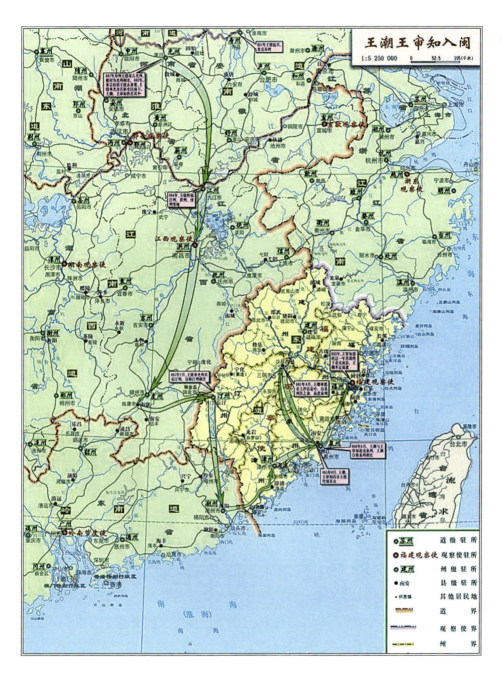

图为王潮、王审邽、王审知三兄弟入闽路线。

几乎都是唐代淮南道光州人，语言文化和日常风俗习惯接近。也正是这一批人的规模迁入，给偏安一隅的闽南地区带来了9世纪的中原话。尤其是闽南方言中存在的浊音清化的现象，确证了这一次集中移民在语言文化层面起到的重要作用。也只有到这个时候，闽南方言作为闽方言的一种次方言才算最终形成了。

从宋代开始，一直到随后的元明清时期，闽南地区的人口由原来的移入改换为向外迁移，其大致的路线有6条：一是向南部的广东及海南一带外迁；二是向隔海相望的台湾地区迁移；三是向北部的浙江、江苏一带迁移；四是向西部的江西、四川等地迁移；五是向福建省内的其他地区搬迁；六是向东南亚诸国迁移。由此带来的是闽南方言作为一种地域性文化的向外传播。随着时间的推移，闽南地方方言的辐射面和影响力越来越大，我们可以从国内、国外两个维度来审视一下闽南方言的地区分布情况：

一是闽南方言在福建省内的分布情况。主要分布在泉州市、漳州市、厦门市三地。此外，还包括福州福清市的上迳乡、音西乡、阳下乡、东张镇、渔溪镇部分自然村、一都乡王坑部分自然村、宏路镇部分村，龙岩新罗区的大部分地区和漳平市大部分地区，三明市的大田大部分地区、尤溪部分乡镇，宁德市的福鼎、霞浦小部分地区、蕉城区小部分地区。

二是闽南方言在台湾的分布情况。除了福建省以外，闽南方言流行最广泛的是一水之隔的台湾。包括台北、台中、台南、高雄、桃园、苗栗、基隆、南投、屏东、彰化、花莲、嘉义、宜兰、云林、台东、新竹、澎湖等地区，整个台湾会说闽南方言的人口约占全台人口总数的80%[1]以上，1949年国民党撤台后，随同前往的200万

---

[1] 据1907年《日台大辞典》公布的统计数据显示，当时台湾讲汉语的人数为284万人，其中使用闽南方言的是230万人，占比81%。

军民一定程度上改变了其语言结构，但闽南方言、客家方言仍是民间交流的主要语言。

三是闽南方言在中国大陆其他地区的分布情况。

①广东省：东部的潮汕地区（潮州、汕头、揭阳）[①]、粤东地区（汕尾），东南部的惠州市惠东县部分村镇，旧香山县的数个方言岛[②]，湛江雷州半岛、茂名电白区、阳江沿海部分地区等。

②广西壮族自治区：呈现带状零星分布的态势，主要集中在东南一带的博白、陆川、北流、贺县、平乐、柳州、罗城、来宾等地[③]。

③海南省：分布在海口、文昌、琼海、万宁、定安、屯昌、澄迈等市县和陵水、乐东、东方、昌江、三亚、琼中、五指山等市县（腔调已改变）。

④浙江省：南部温州地区的平阳、苍南、洞头、瑞安、文成、泰顺[④]，台州地区的玉环、温岭部分；西部接近江西三清山地区；东部宁波象山石浦、慈溪观海卫等地以及舟山群岛小部分区域；北部杭州临安、余杭等地，湖州德清、安吉、长兴等地。

⑤江苏省：宜兴市南部山区，金坛、句容一带约 13 个村落。

⑥江西省：东北部接近浙江的部分地区，主要有上饶、铅山、广丰、玉山等地。

⑦安徽省：皖南地区的部分乡镇。

---

① 根据林伦伦、陈小枫的《广东闽方言语言研究》的统计数据，1996 年，广东 21 个县居住着闽南人。全市、县都说闽南话的潮州有 135 万人、汕头 87 万多人、揭阳市 148 万人。

② 包括隆都、得能都、四大都、谷都、上恭常都淇澳乡（即：淇澳岛）。

③ 李如龙、姚荣松：《闽南方言》，福建人民出版社，2023 年，第 66 页。

④ 据李如龙的研究，这些县市中说闽方言的人口约 100 万人，使用闽南方言的人口约 60 万人。见于李如龙、姚荣松主编《闽南方言》，福建人民出版社，2023 年，第 65 页。

⑧四川省：金堂县一带，泸州地区①。

四是闽南方言在世界范围内的分布情况。

①东南亚地区：印度尼西亚、马来西亚、菲律宾、泰国、新加坡、文莱、缅甸、越南等地②。

②海外其他地区：闽南人移民的国家和地区，包括日本、美国、澳大利亚、新西兰等国家③。

二、闽南方言的类别划分与主要特点

当今的闽南方言是在夷狄人（古代闽越土著人群）与历代多次的北方河南人南迁入闽，特别是唐、宋两朝时期北方人入闽的基础上，由八闽远古语音与历代中原人外来语言进行交流、碰撞、融合而逐渐形成的地方方言。因为闽南地区山多，导致了不同区域的方言仍然存在较大的差异。因此，按照地域区块的不同，可以将闽南方言大致划分为以下几种腔调：泉州话、漳州话、厦门话、龙岩话、潮汕话、海陆丰话、浙南闽语、峇峇话、槟城福建话、新加坡福建话等。这些方言腔调之间虽各有差异，但正是这样的和而不同构成了闽南方言的丰富多样性。

地域方言的特点更多地只有在比较中才能够凸显出来。闽南方言的语音和词汇与普通话以及我国的其他方言相比有很大的差异。例如，普通话的声母 23 个，韵母 24 个，声调 4 个，而闽南

---

① 四川成都平原的新都、广汉、中江、灌县、大足、安岳等县都有若干闽南方言岛。见于李如龙、姚荣松主编《闽南方言》，福建人民出版社，2023 年，第 66 页。

② 根据陈烈甫《东南亚洲的华侨、华人与华裔》统计数据，东南亚约有华侨华人 1600 万人，马来西亚约 390 万人，印度尼西亚有 360 万人，新加坡有将近 170 万人。

③ 郭锦梓：《闽南人外迁及其方言文化的流播》，见于福建省炎黄文化研究会主编《中华文化与地域文化研究——福建省炎黄文化研究会 20 年论文选集》（第三卷），鹭江出版社，2011 年，第 891 页。

方言的声母^①只有 15 个，韵母有 8 个，声调则有 7 个^②，并且有大量的多音节词。此外，闽南方言在语法和表达方式上也有独特的特点，如词序和助词的使用等方面与普通话有所不同。举一个简单的例子：

　　普通话：母鸡　公狗　母猫　客人　花菜　拖鞋　围墙　台风　热闹

　　闽南话：鸡母　狗公　猫母　人客　菜花　鞋拖　墙围　风台　闹热

　　上述闽南方言与普通话相对应的词语义相同、用字相同，但词序排列却截然相反。实际上，很多异序词在古汉语时期就已经开始使用，闽南方言只不过将其继承下来。从这个维度上，也能看到在闽南方言形成的历史过程中中原河洛文化的主体性地位。

　　在发音上，闽南方言也有自身的一些特点：一是多数古浊可平声字，今读音时不吐气；二是念"知、登"等，有时保留破裂音；三是无轻唇音 v、f；四是有韵尾 –m、–p、–t、–k；五是 7 类声调以上为主，与古代声调系统不尽相当^③。此外，在闽南语中，文、白语言区别较大。白读音代表本地方言比较久远的源头，据研究，它是唐朝及后来中原人南迁所带来的汉语与当地闽越土著（少数民族）的语言相结合开始形成的一种独特的语音体系。而文读音则是本地方言向本民族权威的方言靠拢的表现^④。

三、闽南方言的历史与文化价值

　　语言是思维的工具，也是思维的成果。地域文化中的观念、

---

① 闽南方言内部存在着一些小的差异，比如漳州话有 18 个声母，泉州话和厦门话是 17 个声母。

② 7 个声调指的是阴平、阳平、阴上、阳上、去声、阴入、阳入。

③ 根据李如龙《闽南方言与闽南文化》、周长楫《略说闽南方言——兼说闽南文化》、林宝卿《闽南方言与外来文化》等文章观点整理。

④ 李如龙、姚荣松：《闽南方言》，福建人民出版社，2023 年，第 174 页。

意识都是用地方方言表达出来的。这些观念和意识既体现了民族文化的共性，也有体现地域文化的个性。透过闽南方言中的成语谚语，我们可以窥见闽南文化的一些特点。

1. 有关奋斗人生的谚语

闽南方言中有许多鼓励人们历经艰难困苦依旧要勤劳勇敢、坚毅前行的语句，充分展现了闽南人爱拼会赢的精神与吃苦耐劳的性格。例如：

劳生拼死，劳冥拼日（拼命苦干，日夜操劳）；

手勤唔惊穷（勤劳就不会穷）；

艰苦头，快活尾（开头艰苦奋斗，就会有快活的结尾）；

三分天注定，七分靠拍拼（事在人为）。

2. 有关道德修养的谚语

闽南方言中有一些道德谚语，经过长时间的检验，已经成为公众的信条，可以用来分辨是非，校示后辈，堪称世世代代的思想道德教科书。例如：

穷无穷种，富无富长（富贵不是天注定）；

离乡不离土，离亲不离祖（外出的人不能忘本）；

头顶有青天，举头三尺有神明（做事要能自律、慎独）；

量大福大，一份度量一分福（乐善好施必有后福）。

3. 有关生活经验的谚语

闽南方言中有不少是世世代代的闽南人在日复一日的简单生活中逐步积累总结的经验性谚语，口口相传、流传至今，足以告诫、警醒后世子孙。例如：

穷厝无穷路（居家节俭，出门勿俭省）；

有千年亲堂，无千年亲情（远亲不如近邻永久）；

心肝大，无造化（贪多求大往往没有好结果）；

三年水流东，三年水流西（沧海桑田）。

4. 有关信仰风俗的谚语

闽南地区的民间信仰丰富多彩，各个地区所信奉的神灵都有很大的差别。在求神拜佛的仪式中，他们也总结出了一些规律性的话语。例如：

有烧香有保庇（劝人信神，也引申为要懂得疏通关节）；

得罪土地公饲无鸡（地头蛇得罪不起）；

心肝若好，风水免讨（行善要比找风水更重要）；

心中无邪唔畏鬼（心胸坦荡，就什么也不怕）。

以上的俗语谚语在广大的闽南地区使用较为广泛、流传久远，形式上也生动活泼、朗朗上口。作为地域文化的口语式提炼，这些喜闻乐见的俗语谚语承载了闽南地方文化的厚重与接地气。

与此同时，闽南方言对于当地的文化和身份认同也有着不可忽视的重要影响。在福建、台湾和东南亚等地区，闽南方言是当地人们日常生活中使用最为广泛的方言之一，也是当地文化和身份认同的重要标志。许多当地的传统文化、习俗、歌曲、戏曲等都是以闽南方言为载体的，通过闽南方言可以更好地了解和体验当地的文化和生活。

闽南方言不仅具有悠久的历史，还保存了中古汉语和上古汉语的许多特点，同时还保存了许多古汉语的词语。这些词语在普通话和汉语的其他方言中，有的没有，有的不用，有的少用，而在闽南方言中则是基本词语。因此，闽南方言被海内外的语言学界称为"语言的活化石"。研究探索闽南方言的发展，对保护、弘扬中国古代语言遗产，研究中国其他语种以及古代闽越地区的社会、经济、文化等领域有着积极的作用。

随着现代化的进程和社会交流的不断扩大，普通话和英语等其他语言的影响逐渐增强，尤其是年轻一代更加习惯使用标准普通话进行日常交流。这使得闽南方言在某种程度上受到了冲击和限制。为了更好地保护和传承闽南方言文化，福建省政府和相关机构采取了一系列行之有效的措施，如推广闽南语教育、举办方言文化活动等，以便更好地传承和发展这一独特的方言。

第二节　闽南地方方言文化的海外传播

闽南地方方言文化的海外传播，是宋元以来世世代代的闽南人走向海洋、移居东南亚、开启中西文化交流的重要载体和历史见证。

一、闽南地方方言文化海外传播的历史梳理

早在唐代，泉州、漳州两个地区的开发已经初具规模。据《新唐书·地理志》的记述，唐朝天宝元年（742 年），泉州 4 县（含莆田）的人口为 160295 人，漳州 3 县的人口总数为 17940 人，合计 17.8 万多人。这个数据到了宋代有了一个非常明显的增加。《宋史·地理志》记述，泉州 7 县、漳州 4 县、兴化（莆田）3 县合计人口为 36 万多户。如果每户按照平均 5 人计算，此时的闽南人口已经骤增到 180 万人，300 年不到的时间，人口已经相当于唐朝人口的 10 倍还多①。爱拼会赢的闽南人越发真切地感受到了人多地少带来的发展瓶颈。南宋的史书《舆地纪胜》曾引用当时的惠安人谢履所作的《泉南歌》说："泉州人稠山谷脊，虽欲就耕无地辟，州南有海浩无穷，每岁造舟通异域。"由此看来，泉州的造船业和航

---

① 郭锦桴：《闽南人外迁及其方言文化的流播》，收录于《中华文化与地域文化研究——福建省炎黄文化研究会 20 年论文选集》（第三卷），鹭江出版社，2011 年，第 9 页。

海业没多久就远近闻名了。苏东坡曾在《论高丽进奉状》中写道："唯福建一路，多以海商为业。"在泉州担任福建提举市舶司的赵汝适在《诸蕃志》中也记载了当年泉州的航船已经运用了我国古代四大发明之一的指南针："渺茫无际，天水一色，舟舶往来惟以指南针为则，昼夜守视唯谨，毫厘之差，生死系焉。"在泉州出土的宋代古船上，还发现了"量天尺"。根据韩振华的研究发现，"量天尺"是用来观察恒星出水高度以定船舶所在纬度的天文定位仪器。到了南宋时期，自泉州港出海的船舶数量巨大，且有的大船已经可以承载多达五六百人，中等的船只也可以容纳二三百人一同出行。就《诸蕃志》的记载，本时期泉州港商船所通行的异国已经达到了 53 个①。由于科学技术的不断更新换代，经营规模的持续扩大，泉州港到了元代很快跃居成为世界最大的港口之一。

由于南洋商路遥远，据《宋会要辑稿》的记载，部分闽商出去之后便侨居在海外不归来。当时占城、吕宋、真腊、三佛齐、爪哇等国都有闽南商人住在当地，从事商业活动②。在明清的典籍中，这方面的记载很多。如《明史·外国传》"吕宋"条中就有这样的记载："吕宋居南海中，去漳州甚近……显示，闽人以其地近且饶富，商贩者至数万人，往往久居不返，至长子孙。""三佛齐"条则说："嘉靖末，广东大盗张琏作乱，官军已报克获。万历五年商人诣旧港者，见琏列肆为蕃舶长，漳、泉人多附之，犹中国市舶官云。"③跟随郑和下西洋的马欢也在《瀛涯胜览》中有相关的记载，称漳泉及潮州人，多至满剌加、勃泥、暹罗。南洋的闽南话至今还称祖国故乡为"唐山"，称华裔同胞为"唐人"，这大概是最早的宋代闽

---

① 李如龙、姚荣松：《闽南方言》，福建人民出版社，2023 年，第 8 页。

② 廖大珂：《福建海外交通史》，福建人民出版社，2002 年，第 83 页。

③ 李如龙、姚荣松：《闽南方言》，福建人民出版社，2023 年，第 9 页。

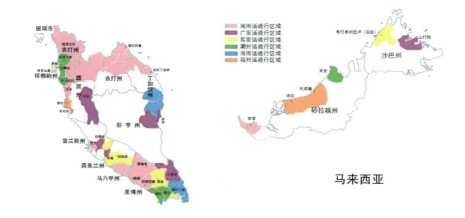

图为马来西亚主要汉语方言通行区域分布图。

南移民留下来的说法。

　　唐宋以来，尤其是近代时期，越来越多的操闽南话的人移居到南洋地区，形成了较为集中的海外闽南方言区，其中以新加坡、马来西亚、印度尼西亚、泰国、菲律宾以及老挝、缅甸、越南等国最为集中，和中华侨民带去的客家话、粤语等其他方言相比，闽南话在当地使用人口最多、影响也最广泛。例如，马来西亚的3300万人口中，马来人占半数以上，其次就是华人，然后才是印度人和其他人种，其通行的语言也依次是马来语、华语、印度语和英语。而这些华人当中，绝大多数是福建人、广东人和海南人。他们所使用的话语主要是普通话、福建话和广东话。在当地的福建人其实就是闽南人，福建话自然指向的就是闽南话。

二、闽南地方方言文化海外传播的环境分析

　　海外闽南方言区的人文环境比起国内更加复杂，主要体现在

三方面：

一是使用闽南话的人，故地来源十分复杂。当地的移民除了来自于闽南地区之外，还有很多人来自于莆田、广东、海南等其他使用闽南话的地区，使当地闽南话吸收了各地闽南话的特点和长处。因此，闽南话在海外闽南方言区发生了较大的蜕变，其内部的差异性因为多元融合及与外部碰撞而逐步走向了融合统一，形成了独特的闽南方言的混合体。这种腔调不属于泉州腔，也不属于漳州腔或是厦门腔，可以说是一种闽南话大融合的腔调。很典型的如人称代词，他们都说"我侬、汝侬、伊侬"①，而在祖国大陆这种闽南语的表达方式只有在海南闽南话当中出现。

二是他们所使用的闽南话受到中国其他方言的影响。海外闽南话地区的华人华侨中，除了来自漳泉的闽南地区之外，还有大量来自福州、福清等闽东方言区，广东的粤语方言区和客家方言区的人②。所以，海外各地的闽南方言也不同程度地受到闽东方言、粤语、客家话等国内方言的影响。

三是海外闽南方言受到当地语言文化的影响。闽南地区的侨民定居南洋诸国之后，与当地人共同生活，甚至通婚等，长期的接触也使得所在国的语言文化对闽南方言文化产生了交流碰撞，尤其是菲律宾他加禄语、印尼马来亚语等。同时，东南亚的很多国家和地区在近代以来多为英国的殖民地，因此，这些地区的闽南话的蜕变也一定程度上受到了英语的影响③。

---

① 李如龙、姚荣松：《闽南方言》，福建人民出版社，2023年，第123页。
② 在当地，他们被称为"福州帮""广府帮""客家帮"。
③ 陈燕玲：《闽南文化概要》，厦门大学出版社，2013年，第57页。

三、闽南地方方言文化海外传播的个案分析

上述三个方面在各个不同的国家作用的程度并不一致，因此闽南方言文化在海外各个国家的发展也呈现出了不同的特征。我们以新加坡的闽南话为例作一个简单的说明。虽然新加坡从马来西亚独立时间并不长，但很有代表性。新加坡的闽南话在发展的过程中与其他许多的语言进行了接触，融合了它们的一些元素，表现出了强大的包容性。同时，因为新加坡移民大部分都是在 19 世纪下半叶至 20 世纪初期才先后到达，移民的来源区域以我国的闽南地区为主，互相之间一直往来较为频繁，所以新加坡闽南话在语言系统上是更加接近闽南本土方言的。

一方面，新加坡闽南话的声韵调系统中声母包括 p、t、ts、k、b、m、n、s、ph、th 等在内的 18 个，韵母则多达 88 个，声调 8 个[①]。新加坡闽南话中声母之间的关系与厦漳泉本土的闽南话几无二样：m、n、ng 三个声母只出现在鼻化韵前，b、l、g 三个声母只出现在非鼻化韵前，而且 m 和 b、n 和 l、ng 和 g 呈现出两两互补的关系。但是，来自不同移民地点的人不同程度地保留了原有的发音方式，例如：声母方面，dz 是漳州籍的人说的，泉州籍的只有老一辈的人才用这个声母；韵母方面，ē 一般是漳州籍华人说的，泉州籍的人很少用，ən 泉州籍的华人也用得少；声调方面，漳州籍、厦门籍的华人一般用 7 个声调，阳上字归入阳去，而泉州籍的华人大多数发音时是去声分阴阳，只有少部分人保留阳上的音调。

另一方面，新加坡本地华人在长期生活的基础上，创造了一些具有本地特色的新词语。如：大狗（警察）、病厝（医院）、唐

---

① 参考周长楫、周清海：《新加坡闽南话概说》，厦门大学出版社，2000 年，第 12—15 页。

人历（旧历）、白巡（交通警察）、红毛厝（洋楼）、食风厝（别墅）、交耍（调戏）等。新加坡的闽南话深受当地土著语言的影响，特别是马来语，吸收了一系列的外来语。虽然闽南本土的闽南话其实也有一批外来语，但单单就数量上而言远不如新加坡的闽南话。

但同样不能忽视的是，东南亚诸国如马来西亚、新加坡、菲律宾等地的闽南话与厦漳泉的闽南方言文化一致性最大、差异性最小。这主要是因为闽南方言文化的海外迁移与传播更多的是发生于明清以来乃至近代阶段，距离当下的历史时间并不算长。而明清时期的闽南方言与今天我们福建地区的闽南方言相差并不大。而且，闽南地区的移民到达这些国家或地区，人数上相对较多，居住上也比较集中，也在当地的政治经济生活中扮演着比较重要的作用。晋江流传着一首《番客歌》[①]："唱出番客只有歌，流落番邦无奈何。离爸离母离某国，为着家穷才出外。亲像孤鸟插人群，做牛做马受拖磨。"这首歌唱出了早期在海外谋生谋业的闽南人的心声。一代代的闽南人在远离故土、艰苦图存的奋斗历程中，虽有所妥协，但仍然自觉地把闽南方言文化作为维系内部凝聚力的重要纽带，尽可能地保持向心力、保留自己的母语，所以，即便差异性的文化语境对闽南方言的海外传播产生了重要影响，但至少在今天，闽南话在海外的传播并未造成巨大的更新换代，与本土的差异不大。不管是哪个国家的闽南话，只要是能口头表达出来，国内闽南地区的人还是比较容易就可以听懂的。举一个简单的例子，在闽南话当中，与人对谈时常常不用"汝"而用"阮"。比如"不知道阮是哪一年离乡南来的？"意思就是问你是哪一年来的南洋。回话时，往往也不用"我"字，而是这样回答："阮是 1937 年跟着父亲来到马来西

---

① 转引自李添希：《福建晋江华侨有关习俗浅析》，《八桂侨史》，1994 年，第 4 期。

亚谋生的。"这其中的问答，人称代词用了同一个，乍一看有你我不分之嫌疑，实际上却是很明显的你我一体的亲切感，本该有的距离感会在这些巧妙的细节中被很快化解。随着时间的推移，新生一代的闽南人已经很少使用这样的表达方式，但在马来西亚却被很好地继承保留了下来。

四、闽南地方方言文化海外传播的多维影响

闽南方言传入东南亚之后，也使得汉字与闽南方言得以在东南亚国家广泛传播和使用，由此也对所在国家当地的语言发展产生了一定的影响。这一点在菲律宾表现得尤为明显。"菲律宾语言学家马努厄尔在《他加禄语种的汉语成份》一书中，曾列出 381 个来源于汉语，主要是闽南语的他加禄语的词汇。这些词汇就是把闽南语吸收过去而成为他加禄语的词汇，而且这些词汇大都与经济生活有关。"[1] 比如菲律宾他加禄语中的 Miaswa，意思是面线，它的读音与闽南话中的"面线"是完全相同的，显然是源自于闽南话。Hatsing（打喷嚏）、kuoa（姑爷）、caipo（菜脯，也就是萝卜干）、ukoy（乌糕）、bihun（米粉，也就是粉干），这样的例子不胜枚举。"他加禄语法之所以借用闽南方言，主要是由于闽南人移居菲律宾同时，也随身携带着许多日用品和食物到移居地。这些东西菲人不曾有过，所以菲人根本没有反映这些事物的相关词语。于是，当地人民借用闽南方言对这些东西称呼，加以流动和使用，约定俗成，便成为当地的语言。"[2] 除此之外，在印度尼西亚语和马来西亚语当中同样存在着大量闽南语的借词，印尼语中吸收的汉语词汇是以

---

① 陈伟明：《十六至十八世纪闽南华侨在菲律宾的经济开发与历史贡献》，《海交史研究》，1997 年，第 1 期。

② 吴凤斌：《东南亚华侨通史》，福建人民出版社，1994 年，第 478 页。

闽南语发音，以本土语言的字母拼成的，马来语亦如是。有学者从8本印尼语和马来语的词典中，查找出汉语借词多达 511 个，其中闽南方言借词不少于 450 个。闽南方言在马来西亚的传播使得汉化马来语大量出现，因此，在当地也将这些按照汉语语音或者闽南语发音改造过来的马来语称为中华—马来语。再加上历史上数百位闽南籍华人作家创办了大量的中华—马来语报刊，并把大量中文翻译为中华—马来语，所以它对印尼官方语言也产生了一定的影响。综合相关专家学者的研究成果，这里做一个不完整的辑录①：

食品类：

taohu 豆腐 bihung 米粉 misoa 面线 tauge 豆芽 pangsit 扁食 teh 茶

tangkue 冬瓜 laici 荔枝 hebi 虾米 kue 粿 bami 肉面 bakcang 肉粽

日用品类：

bak 墨 pit 笔 anglo 火炉 sosi 锁匙（钥匙） kemacing 鸡毛掸子 topo 桌布 bakidk 木屐 suipoa 算盘 kio 轿 teko 茶鼓（茶壶）

居处服饰类：

laoteng 楼顶（楼上） bong 墓 kongkuan 公馆 pangkeng 房间 tekua 短褂 pangsi 纺丝 kuntuan 裙缎 angkin 红巾

商业航运类：

toke 头家（老板） kongsi 公司 sohui 所费（费用） dacing 大秤 sampan 舢板 taikong 船老大 jung 船

风俗习惯类：

cingbing 清明 sincia 新年（春节） angpau 红包 potehi 布袋戏 bio 庙 pakao 卜卦 barongsai 舞弄狮 posat 菩萨 huisio 和尚 papui 抽

---

① 参见李如龙：《福建方言》《闽台文化研究》，福建人民出版社，1997 年版。

签卜卦 samseng 三牲 kongko 讲古（说书） puakiau 牌九（赌博）

　　文化交流绝非单向度的，而是包含着双向的互动性。闽南方言文化在深刻影响国外语言文化的同时，其自身在国内的发展演变也投桃报李地受到了其他国家语言文化的影响。以泉州闽南话为例，肥皂的闽南发音"雪文 sap bun"借用自马来语"sabun"，kopi（咖啡）、kakao（可可粉）、tolong（求助）、kawin（结婚）、pa-sat（巴刹）、tōng-kat（拐杖）、àu-sài（out side 出界）、pa-sū（bus，巴士车）、má-tih（死亡）、ko-pi（咖啡）等都属于马来语借用词。值得注意的是，有些借词还是日常生活中非常核心的常用词，并呈现出双向互动的关系。如"吃"，马来语借闽南语的"食"，音 ciak，闽南话借马来语的 makan，写作"马干"。这样的借词方式，实际上只有发生在两种语言的深度接触融合之后，也只有发生在两种人的平等交流的前提之下。独特的海洋文化特征，造就了闽南方言远播海外的历史图景，且它不像粤语等更多通行于商场，影响范围有限，闽南话遍布东南亚众多国家，并在当地安家落户，与所在国国人的日常生活水乳交融。这就不难理解，为何第二次世界大战前，荷兰殖民者选派印尼苏门答腊渔港巴眼亚比的官员，要求必须要通晓闽南方言。即便是后来印度尼西亚独立之后，派驻到该地去任职的官员，也是把懂得闽南话作为前提条件①。

_____

① 洪卜仁：《厦门史地丛谈》，厦门大学出版社，2007 年，第 116 页。

肆

闽南乡土民俗文化在海外

俗话说，"十里不同风，五里不同俗"。简而言之，在中国大地的每一个地方，都有着自己特定的地方风俗。地域性与特殊性是乡土民俗的最重要特征。从理论意义上讲，民俗指的是"某一族群特定的行为方式及其相关的一些物质东西"[①]，它们都是在浩瀚的历史时空中不断地积淀、传承下来的，既有非物质方面的习惯，也有物质性的器物。中国有多达56个的民族，即便是在同一个民族的内部，虽然大的传统与架构上有着民族共性，但因为地方的特殊性还是会滋生出许多有差异性的变体，从而不断地丰富着文化的多元性。即便如此，我们今天从宽泛意义上来探讨闽南的乡土民俗文化还是有其必要性与可行性的。

第一节　闽南乡土民俗文化概述

作为闽南文化的重要组成部分，闽南乡土民俗文化指闽南人共同创造、享用和传承的民间文化事象（事物和现象）的泛称。其内涵十分广泛，包括了生产习俗、生活习俗、生命礼俗、信仰习俗、文艺风俗、娱乐风俗、社会组织风俗等方方面面。虽然从宏观层面看，闽南很多乡土民俗跟汉族大同小异，但有不少细处还是彰显了地域特色。因信仰习俗、文艺风俗等另有专章探讨，这里只涉及其他章节无法囊括的方面，参考海峡书局 2019 年出版的《闽南传统民俗文化》5 册、福建人民出版社 2023 年出版的《闽南乡土民俗》等，可将闽南乡土民俗文化分成岁时节日习俗、生产生活习俗、婚嫁生养习俗、民间丧葬习俗和民间艺阵习俗等方面。

---

① 石奕龙、余光弘主编：《闽南乡土民俗》，福建人民出版社，2023 年，第 1 页。

一、岁时节日习俗

中国人的社会生活往往是以年度作为单位循环进行的，这一点闽南人也不例外。在一年当中，很多的岁时节日习俗，恰恰反映出了特定族群集体性的行为习惯。大到春节、清明节、端午节，小到重阳节、中元节，闽南地区的风俗与做法都很有地方特点。

毫无疑问，在所有的民间节日中，春节是最为隆重最为热闹的传统佳节。闽南地区基本上在腊月十六之后就开始进入"年假"，置办年货、磨米、做年糕、炸菜丸子等，都是在这期间完成的。以前经济条件比较落后时，往往会买布料给全家人添置一身新衣裳，现在则改为在外购置新衣。农历的腊月廿三、廿四两天，是传说中各路神灵与灶君回天庭述职的日子，因而想让其"上天言好事"的闽南人都要举行传统的"送神"仪式。因为"送神晚，迎神早"的认知，所以闽南人一般在下午或者黄昏的时候才开始送神。闽南还有一句谚语——"送神风，迎神雨"，其意思是送神的时候最好是起风为佳，预示着神明"一路顺风"；而迎神的时候下雨也是好事，预示着新的一年将会风调雨顺。"腊月二十四，清囤扫厝宅"，闽南人基本都在送神之后才开始打扫家中卫生，并且是里里外外大清洗的那种，因为"大拼厝才会富"。清扫之后，春联就提上了日程。"福""禄""寿""五谷丰登""六畜兴旺""招财进宝""人寿年丰"等常被闽南人用来除旧迎新。闽南人一般称除夕为"年兜""大年夜"，这一天要到村里的神庙供奉神灵，然后再到祠堂与自家的厅堂祭拜祖先，紧接着用祭祀的物品做丰盛的年夜饭。年夜饭一定要有一条鱼，寓意年年有余。饭后，长辈会给家里的孩子们发压岁钱。一家人围坐在电视机前欣赏春节联欢晚会来守岁，等到凌晨十二点放完鞭炮之后，才安然入睡。"初一早，初二早，初三睏够饱"，所以初一的早上要早早起来吃饭，然后到邻里亲戚家去拜年。"初

图为泉州地区春节期间的拔拔灯民俗活动。

九天公生"，所以闽南人的正月初九要给玉皇大帝过生日，而且多为初八子时开始，通宵达旦。

　　元宵节作为春节的收尾，也是闽南地区重要的传统节日。接近正月十五，就要开始做准备，如厦门"自十三日起，陆续张灯"。元宵节的传统食品最普遍的是元宵圆，寓意着这一年能事事圆满。闹花灯是闽南地区元宵节里最重要的民俗活动之一，尤其是在城镇地区，泉州、漳州、厦门的花灯都很有名气。闽南农村地区则更多的是以迎神赛会的方式来闹元宵。漳州、云霄等地在正月十五这一天还要举行开闽陈圣王的巡安活动。

　　清明节是闽南地区另一个比较盛大的节日，主要活动就是祭祖和扫墓。根据明清时期的文献记载，漳州府是清明节扫墓，农历三月三上巳节进行祭祖。而在泉州地区则几乎都在清明孝祖扫墓，到了三月三上巳节则做"鼠曲和米粉为之，绿豆为馅"①的"百草粿"来祭祀祖先与神灵。

此外，端午节的"龙舟竞渡"、七夕节的祭拜魁星公、中秋节的"博状元"、重阳节的"打糍粑"、冬至日的"补冬"等，都是闽南地区比较有地域特色的岁时习俗。

二、生产生活习俗

闽南地区独特的地理位置和区位条件，决定了这里的产业发展格局，除了农业、林业、商业、手工业之外，还有海洋渔业等。

闽南地区地处亚热带区域，所种植的农作物主要有水稻、番薯，山区还有蕉芋、木薯等，沿海地区则还种有槟榔芋、花生等。玉米、小麦、高粱等我国北方地区的传统作物虽有零星种植，但几乎可以忽略不计。经济作物方面，沿海地区主要种植花生、黄豆、绿豆等，山地则种油茶树、茶叶、毛竹等。茶叶是闽南山区特别有影响力的经济作物，安溪铁观音、永春佛手、平和白芽奇兰、潮州单枞等都闻名海内外。仅 1874 到 1875 年的两年间，就有多达 7654386 磅的乌龙茶销往美国②。早期，闽南人制茶多用手工，到了现代，随着产量的提高、科技的进步，茶叶的制作工艺越发多样。同时，闽南还是著名的水果之乡，天宝香蕉、同安龙眼、平和蜜柚、永春芦柑、厦门文旦柚等同样中外驰名。

闽南地区的渔业主要分为淡水渔业和海洋渔业。淡水渔业主要指淡水鱼的养殖，一般是养在池塘中，也有一些养在水田或者香蕉地里。养殖的鱼类主要包括鲫鱼、白鲢、大头鲢、草鱼、青鱼、鲤鱼等，现在也有一些地方养殖非洲鲫、桂花鱼、鲈鱼等，以满足

---

① 《乾隆泉州府志》，上海书店出版社，2000 年，第 491 页。
② 石奕龙、余光弘主编：《闽南乡土民俗》，福建人民出版社，2023 年，第 67 页。

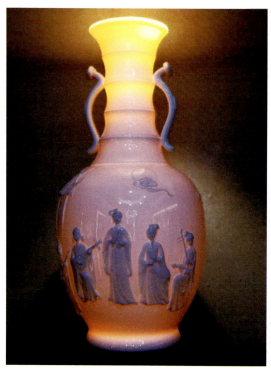

图为国家级非物质文
化遗产代表性项目"德化
瓷烧制技艺"传承人陈明
良的陶瓷作品。

人民群众的市场需求。"讨海""内杂海""讨小海"以及滩涂养殖、海水养殖是闽南海洋渔业的主要类型。"讨海"指的是远洋渔业，闽南渔民主要到舟山渔场、舟外渔场、台湾浅滩渔场等地捕鱼。"内杂海"一般指的是距离海岸 30 海里以内的近海捕捞"本港鱼"。"讨小海"则指的是退潮之后的短时性赶海活动。

除了生产食品之外，闽南地区的人们还有住、穿、用、行等的需求，因此与之相关的手工业应运而生，以此来满足人们越来越多样化的生活需求，并在长期的历史进程中也形成了闽南人的特色。惠安的大型建筑石雕，巧夺天工的福船工艺，"中国陶瓷之乡"德化的建白瓷、高白瓷、瓷雕等都闻名海内外。

饮食方面，因为主要的粮食作物是水稻，所以闽南人多用籼米煮干饭、用粳米煮稀饭、用糯米做仪式食品。除了主食之外，其他的粮食制品，多数也还是用大米加工而成，也有少数用小麦、地瓜、蕉芋等作物的淀粉来加工。"麻糍""甜粿""咸粿""菜头粿""碗粿""烧肉粽"都是闽南当地比较普遍的仪式食品。炒米粉、线面糊、卤面、润饼、海蛎煎、五香卷、土笋冻，再加上厦门的沙茶面、泉州的牛肉羹、漳州的龙海贡糖等，都极富地方特色，令人垂涎三尺。

在服饰方面最具特色的当属惠安女的着装。惠安女的服饰也分两种类型，一种是惠东南部型，总体基调沉稳素淡；一种是惠东北部型，比较明快、鲜艳与跳跃。惠安女现在的装束并非古已有之，而是 1949 年以后才慢慢形成的^①。

三、婚嫁生养习俗

在闽南地区居住生活的人，昔日的婚嫁通常都是由家庭力量干预完成，非常注重父母之命媒妁之言。现在虽然倡导自由恋爱，但到谈婚论嫁时，也会请一个媒人来两家之中进行斡旋，大事成功，男方要请媒人"吃猪脚"^②。闽南人的婚礼过程虽不同的地方有所差异，但基本上都要经过周礼规定的"六礼"程序——纳彩（提亲）、问名（测八字）、纳吉（小定）、纳征（大定）、请期（告诉亲迎日子）、亲迎（婚礼）。这其中实际上包含着很多的仪节。比如"探家风"，也就是互相了解对方的家庭情况。探家风一般都不直接询问，而是通过观察家中的居住条件、伙食、饮食习惯等自行判断。再比如"送定"，也称食定、文定、落定等，一般只是一种订婚的仪式，到了"送大定"才涉及彩礼聘金。昔日，送定即意

---

① 石奕龙、余光弘主编：《闽南乡土民俗》，福建人民出版社，2023 年，第 101 页。
② 即送一份媒人礼，通常有猪脚、线面、糖果、糕饼、红包等。

味着结下了盟约，相当于现在的结婚证，具有某种法律的约束力。送大定也称过定，一般在婚礼仪式前才进行。闽南人的聘金中多有8和2两个数字，因为闽南方言中"82"与"八字"谐音，有"好八字"的寓意。在闽南地区，结婚当天要举行"上头"仪式，新娘一般在上轿之前在娘家的大厅中进行。一般情况下，结婚后的第三天清晨，新娘的兄弟或者姐姐就要到男方家"探房"，并将新娘子带"回门"。闽南惠安一带也有常住娘家的婚俗，晋江一带还有"招赘婿"的情况。

闽南地区主要的生养习俗有以下几个方面：

一是祈子。"不孝有三，无后为大"，闽南人长期深受这种封建思想的影响，因此大多希望能有儿子来传宗接代、延续香火。实际上，这也是中国传统的"养儿防老""多子多福"等中原思想对闽南文化的浸润。这些观念在婚姻嫁娶及之后的日常生活中都一以贯之。比如接亲时的"送灯"仪式，新娘入洞房以后撒红枣、花生、桂圆、莲子，寓意早生贵子，嫁妆里的马桶由男孩子往里面尿尿，新床让男孩子滚床等。对于长期没有生子的，泉州人还会到临水夫人庙去祈求。

二是有喜。闽南人通常把女子怀孕称为"有喜""来喜""病团"① 等。在闽南地区，女子怀孕后先会告诉娘家，娘家人就会送甜食过来给女儿吃，寓意着"吃甜生后生（儿子）"。婆家则会给媳妇吃猪肚等"补胎"。在闽南风俗中，孕妇是不可以参加祭祀活动的，也不能参与丧事，甚至忌讳看到丧葬的队伍。在漳州地区，孕妇产期临近，孕妇的母亲要准备好婴儿的衣服、尿布等送到女儿家，这是当地特有的"外婆催生"习俗。

---

① 石奕龙、余光弘主编：《闽南乡土民俗》，福建人民出版社，2023年，第138页。

三是顺月与月内。产妇临盆，闽南地区叫"顺月"。过去，妇女一般都在夫家生孩子，而且只能在小夫妇自己生活的房间。遇到难产，则用摔盆、打碗、敲盆等预兆产门大开，分娩顺利。婴儿出生之后，通常会在窗台或床上放一根桃枝，一方面辟邪，另一方面用以区别，提醒别人不得进入。"月内"期间，产妇的房间紧闭，产妇不能下地、不能接触生水、不能吃性寒的食品。泉州有些地方在婴儿出生之后第六日、第十二日会请亲戚朋友"吃鸡酒"。

四是满月与周岁。在闽南地区，婴儿出生 20 多天到 30 天就可以做满月仪式，而"剃满月头"是其中最重要的内容之一。到了周岁的时候，还要举行"抓周"仪式。换牙时，上齿扔屋顶，下齿丢床底下，这样新长出来的牙才能齐整。

四、民间丧葬习俗

如果说，出生的习俗是接纳一个人进入现实社会的过渡礼俗，婚姻礼俗是一个人身份升级的过渡礼俗，那么丧葬则是一个人从现实世界步入虚构社会的过渡礼俗。从大的方面来看，闽南人较大地受到了中原河洛文化的影响而遵从汉族的大传统，却也滋生出许多地域性的特点。

一是临终习俗。在闽南地区，老人生病弥留之际，需要将其移到厅堂或者祖厅，在那里等待祖先的召唤。搬铺之前，先是要清理厅堂，搭铺安席，也称"拼厅"，要注意用白纸或者白布将厅堂中的神像与祖先牌位遮蔽起来。搬铺必须在病者还有气息的时候进行，如果寿终于偏房或寝室的床上，则不能算是寿终正寝，是不吉利的表现，也就不能移尸正厅。搬铺完成后，子女眷属要朝夕陪伴，为其送终。

二是初终习俗。闽南地区的老人一旦气绝身亡，就要用一块布盖其脸部。在诏安县，老人初丧时，要先焚香祷告，然后牵一条狗来，用陶瓷器皿猛击让它发出惨叫声，家人才可以放声大哭，俗称"开声"①。哭丧时，男子站死者东边，女子站西边，可以号啕大哭，但是不能拉扯尸体，也不能让眼泪滴在上面。举哀之后，要"易枕"——用一块大石头或者一捆银纸给死者当枕头。同时，老人咽气之后，要带着死者生辰八字和"大限"等去找僧道择日入殓、出殡、安葬、落土等。闽南人对墓地的择取也非常重视，认为它会影响到家庭的风水、前途等。

三是入殓习俗。在入殓之前，需要把预先准备好的棺材从店里运到家中，也称"放板仔"。有些大户人家，甚至会请鼓乐队去迎接。人死后，按照闽南地区的习俗，是要到河里或者井里打水来给死者沐浴的，此习俗叫"乞水"。乞水回家后，要用风炉将其加热，才可以进行净身沐浴的仪式，然后为其换上寿衣。闽南人的寿衣层数忌偶数，也忌9。在厦门，"为死者更衣毕，即具殽致祭，曰辞生"②辞生之后，即可"乞手尾钱"，也就是象征着传宗接代责任的传承。入棺时，生肖相克的要回避，至于哪些生肖，通常会在殃榜上说明。

除此之外，还有守灵、发引、出殡、下葬、巡山、圆坟、做七、做百日、周年祭等，因为篇幅所限，这里略过不述。

五、民间艺阵习俗

民间艺阵指的是闽南民俗活动如迎神赛会中的游艺表演与宗教性的阵头。自古以来，这些都是闽南人"迎闹热"的绝对主力，不仅具有活跃热闹气氛的作用，而且能够增强祠庙之间、村落之间的交流互动，增进相互间的感情。而且，在"输人不输阵，输人番

---

① 石奕龙、余光弘主编：《闽南乡土民俗》，福建人民出版社，2023年，第156页。

② [民国]《厦门市志》，方志出版社，1999年，第456页。

图为樟脚板凳龙方阵展演。表演者们将一节节板凳钻孔连接，形成长龙，寓意着团结与和谐。

薯面”的心理支配下，艺阵越发多样生动，也促使闽南地区的民俗文化向着更加多元的方向发展。以下举几个典型的例子：

一是龙阵。在中国传统文化中，龙一直都是吉祥如意的象征，各地都有舞龙活动，闽南地区也不例外。尤其是元宵佳节期间，各地的舞龙表演吸引了大批的人驻足观看。闽南地区的龙，既有纯用稻草制成的“草龙”，也有如同蝴蝶的“百叶龙”，还有用凳子串联而成的“板凳龙”。舞龙表演也有单龙戏珠、双龙抢珠、群龙呈祥等多样的形式。

二是狮阵。在传统的中国人看来，狮子是骁勇善战的百兽之王，具有威猛、勇敢的形象，与龙一样都是瑞兽。闽南的舞狮表演实际上是借用狮子的威武勇猛来除煞、驱魔、辟邪，祈求今后的日子平平安安、顺顺利利。闽南地区的狮子主要有开口狮、闭口狮、醒狮、北京狮等。舞弄狮子是一种体力与能力的展示，并且有着相应的程式化流程。此外，也出现了在狮阵中加入龙凤的实践与突破。

三是蜈蚣阵。蜈蚣阵又称"蜈蚣阁""龙阁"，一般是由龙头、龙尾和一节节串联起来的装阁龙身三部分构成。蜈蚣阵的体积通常比布龙大，至少有一米高，龙身一般有 12 节、16 节、24 节、48 节几种，最长的可以达到 108 节[①]。蜈蚣阁上面排演的剧目多含吉祥之意，以大团圆结局为主。蜈蚣阁上的化装展演的人一律是由小孩来担当，其组织者可以说是民间的庙宇。蜈蚣阁的形成时间、发明者，因为时间久远已经无从考证。

四是艺阁。也称"诗意艺阁""装台阁""艺棚""营艺"等。它通常以一块单人床大小的木板为主体，周边加上一尺多高的栅栏，板上装有能够转动或不能转动的座位以及其他装置，形成了一个装饰华丽的小小戏台。通常情况下，每一个小小的阁棚都有一两个人化装为某戏剧中的人物，坐在阁棚里表演。因为小型的艺棚多由人扛着展演，故也称之为扛艺。艺棚上演出的多为闽南人喜闻乐见的历史故事、神话传说，比如《陈三五娘》《白蛇传》《梁山伯与祝英台》《三国演义》《西游记》等。因为人物装扮惟妙惟肖，再加上南音清唱，使得艺阁很具有吸引力。

除此之外，还有大鼓凉伞、车鼓弄与车鼓阵、拍胸舞、献金、马队、八家将、海底反、火鼎公婆与公背婆、炮轰寒单爷与扛活佛等形式多样、精彩纷呈的民间艺阵，时至今日仍然在闽南地区广泛流传着。

---

① 石奕龙、余光弘主编：《闽南乡土民俗》，福建人民出版社，2023 年，第 216 页。

第二节　闽南乡土民俗文化的海外传播

如前所述，乡土民俗的产生有其地域性，是特定地区集体的、普遍的传统风尚、礼节及习性，并且一般都经过了长期的历史发展才逐渐形成的，也正因为如此，它往往都深深扎根在人们的日常生活和行为观念之中。虽然不可否认的是，乡土民俗不是固化的，而是会随着生活环境的改变而不断变化，但需要强调的是，这种变化一般情况下是相当缓慢的、持久的。闽南华侨大都是迫于生计，或者为了谋求更好的发展而漂洋过海去谋生谋业的。因此，他们大多是离乡不离俗，虽长期侨居国外，却仍然延续着家乡的很多风俗习惯。"民俗文化的扩布方式多种多样，无论个人还是群体均可将一定的民俗文化带往异乡，达到扩布的目的。"[①] 可以这么说，在海外讲闽南方言的华侨华人聚集地，闽南乡土民俗文化的传承弘扬与继承发展从未间断过。

一、闽南乡土民俗文化海外传播的总体介绍

在生活方式方面，近代东南亚地区的闽南移民与国人单就表面看来其实并无多大的差异。在衣着服饰上，男性保留了穿布纽对襟衫和宽头裤或者衬衫西裤，一部分有较高社会地位的男子也会身着长袍马褂或是西装革履；妇女则多穿布纽斜襟的"唐装"。日常饮食方面，深受故乡文化及生活习惯的影响，他们喜欢就着家乡的酱菜、猪肉、青菜等吃大米饭、喝粥。他们用来做饭的炊具和吃饭用的餐具也和闽南故地没多大差别。发型发饰上，在辛亥革命以

---

① 钟敬文：《民俗学概论》，上海文艺出版社，2009 年，第 16 页。

前，还有很多男子保留了传统的辫子，女子则因年龄的差别而有所不同，青少年阶段多梳短发，中老年则多梳发髻。

在生活礼俗方面，他们如闽南人一般重视传统的养生送死观念，在婚丧嫁娶等方面基本上继承了中国传统的风俗习惯。身处海外的华侨，骨子里浸润着深刻的乡土情结，因而大多盼望着能够早日"荣归故里""衣锦还乡""光宗耀祖"，在意识深处总考虑到有朝一日一定要回到家乡去，即便是在世的时候无法完成，也要在死后落叶归根、长眠故土。在婚礼习俗上，基本流程也和闽南人一贯的做法差不多，先是要请媒人提亲，订婚之前则要先核对生辰八字看看是否存在不和的现象，婚礼时则要摆喜宴、闹洞房。在一些家庭条件好的富豪华侨中，每逢婚丧喜庆，都会聘请戏班演戏敬神，举丧出殡时，排设仪仗、鼓乐喧闹，同时呼召优伶、接迎彩阁等。移居东南亚地区的闽南人也很好地保留了清明节扫墓的传统习俗，例如在菲律宾，为先人守坟祭奠，要从清晨时分一直延续到午夜将尽，并且花费很多的人力物力财力，到处都是人山人海，尤其是入夜之后的灯火辉煌，宛如迎神赛会一般。旅居海外的闽南人不仅继承了闽南地区对婚丧礼仪崇尚庄重奢侈的传统观念，而且由此发展出更加繁杂的仪式。

闽南地区的华人移居世界各地，也把家乡的民风民俗迁移传播到了五湖四海，例如红灯笼、红彩带、红布、红封套，所有喜庆的活动一律要用红色来加以凸显和衬托，表达内心中的热情喜悦，成为民族凝聚力的一种醒目的外在标志。在印度尼西亚的雅加达等地区，华侨华人早就把传统的春节、元宵节当作在异国他乡的狂欢节日来看待，在这期间，街上到处张灯结彩，处处洋溢着喜庆的气氛，鞭炮声、锣鼓声响彻云霄，人们纷纷走出家门观看要龙舞狮的街头表演，或是互相来往串门拜年，好不热闹。在新加坡，每逢中国的传统节日春节和元宵节，在闽南华侨华人聚集的地方都是要燃放鞭炮的，一家人聚在一起吃团圆饭，大年的头几天还要按照家乡的习俗进行祭祖拜神的仪式等。旅居印度尼西亚苏门答腊的闽南人同样非常重视传统节日的庆祝活动。尤其是祖籍在泉州的华侨华人，把除夕夜称之为"年兜夜"，并且以"薄菜饼"举祭厝文、门宅诸神。他们往往在大门外"烧火囤"，阖家围坐在一起进行守岁的仪式，长辈们也一样要给儿孙辈们分发"过年钱"，就是我们通常所说的"红包"，给予美好的祝愿。苏门答腊的闽南华侨华人的清明节风俗非常庄重，他们对上山扫墓的人数有很严格的要求，除了"坐月子"不能离家的妇女之外，其余的人不管是工作还是读书，都要请假上山扫墓、祭拜先祖，扫墓的流程则与现在的泉州地区基本相同[1]。由此便能够窥见华侨华人对死的敬重，他们通过扫墓的仪式感强化下一代的尊祖意识，希望自己的家人族人世世代代都不会忘本。

在信仰民俗方面，早期的华侨大多因为迫不得已而出海谋生，他们必须横跨滩礁密布的重洋大海，也要经受海上惊涛骇浪的冲击洗礼，在航海技术还不甚发达的年代，遭遇不测甚至灭顶之灾都是常有之事。海路的艰难险阻与生死难料时常让他们觉得恐惧与无助，这种对于命运不确定性的恐惧和无所适从的迷茫心态助长了他们对宗教信仰的情感。也正因为这样的漂泊感，增添了他们对神灵的信任度。他们往往通过拜神的方式来祈求神灵的庇佑，从而消解内心中郁积的无助感，寻求心灵上的自我安慰与情感寄托。闽南故土的各种神灵以及民间信仰习俗跟随着早期的华侨华人漂洋过海来到了异国他乡。他们在出国之前基本上都会到家乡的民间信仰祠庙去拜神祷告，更有甚者，会将经过仪式"镀金"之后的香火、符

---

[1] 周艳玲：《闽南乡土文化与南洋华侨社会》，厦门大学，2009年硕士学位论文。

纸、香袋、神像等随身携带远渡重洋，以期实现庇佑的如影随形。这样一来，越来越多的闽南信仰习俗便随着华侨华人的移居壮大而越来越兴盛。实际上，这些信仰习俗最开始流入东南亚地区的时候都只是属于个体的信仰，到达侨居地之后，因为人生地不熟、政府的欺诈压迫、劳动环境的恶劣、当地人的持续排挤等外在因素带来的生活的不确定性使得他们的信仰崇拜没有就此作罢，而是延续了下来。在侨居地娶妻生子、繁衍生息、成家立业是华侨真正融入当地社会生活的重要标志。这时候，有了自己的房子、自己的家，他们就可以把自己从家乡带去的民间信仰的神像、牌位等供奉在厅堂之上，在重要的时间节点进行祭祀。久而久之，这种对于家乡神祇的信仰就变成了整个家庭乃至所有旅居海外的闽南人共同的意识。在一些娶了当地原住民为妻生下混血儿的家庭，这样的信仰习俗也继承了下来。

二、闽南乡土民俗文化海外传播的个案分析

印度尼西亚的苏门答腊在东南亚地区是闽南华侨华人较为集中的区域之一。从苏门答腊华侨的风俗习惯去了解闽南乡土民俗文化对外传播的情况无疑比面上的泛泛而谈更具有典型意义。旅居苏门答腊多年的王鼎力，是泉州晋江市内坑侨联的成员。据他介绍，当年一同出去的时候，大家都还是青年男子，但思乡的情结却是一样的浓重，都盼望着能够早日和亲人们团团圆圆。所以，他们很看重那些岁时习俗，因为恰恰是这些仪式感，能够让他们更加真切地感受到作为闽南人的归属感。所以，"年兜夜""薄菜饼""过年钱""烧火囤"等这些泉州人固有的春节习俗[1]，在他们所移居的异

---

[1] 陈衍德：《泉州文化与菲律宾华人》，收录于黄少萍主编《闽南文化研究》，中央文献出版社，2003年，第438页。

国他乡同样维系得很坚决。清明节祭祖在闽南文化中可以说是根深蒂固的，在闽侨习俗中同样也是大事之一。于是，每当清明节的前后，我们总能看到苏门答腊的闽南侨民成群结队地祭扫坟墓，祈求先祖的庇佑。而且，很多旅外侨胞的墓地并不是零零散散的，而是大多由各地会馆向当地政府申请公共墓地。祭扫之事，虽然打理各异，却也会由会馆或者家族工会来统一组织。组织者一般先张贴布告，向相关人员提前告知集体祭扫的时间，以提前做好时间上的安排。等到时间一到，大家济济一堂，举行庄严肃穆的公祭仪式，那种仪式感自然也会令所有的到场者动容。组织者还会预先做好后勤保障工作，在墓地备餐，以飨祭者。至于说那些闽南家乡有祖先坟墓的侨胞，不能说年年回家祭扫，至少两三年内必定回家一趟祭拜先祖，而且还会携带充裕的款项，把排场声势做到位，并非想要显示家境的阔绰，单单只是为了让先祖感受到浓烈的尊重与思念。如果没办法返乡祭祖，也一定不会坐视不管，而是会选择将费用汇转给族人，让他们代为祭扫[1]。

在苏门答腊东海岸的峇眼亚比，闽南乡土民俗的相关活动可以说尤为盛大。每年的农历五月十六至十七日，也就是纪府王爷诞辰庆典之时，都要举行盛大的"烧王船"的活动。在印尼文当中，"烧王船"又被翻译为"送王船"。据历史传说记载，王爷是历史上的人物，他死了之后被奉为神明，保护好地方上的安宁是其职责所在[2]。无论是哪位王爷都是民间信仰的海上保护神。为了祈求海上平安、渔事兴旺，人们会通过"送王船"的仪式来祭祀神明，也会借此悼念海上遇难英灵。从这个意义上来说，送王船传递着人们

---

① 《抗战期间之福建华侨》，福建省经济建设计划委员会宣传处出版，民国三十五年，第 60 页。
② 李永球：《官民推动烧王船》，系厦门大学历史系博士生杨宏云 2008 年 3 月在印度尼西亚棉兰田野调查期间所搜集的资料。

对先辈走向海洋的历史记忆，体现了人与自然和谐相处、尊重生命的理念，为推动包容性社会发展提供了丰富的文化对话资源；其承载的气象、潮汐、洋流等海洋知识和航海技术，是人们长期海上生产生活智慧的结晶。送王船被中马两国的相关社区视为共同遗产，是中华文化在海上丝绸之路沿线国家传播与交融的生动例证。而平日或是其他节庆日的仪式，一般都在峇眼亚比的永福宫举行。据传言，这座寺庙最早是由 18 位洪姓福建人在登陆之海口建的大伯公宫，后来随着移民人数的不断增加，才于 1926 年在市中修建了永福宫。公庙落成的时候，恰逢峇眼亚比海面狂风大浪多发之时。因此，在宫庙落成的开幕仪式上，他们还特往槟城礼聘中国南普陀寺和尚前来普度亡魂，做水、陆大法会及火照，以超度亡魂。并在向海各角落竖立碑石，刻有"南无阿弥陀佛"之字锁煞，至今各碑石依然挺立在那，诉说着往事沧桑。单单就这一个历史的细节，可以窥见家乡的乡土风俗对闽南华侨影响之深远。因地缘、亲缘、神缘关系而建成的会馆、宗祠、庙宇等在运作过程中，也对闽南民俗文化的传播起了重要作用[1]。

在菲律宾的华侨社会中，众多闽南乡土风俗中保留得最多的则是在嫁娶方面。菲律宾侨胞女性出嫁的嫁妆通常都比较多，这与泉州晋江等地嫁女儿给予很高的嫁妆关系密切。据考证，恰是来自晋江的华侨将这一地域民俗传入到了菲律宾。也因为这个缘故，许多华侨女子即使已经到了适婚的年龄，也会因为家庭条件不够优越而嫁不出去。华侨女子既不愿意嫁给当地人，也没办法嫁给优秀的华人男子。早在 20 世纪 50 年代的早期，一个华人女子跟着番男跑

---

[1] 曾思境：《"二战"后菲马新华文学中的闽南民俗文化书写》，闽南师范大学，2021 年硕士学位论文。

了，甚至曾经惊动了其他的侨社①。

马六甲的 Heeren Street，同样是一个华侨华人聚集的地方，行走其间，仿佛走在闽南的乡村一般。每逢中国的旧历新年，家家户户的门口都会悬挂样式较为齐整的灯笼，上面题写有"某府"的字样。普通家庭挂的是一对长而圆，高约二尺半的灯笼，灯笼是红纸糊成的，字是黑色的。比较富有的人家则会用紫红色的木做桌椅，用斜方形的水门汀铺地②。在当地，有一座陈氏祖屋，其祠堂的建筑设计完完全全采用的是闽南的式样：大门有匾曰"同发"。门上左右边题字。正厅中间供大伯公瓷像，据说是两百年前的古物。正厅内有匾曰"孝思堂"，有联曰"敢向烟霞坚笑傲，不妨诗酒作生涯"。厅堂上首供迁来马来亚的始祖敦和公及唐孺人神主。唐孺人另有画像，用前清的服装。祯禄在马六甲为第六世，方为其令郎准备完婚，婚后其子与媳须在此祖屋住一个月③。这样的安排很明显带有闽南乡土民俗中的祖先崇拜的成分。另外，当代还有一个十分有趣的现象——在当地的华人报纸中，关于鬼怪的新闻往往占重要部分。这显然也是受家乡多神崇拜、信鬼神之风的深刻影响。

三、闽南乡土民俗文化海外传播的主要影响

综上所述，旅居东南亚地区的闽南华侨虽然有意识地保留了许许多多来自于家乡故土的民俗风俗习惯，但毕竟是在远离故土的异域环境中生存，这些习俗多少也会发生些变异。"闽南文化与东南亚文化的奇特结合，表现在语言、节庆、衣食住行等各个社会生

---

① 周艳玲：《闽南乡土文化与南洋华侨社会》，厦门大学，2009 年硕士学位论文。

② 陈达：《浪迹十年》，商务印书馆，民国三十五年，第 75 页。

③ 陈达：《浪迹十年》，商务印书馆，民国三十五年，第 78 页。

活领域，从而创造了一种别具一格的相互融合的混合型文化。"①
如苏门答腊泉州籍的华侨华人清明节扫墓，其过程虽然与泉州大致相同，但也有一系列不吻合的地方，例如他们一般不修整墓坟，不培土、锄草等。端午节的习俗虽然也基本保留了下来，但没有我们国内闽南人特别热衷的"赛龙舟"这项最为重要的活动。在每年的农历七月，当地也像泉州一样，各个角落按日轮流做"普度"，但同样缺少一样重要活动——演戏敬鬼神，俗称"哑巴普"。端午节不赛龙舟，"普度"日不演戏，这显然更主要的是出于无奈。因为赛龙舟和演戏是一种群众性的文化活动，需要很多的人参与，社会影响大，如果在当地没有相当的社会基础，并为社会各界所认可，这样的活动是基本不可能开展的。

东南亚地区的闽南籍华侨对乡土民俗习惯的传承弘扬，是他们对故土民族认同与文化认同的重要体现。而且乡土民俗作为一种地域文化类型，它所具有的凝聚力和向心力，不仅对华侨社会起到很好的整合作用，也加强了华侨与家乡之间的联系。抗日战争时期，他们对故国家园革命和建设事业的支持和贡献就是最好的证明。其实，这些乡土民俗本身也反映了华侨与家乡割不断的联系与影响。乡土民俗作为中国优秀传统文化之一种，它在海外的传播与扩散，也是对中华优秀传统文化的大力弘扬。

---

① 陈衍德、卞凤奎：《闽南海外移民与华侨华人》，福建人民出版社，2007年，第104—105页。

伍

闽南宗族社会文化在海外

　　"家族是家庭的扩展，宗族是家族的扩展。"① 宗族在华夏文明历史上其实很早就已经出现了，但是一直到明朝中期的嘉靖年间，国家才允许上至大臣、下至普通老百姓建祠祭祖，宗族才由原来的自在宗族转化为自为宗族。乡约制度的推行，有效地促进了宗族的组织化和制度化，使得宗族真正成为一个小社会，成为国家行政所立基的基层实体组织。闽南宗族社会的宗支维系和联宗合族等特点，对清代台湾乃至东南亚闽南人聚居地都有着不可磨灭的深远影响。

第一节　闽南宗族社会文化概述

　　闽南地区在明朝中期以后是我国东南宗族发展的繁盛区域。闽南宗族的文化建设和族际关系，充分体现了儒雅而又强悍的民风。

一、祠堂作为宗族组织的本质表征

　　"祖先之祭是宗族最大的礼制。"② 在中国南方地区，尤其是东南地区的汉族农村，祠堂的存在非常普遍。它们往往风格古雅，气势宏大，肃穆神秘。可以说，祠堂作为文物建筑，承载了诸多历史、人文、科学、艺术、建筑、民俗、文化等丰富的信息，是我国珍贵历史文物中的重要组成部分。国家修史，知其兴衰；地方修志，知其沿革；家族建祠，知其根源，这是构成华夏五千年文明的三大支柱。尤其是建祠，祠堂是一个宗族祭祀祖先、弘扬古圣先贤文化的场所，也是一个家族的象征，更是一个家族教育子孙后代立志成

---

① 郑杭生：《社会学概论新编》，中国人民大学出版社，1987 年，第 73 页。
② 郭志超、林瑶棋：《闽南宗族社会》，福建人民出版社，2023 年，第 3 页。

图为闽南地区随处可见的祠堂家庙。

才的场所，建祠是壮举、是丰碑、是全体族人的心愿。以祠堂为主导，以族田、谱牒为辅助，成为明朝中期及此后组织化和制度化宗族的立基之本。

虽然早在原始社会时期，祠堂文化就已经开始孕育，但祠堂宗族制度的思想却是一直到北宋理学家程颐的祭始祖构想才开始萌生。朱熹在他的基础上有了更大的突破，弘扬了孔子"有教无类"的平等观念，打破了贵族与平民的礼制藩篱。同时，他又在《家礼》中开始对始祖和先祖之祭进行了明确而具体的设计。明朝洪武三年（1370 年）礼书修成，其中的祠堂制度深受朱熹思想的影响，规定了品官可以修建祠堂，祀四代祖先，庶民祀二代祖先于寝室，后改为可祀三代祖先。嘉靖十五年（1536 年），朝廷诏令允许官民在冬至日临时祭始祖。在民间，为了祭祀始祖，族人们就只能联合起来择地建祠。自此以后，一个属于祠堂的时代宣告来临了。

可以说，祠堂正是宗族制度的外化表现形式。在广大的闽南地区，尤其是乡村，最宏敞华贵的建筑一般都是祠堂，甚至连神庙都无法与之相提并论。我们可以从与祠堂相关的几个关键词窥见一斑：

一是建祠。祠堂的建造、修葺、翻新或者扩建等，都需要很多的人力物力财力，其资金的来源方式有多种。可以是有力者独捐或者合捐，如晋江罗山南唐龚氏家庙在清代的重修，就是由富商龚维琚独立出资九百多两[1]。晋江的唐厝唐氏宗祠多次修建，先后有"鸠金""丁亩分派"和数人主捐几种集资方式。宗祠建成以后，按照传统还要举行隆重的"庆成奠安"活动，包括了建醮、祭祖等活动。也有的项目非常多，如金门宗祠的庆成奠安涵盖了发奏、拜斗、敬神、祭祖、分灯、演戏等在内的 21 个环节[2]。

二是规制。规制包括了祠内设施、祭祀规范和祠际关系等三个方面。闽南祠堂的建筑格局一般都是两落三间。大门上的石框门楣刻着"某某衍派"，而"某某传芳"的牌匾通常悬挂在正厅门楣。祠堂的主要设施和物件汇聚于正厅。"忠孝"和"廉节"两组大字分别刻写于祠堂正厅或院落的两侧，是闽南宗祠常见的型制。神主龛是祠堂的中心设施。祭祖的程序一般是迎神、献食、敬酒、念祭文、焚祭文。祠堂的祭祖一般分为春冬两次，春祭在立春，冬祭在冬至。同宗的祠堂构成一个系统，并有祖祠、支祠之别。闽南地区在改革开放之后第一波祠堂重建的动力恰恰是来自于海外侨胞的"认祖归宗"。

三是衍派堂号。在中国古代，"郡"是行政区划，"望"是名门望族，"郡望"连用表示某一地域的名门大族。郡望又可以分

---

[1] 龚书群：《晋江罗山南唐龚氏家庙》，收录于许在全等主编的《泉州名祠》，福建人民出版社，2003 年，第 84 页。

[2] 廖庆六：《浯洲问礼》，金门县文化局，2008 年，第 181 页。

为地望与声望，分别对应"衍派"和"传芳"。宗族是宗姓衍派不断的结果。族是以地望为标志，声望只是宗姓群体所彰显的内在文化气质。宗族最常用的有两种号，一种是宗号，一种是族号。宗号是宗族所属的衍派，族号是宗族所在的地名。比如永春的康姓，由安溪入永春，后移凤山，便以"凤山康氏"自号[①]。

四是形貌。闽南地区的祠堂重门面，泉州祠堂一般是三间开或五间开，漳州祠堂则多为三间开。晋江祠堂可视为是泉州祠堂建筑的典型代表，如占地面积 4.8 亩的晋江东石檗谷黄氏宗祠，青阳庄氏家庙则堪称最美观的祠堂。漳州漳浦的乌石林氏海云家庙则是漳州祠堂的佼佼者，总面积达到了 3730 平方米[②]。漳州的部分祠堂会在门面白墙上绘一幅幅彩画。周跃红主编的《台湾人的漳州祖祠》一书中，涉及祠堂 117 个，配有彩绘的达到 29 个。而泉州祠堂基本没有素面彩绘，整体肃穆典雅。

在很多祠堂的墙壁上，往往挂有"家训""族规"内容的牌匾，包含了以"忠信孝悌"为核心的中国传统伦理道德。其中的敬长老、孝父母、友兄弟、尊师长等伦理规范，包含了中华民族几千年来形成的传统美德。可以说，闽南地区每一座祠堂的背后，都凝聚着世世代代许多人的情感。这种情感天长日久，延伸成为一种博大精深的民族文化。现在提倡的良好家风，实则就是祠堂文化的流转，宗族文化的延伸。

二、族田作为宗族社会的经济基础

族田是维持宗族制度得以运行的经济支柱，完全没有族产族

---

① 陈诗中、康清龙：《永春康氏玉斗大宗祠》，收录于许在全等主编的《泉州名祠》，2003 年，第 243 页。

② 周跃红：《台湾人的漳州祖祠》，国际华文出版社，2002 年，第 54 页。

田的宗族组织是不可能存在的。宗族的族田主要是为了祭祀而设的，但其发挥的现实功用却不止于此，还有助学、救济、荫润等功能。可以说，闽南地区宗族社会的长盛不衰与族田的广泛设置和世世代代的保持有着密不可分的互动关系。

一是族田的设置。1050 年，北宋范仲淹在苏州长洲、吴县设置义田十余顷，将每年所得作为救济助困之用，是为族田之萌发。之后，随着家族组织的逐渐发展，尤其是朱熹等理学大家对家族祭祀的有力倡导，并把祭田作为实现该目的的重要手段之一，促进了祭田设置风气的日渐兴盛。到了明代以后，建宗祠置祭田已经成为社会生活的一种模式。闽南地区宗族的族田也正是在这一时期发展兴盛起来的。激烈的社会变迁更增强了闽南民间宗族的凝聚力，以及族人对宗族的认同感和依赖感。1950 年，福建省农民协会对解放前福建地区的农村共有田做了调查，发现闽北、闽西共有田占比高达 50% 以上，闽南地区则占 20% 到 30%[1]。这样的比例差异并不意味着闽南地区的家族制度不如闽北、闽西地区，毕竟沿海地区人多地少，这个比例大概已经就是他们扩充族田的最高限度了。明清之后，移居国外的闽南人越来越多，这也为宗族社会的发展提供了重要的经济来源。

二是族田的来源与功能。作为祠堂宗族最主要的公产，族田的来源主要有三个渠道：一是提留，即分家析产时提留一定数量的田产作为祖、父辈的赡养费用来源，老人去世后，此田就作为家庭或家族祭田，待到家族发展为宗，便泛称为宗族祭田。这也是闽南族田最重要的增殖方式。二是义捐，即家大业大的殷实家庭主动献田，但基本上多捐银两，用以购置族田。三是派捐，也就是按

---

① 陈支平：《近 500 年来福建的家族社会与文化》，中国人民大学出版社，2011 年，第 63 页。

照人丁、田产、身份等来摊派，然后用这些钱款来购置族田。族田可以分为两大类型，一个是祭田，另一个是赡族田。祭田又分为祠田、庙田，赡族田的类型更加多样化，包含了义田、学田、族务田、公役田等。这种类型划分的依据实际上是它们各自承担的功能。设置义田的主要目的是赈济贫困族人，避免他们因为生活困难而流离失所。办学助学是学田设置的目的所在。而修水利、修路、修桥等宗教事务都有赖于族务田。公役田则是为了统筹安排家族的赋税钱粮。族田的名称和功能一旦确定之后，原则上是不可以随便改动变更的，以确保不同类型族田的各自为政。但是，说到底，所有的族田收入，其实主要都是用于祭祀活动。

三是族田的管理。族田确定后，必须将其地理位置、坐落四至、收成情况等录入族谱，防止因为时间久远带来产权纠纷，以至于族田流失。族田经营方式主要是两种：一种是租给外家族耕种，另一种则是族人自己耕种。从宗族道义的角度，应该给族人自己耕种，但从管理的角度，应该租给外族耕种，避免出现"久佃近业主"或"久佃成业主"等情况的出现。因此，闽南地区的宗族族田大多以招佃取租的形式租给外姓，有效地避免了族田被族人侵蚀的风险。闽南宗族无论对于哪一种族田的管理，都有比较严格的制度。一般情况下，会推举族中的一人或者数人来专门管理。对于族田的位置、名称、租给何人、租金多少等，都会记录在案，以备查询。如《印塘杨氏族谱》有这样的记载："袋仔田租一石两斗，系石塘前直祀自收，与洋塘直祀无干。后因年荒租谷累欠，故二房公议将一户粮米拨付诸现耕当差。"① 这里不仅记录着租谷的变化，而且涉及两房之间的利益分配。宗族对族田管理进行礼法兼行的控制，即道义上的教化，以及族规的惩罚，并随时间的推移不断调整完善。因此，

---

① 苏黎明：《泉州家族文化》，中国言实出版社，2000 年，第 140 页。

徇私舞弊的情况出现得极少。

三、族谱作为宗族文化的史籍志书

祠堂和族谱总是密不可分的。说到祠堂，就不得不提到族谱。族谱也叫家谱、宗谱，即世代谱系，是血脉中流淌的记忆，是纯正血缘的可靠蓝本，是记载家族或宗族家世渊源、传承世系和宗族事迹的典章文献，简而言之，即家族或宗族的史书。世代源远流长，史也；世代不断新生，志也。族谱通过说史志今，将宗族成员整合在一个祖先的衍派系统里。

"族谱是同宗共祖的血缘群体记载其家族或宗族世系和事迹的图集。"[①] 早在殷商时期的甲骨文、金文当中，就已经有一些家族世系的记载，可以视为族谱的滥觞。周代的《世本》即是族谱的开山之作。战国的《春秋公子血脉谱》则第一次以"谱"为名。直到宋代之后，族谱的编撰方式由官修变为私修，功能也因此从社会政治转向了亲睦族人的伦理道德。明代中期，修谱活动趋向普遍化，不少的闽南宗族正是在这一时期首次编修族谱的，例如南安梅溪的陈氏家族、南靖奎洋的庄氏家族。因为族谱的编修需要一定的经济基础和相对稳定的社会环境，因此明代的倭寇动乱和族人侨居海外对于闽南宗族的族谱编修与保存是一个绝大的打击。直至后来的康乾盛世，社会的安定与经济的繁荣为族谱的编修提供了良好的基础。本时期的族谱编修出现了两个显著的特点：一是族谱的细分化。较大的宗族除了有总谱之外，往往还修编了房谱、支房谱，这在清代以前是极为罕见的。二是通谱的兴起与流行。通谱就是把各居一方的同一姓氏的人群，用族谱合编、联编在一起，从而形成大宗谱。通谱的族人其实并没有血缘关系，只是同一姓氏而已。这种通谱的

---

① 郭志超、林瑶棋：《闽南宗族社会》，福建人民出版社，2023年，第102页。

出现，意味着在血缘关系作为民间社会组织的基本法则仍然有效的前提下，已经开始出现以姓氏为认同符号整合虚拟血缘的趋势，并且在随后的 20 世纪华人华侨社会中方兴未艾。因此，即便鸦片战争之后中国社会经济出现了衰退的趋势，但闽南地区的族谱编修并没有随之萎缩，旅居世界各地的闽南华侨华人出资赞助祖家修谱的越来越多。改革开放以后，居住在国外的闽南华侨的经济支持与国家的政策声援，成为闽南地区宗族文化恢复发展的重要动力。如泉州地区陈埭丁编撰了几十万字的宗谱，就是由菲律宾的侨亲慷慨解囊的。

闽南地区的谱牒文化可谓博大精深，单就名称而言就已特别纷繁复杂。"族谱"是明清以来闽南宗族最普遍使用的谱牒名称，也有的称为"家谱""家乘"。同一始祖分支异地的各衍派的合谱，一般叫"宗谱"。相对于"宗"的"支"，则指的是聚居一地的宗族。例如，漳州的《龙溪蒲氏支谱》指的是泉州蒲氏分化出来迁居漳州龙溪的一支族人的家谱[1]。而祠谱指的是族谱、房谱牒。统谱在形式上分有血缘关系与没有血缘关系两种。可以说，闽南地区族谱的上述类别，既是类型逻辑也是历史逻辑。族谱一方面固然是为了正本清源，团结与凝聚族人，另一方面，却也是宗族向社会显示势力与地位的一种外化表现。

清代闽南不断涌现大型族谱、宗谱与联谱的同时，族谱的格式体例也出现了逐步趋同的倾向。一般情况下，清代的族谱除了包括序言、凡例之外，还囊括了源流、世系、人物、规范、文献、祠墓等。因为族谱的本质就是宗族的史志，所以编修的体例基本上是复制方志的，这也反映出了国家意识形态对民间基层的控制和影响。谱序是每一部族谱都必不可少的内容，它包括了本族人和邀请

① 郭志超、林瑶棋：《闽南宗族社会》，福建人民出版社，2023 年，第 107 页。

图为《延陵吴氏宗谱》复印件封面。

外族人写的序。内容上包括了缘由、经过、渊源传承以及谱学理论等，如泉州的《延陵吴氏宗谱》载有序跋等 50 余篇，字数 3 万余言①。源流指的是先世考，主要考述本姓来源、历史渊源、分支迁徙等。世系则是各宗族血缘传继的直接表述，是族谱的主要内容，有世系传录、世系表两种呈现方式。族谱的规范部分包含了家礼、排行、族规等。

明清以来，闽南宗族都把修纂族谱作为后代子孙的一项应尽的义务写入族规，以确保族谱续修不会中断。古人一般认为，族谱应当三十年一修，但实际上因为主客观的原因，这种念想基本无法实现。闽南地区筹集修谱经费的方式主要有四种：一是从族田收入中拨出一定数量作为专项经费；二是按宗族的人口来进行摊派；三是以捐喜钱的方式汇集储备修缮基金；四是自愿捐献。而族谱资料的来源主要是两个渠道，一是前代遗留下来的旧谱资料或口述资料，二是修缮董事会向族人征集调查。修谱的目的归结而言就是要总一族之人，收一族之心。而祖先崇拜的成分和宗族组织的排他性，决定了族谱的封闭性特征。"谱书当宝，不可假借他人"②，作为宗族的秘籍，族谱一般收藏在专门定制的木匣子里，不得私自外借，更不能借予外人抄录。

① 郭志超、林瑶棋：《闽南宗族社会》，福建人民出版社，2023 年，第 113 页。
② 陈支平：《福建族谱》，福建人民出版社，2009 年，第 49 页。

第二节　闽南宗族社会文化的海外传播

　　闽南地区大量移居海外的华侨华人不仅带去了闽南方言与民俗风情，更将世世代代传承的宗族社会文化传播到了移居地的闽南人集中居住区域，并且一代代地传承发展至今。

一、闽南海外宗族社团组织的建立

　　"人群角逐时代，优胜之道，厥惟合群，吾人去祖国，离家园，抛亲故，渡重洋，万里投荒，脱手胀足，竞争放华夷错杂之处，非藉团结之力，欲求一立足地，其可得乎。"[①] 闽南地区的华人华侨刚刚从国内流徙到新的国家，人生地不熟，肯定会遇见各种各样的困难，因此，必须报团取暖，团结起来才能够求得长期的生存与发展。基于共同的诉求，在外的闽南人很快地便以相同的姓氏、共同的方言以及一样的信仰等为基础，以其亲缘血缘地缘为联系的纽带，自我成立起来很多的宗亲会、同乡会等。

　　从本质意义上来说，南洋地区的闽南华侨宗亲会是闽南传统宗族组织的移植。到底什么才能称之为宗族组织？严格意义上的宗族组织是以宗族为核心的父系血缘团体，也就是"同姓从宗合族属"[②]。闽南地区的宗族组织内部还是很严密的，且多为单姓村，比较大的单姓村通常又由几个大小不同的世系群组成，分别各有"小宗""公厅"，另外还有供奉全族先祖的"祠堂"作为中心。杂姓的村庄虽然由几个不同的姓氏组成，但基本上也都会有一两个占优势的大姓，并形成以

---

① 《缅怀先贤创会之精神——乡人渡菲之因由与创会发表之宣言》，载《旅菲深沪同乡会总会六十周年纪念特刊》，第 99 页。
② 郑振满：《明清福建家族与社会变迁》，湖南教育出版社，1992 年，第 227 页。

他们为中心的组织。这种浓厚的宗族观念，使得广大迁居国外的闽南人依然保持着原有的风俗习惯与家族文化，从而结成大大小小的同乡同族的圈子。但是，海外与国内毕竟还是有差异，移民出去的宗族不是也不可能做到简单地群体性移居，更多的是利用祖籍地的血缘关系与文化认同，在移居地的社会环境中一步步慢慢重建起来。

新加坡实里达河上游的义顺兴利芭的潘家村，就是一个十分典型的样本。"潘家村"是新加坡殖民地时期由南安罗东炉内乡潘氏族人所建立的一个聚族而居的村落，其村民被称为"炉内潘"。20世纪20—30年代，泉州南安地区土匪横行、兵荒马乱的时候，有更多"炉内潘"的族人外迁入住。并且，随着族人的不断增加，1931年的时候，"炉内潘"移民从祖籍地聘请专业庙宇建筑师，仿照祖籍地的"潘氏宗祠"，在兴利芭兴建了横山庙[1]。"潘家村"的村民虽然基本都是"炉内潘"人，但他们在祖籍地方面却是不一样的宗支和房头。在这样的背景之下，横山庙就顺理成章地扮演起了"宗祠"的角色，横山庙理事会也因此成为"潘家村"的管理机构。第二次世界大战以前，横山庙的理事都来自南安炉内潘族的四大房支所推举的族长。而且由于在家乡二房人丁众多、势力最大，所以在兴利芭各房推举的族长人数中，二房在比例上总多占一些。横山庙购置的地产，称之为"族产"；"潘家村"人在横山庙祭祖，美其名曰"在庙里祭祖"[2]。但在"祖先"的认定上，其实两地的差异还是很大的。祖籍地的"祖先"来自开基祖，是一个自然形成的过程。而新加坡"潘家村"的"祖先"则来自人为认定，是由一个叫潘季驯的"祖神""潘府大人"充当。之所以这样做，是由于潘府大人的远祖身份能让南来的"炉内潘"人跨越宗支和房头的差

---

[1] 潘氏宗祠因建在横向走势的山上，因此又称"横山庙"。
[2] 林孝胜：《潘家村史》，新加坡亚洲研究会，1991年，第78页。

图为历史名人潘季驯。

异而找到一个共同的祖先，这更符合族人建构"潘家村"新社区认同的现实需要[1]。如此一来，横山庙就成了远在海外的"潘家村"村民的中心和精神支柱，因为它既是祖祠，同时又是神庙。由此可见，新加坡的"潘家村"并非故土宗族社会的简单复制，而是当地"炉内潘"移民运用中国传统祖先崇拜与神明信仰的文化资源，在新加坡殖民地社会文化脉络下重建的，具有血缘、地缘和业缘特征的宗族社会[2]。以人为方式重建的宗族或称"拟制"宗族，在移民社会早期实际上是非常普遍的，早在明代就已出现于因"联宗"而形成的宗族形态中[3]。

同样，本质上源于宗族组织的宗亲会，其祖家的世系群当然更是无法完全移植到海外，而且宗亲组织为壮大势力而广收成员，也势必扩展到原本相对疏远的同宗关系。举一个简单的例子，移居菲律宾的广大闽南人所祭拜的祖先，既不是开基本乡、本村的近祖，也不是创建本世系群的始祖，而是超越开宗闽南的远祖，目的就是让宗族关系可能并不那么近的人都可以在这里找到归属感与认同感。如菲律宾陈姓及妫汭五姓宗亲会供祀舜帝，烈山五姓供奉神农，林姓宗亲会和六兰堂的共祖是殷太师比干，吴氏追宗太伯，施

① 曾玲：《华南海外移民与宗族社会再建——以新加坡潘家村为研究个案》，《世界历史》，2003年，第6期。
② 曾玲：《华南海外移民与宗族社会再建——以新加坡潘家村为研究个案》，《世界历史》，2003年，第6期。
③ 周艳玲：《闽南乡土文化与南洋华侨社会》，厦门大学，2009年硕士学位论文。

姓远溯鲁惠，黄氏则以春申君为始祖。只有王姓宗祠奉祀开闽王王审知兄弟，但其堂号仍然上溯王氏发源地，故称"太原堂"①。

也正是基于以上原因，移居南洋的闽南华侨，其宗亲会大体分两种类型②：一是单姓宗亲会，即来自同一地方、操同一方言且共认一个相近祖先的人组成的地域性宗亲会。这些宗亲组织往往是以一小群富商或族中有威望的人士为核心发起组建的。另一种是联宗宗亲会，是由来自相邻村县、承认较久远的祖先的人们或以传统兄弟联盟为基础组成的非地域性宗亲会。我们可以菲律宾为例做具体的分析：

"菲律宾接近我国东南沿海，为闽、粤一带人民进入菲岛之有利条件……在厦门为开辟为商港时，福建泉州是对外通商的主要港口，晋江、南安地区的人民，就从泉州渡海赴菲经商，为进入菲律宾最早的一批，在菲岛建有一定的商业基础……由于同乡同宗的关系，入菲谋生日益增多，这就是今天旅菲华侨中福建人最多的主要原因。"③ 在这其中，又以福建泉州的晋江人居多。

由于菲律宾闽南华侨华人的社会祖籍地高度集中，因而形成了菲华社会结构的特色——血缘组织重要性远高于地缘组织。在菲律宾的同乡会组织往往分化得很细，一般以来自同一县、市，同一乡、镇，甚至同一个村为区分单位。同乡会既以乡或村为主体，而闽南乡村又多为单姓村，同乡的同时往往又同宗，这就很自然地使单姓村同乡会通过血缘关系与宗亲会结合起来，进而被宗亲会纳入其势力范围。所以，菲律宾的宗亲会组织成立得很多。除陈、林、吴等几个闽南大姓的宗亲会成立较早之外，其他大多在20世纪二三十年代建立。而且，由于华侨远渡重洋、离乡较远，本土的

---

① 杨力、叶小敦：《东南亚的福建人》，福建人民出版社，1993年，第327页。
② 杨力、叶小敦：《东南亚的福建人》，福建人民出版社，1993年，第325页。
③ 赵松乔：《菲律宾地理》，科学出版社，1964年，第64页。

父系宗亲制度无法整个复制过来，所以海外亲属的关系比较泛化，只要同姓就可结成宗亲会。而且有些小宗亲会因人数较少，往往尽量吸收所有族人包括其他村落的宗亲参加，成为联宗团体，以增强该组织的力量。这就造成了菲律宾晋江籍华侨社会出现的大量宗亲组织中，既有单姓的宗亲会，也有多姓的联宗会，共同组成同乡宗亲会林立的局面。具体见下表：

民国时期菲律宾马尼拉晋江华侨主要宗亲会情况表[①]

组织名称	成立时间	姓氏	类别
旅菲西河林氏宗亲总会	1908 年	林	单姓
旅菲有妫堂总堂	1908 年	陈	单姓
旅菲让德吴氏宗亲总会	1909 年	吴	单姓
旅菲临璞堂	1911 年	施	单姓
旅菲弘农杨氏宗亲总会	1915 年	杨	单姓
旅菲太原王氏宗亲总会	1922 年	王	单姓
旅菲锦锈庄氏宗亲总会	1929 年	庄	单姓
旅菲江夏黄氏宗亲总会	1930 年	黄	单姓
旅菲陇西李氏宗亲总会	1933 年	李	单姓
菲律宾许氏宗亲总会	1936 年	许	单姓
菲律宾苏氏宗亲总会	1937 年	苏	单姓
旅菲汾阳郭氏宗亲总会	1938 年	郭	单姓
旅菲荥阳郑氏宗亲总会	1940 年	郑	单姓
菲律宾河源张颜同宗总会	1924 年	张颜	联宗
旅菲六桂堂宗亲总会	1930 年	洪翁方江龚汪	联宗
菲律宾刘杜宗亲总会	1932 年	刘侯留杜	联宗
旅菲妫汭五姓联宗总会	1935 年	胡虞田陈姚	联宗
旅菲烈山五姓联宗总会	1936 年	吕卢高许纪	联宗
旅菲版筑傅赖同宗总会	1939 年	傅赖	联宗
旅菲宋戴宗亲总会	1940 年	宋戴	联宗

① 本表根据晋江市地方志编纂委员会编《晋江市志》（下）的《菲律宾马尼拉晋江华侨主要宗亲会情况表》整理而成，上海三联书店，1994 年，第 1203 页。

不同的宗亲会之间之所以会进行联宗，其依据大多数是一些没有根据的民间传说，而且不少仅限于闽南传统。例如，关于闽省济阳谱系柯蔡同宗的原因，虽然有宋时蔡十郎入赘安平柯家，长子及五子承继柯姓，而蔡十郎数传至史公为塘边蔡氏一世祖一说，且这种兼祧说显然比较合理，然而，菲律宾济阳堂奉祀的祖先却是周蔡叔之子蔡仲及文王七世孙柯虞，两者之间虽属血亲，却并非同一宗支，且相差四辈，柯蔡同宗显然是承袭闽南传统而供祀两姓远祖。即"始祖自南宋时代，由河南济阳府固始县兄弟三人相率入闽，初居福州下大路风陈张勤乡。嗣后分姓分居辟地开族，起盖宗祠，长兄入辛姓，灯号青阳堂，分住惠安龙王庙一带，后再分支漳州各县。次弟入柯姓，分支泉州东门外晋江县辖，后再分永春、诗山一带，并筑宗祠，灯号瑞鹊堂，继又分支漳泉各属。三弟入蔡姓，分支泉州东门外洛阳桥南及莆田、仙游、漳浦各地……灯号济阳堂，惟济阳灯号三姓均可通用，由此观之则辛、柯、蔡同出一脉"[1]。类似这种依据闽南地方传说联宗的现象在菲律宾还有很多。这也充分表明闽南当地传统文化对南洋华侨社会的影响是根深蒂固的。

传统的中国乡土社会中，其社会关系是由血缘和地缘两种主要的纽带联系而成的，在乡土社会中与乡民对血缘关系的特别强调紧密联系在一起的是他们对地缘关系的高度重视[2]。因此，在东南亚其他国家和地区，以地缘为纽带的同乡会组织占有十分重要的地位。例如，新加坡自开埠以来，来自闽南的移民渐渐增多，到民国时期已占新加坡华侨总数的四成以上。为了在异国他乡的环境中互助团结、生存发展，他们也组成同乡会、宗亲会。根据《新加坡华

---

① 施振民：《菲律宾华人文化的持续宗亲与同乡组织在海外的演变》，收录于洪玉华编《华人移民施振民教授纪念文集》，1992年，第199页。

② 金耀基：《中国社会与文化》，香港大学出版社，1992年，第153页。

人社团大观》的统计数据显示，在 200 所主要的宗亲会中，民国以前建立的有 21 所，占 10.5%；第二次世界大战结束以后至 60 年代建立的有 69 所，占比 34.5%；其余多半是 20 世纪 20—30 年代建立的①。由于新加坡闽南人的祖籍地不如菲律宾那么集中，所以其以府、县级为单位的同乡会较为普遍，如成立于 1918 年的晋江会馆、成立于 1923 年的安溪会馆、成立于 1926 年的南安会馆、成立于 1938 年的厦门公会等。而祖籍晋江的因为人数众多，所以基本上是以乡为单位组建同乡会，如深沪同乡会、永宁同乡会、石狮同乡会等。

闽南华侨地缘组织的林林总总，在某种程度上是互相攀比的结果。闽南俗谚有云"晋江人个个猛"，移居海外后亦皆自认不凡，喜欢三五成群，纠合旧好新知，组织小团体②。这显然也与闽南人强烈的宗族文化观念直接相关。甚至连家乡农村存在的宗族械斗等陋习，也在闽南华侨海外生活和相互之间的关系中有所反映。

二、闽南海外宗族社团组织对家乡的作用

闽南地区南洋华侨的宗亲会，其会所设置也像家乡传统的祠堂，用来供奉祖先牌位或神龛。以"敦睦宗谊、促进团结、共济互助、同谋福利"为宗旨的宗亲会，除了每年固定的祭祀仪式之外，还兼有救济孤苦贫穷的族人、赈济家乡、调解纠纷、兴办教育等职能。同乡会组织发挥的作用也大抵如此。这实际上也是它们得以建立的最初目的所在。同时，由于华侨在侨居地与祖籍地之间频繁往来，与祖籍地密切联系，这也决定了由其组成的宗族社团组织必然与家

---

① 周艳玲：《闽南乡土文化与南洋华侨社会》，厦门大学，2009 年硕士学位论文。

② 施振民：《菲律宾华人文化的持续》，收录于李亦园主编《东南亚华人社会研究》（上），台湾正中书局，1986 年，第 168 页。

乡有着千丝万缕的联系。如施姓在晋江有钱江（俗称前港）和得海（俗称后港，亦称浔江）两大支派，从清代中叶起经常械斗，结成世仇。菲律宾施姓在1911年组织"临璞堂"一姓会，就团结了钱江、得海两支派。可见，有些海外宗亲会通过组织活动，不仅增强了旅外宗亲与国内宗亲之间的联系，甚至挑战了家乡宗族组织的权威。

东南亚地区许多闽南的华侨华人同乡会，都将服务家乡作为其最重要的宗旨之一。在菲律宾，直至20世纪50年代，一些同乡会的"工作和目标"仍然"在故乡的公共福利事业"[①]。民国期间，由于闽南乡村治安状况极其混乱，它们对维持闽南地方秩序和地方建设也起到了不可或缺的重要作用。如1931年"九一八事变"之后，晋江县永宁镇岑兜村旅菲华侨中的部分年轻人，凭着一腔爱国热情，成立了旅菲银江义济社，在当地积极开展抗日救亡活动。同时义济社也在家乡设立了办事处，为乡民排忧解困。那段时间，村中屡遭贼患，绑架抢劫事件时有发生。义济社就在街巷顶及后施煌建了两座隘门，以防盗匪进村。考虑到村中存在的垃圾倾倒杂乱现象，义济社就在主要街角设立大垃圾箱，并在一旁贴上告示，要求垃圾入箱，由清道夫统一收集倒到村外，很快使村里的卫生面貌焕然一新。同时，为了更好地丰富乡里群众的业余生活，义济社出资修建了水泥篮球场，并在办事处设立了图书馆，让乡民在农闲、节日等业余时间能进行体育活动与文化学习[②]。发生在20世纪20—30年代的"闽侨救乡运动"，也主要是旅居菲律宾的闽侨为维护家乡的安定繁荣、捍卫亲眷和自身的利益而主动发起的一项旨在进行政治革新、铲除恶势力、建设新福建的爱国爱乡的自救运动。抗日战争

---

① 施振民：《菲律宾华人文化的持续》，收录于李亦园主编《东南亚华人社会研究》（上），台湾正中书局，1986年，第111页。
② 李金易：《银江义济社造福桑梓》，载《温陵乡讯》，1987年7月29日。

前，禾山海盗为患，新加坡禾山公会出资购置"禾侨号"炮艇赠送给当时的驻禾山海军，作为海上巡逻之用①。

支援故土、关心家乡的公益事业，也是众多闽南华侨宗族组织成立的宗旨之一。1938 年，金、厦两岛相继沦陷，闽南地区的交通顿遭阻塞，致使乡民有绝粮断炊之虞。本着浓浓的爱国爱乡热忱，旅菲永宁同乡会组织救济委员会向乡侨募捐，并决计在故乡组织平粜会。不久，第一批购米两百包，赖陈植鱼、陈西川之力，取得福建救济会协助，接运至泉州平粜会。1938 年，在永宁平粜会召开执监委联席会议，讨论有关事宜，议决七案，并选举陈植清立即往泉接米返乡。"吾乡吾民得沾实惠，幸解燃眉之急，实赖我旅菲乡侨之力也。"②

甚至有些同乡会是为了家乡人民的福祉而专门成立的。如1936 年，为了帮助故乡防止飞沙侵蚀田园，施性水、施性统等人召集华峰乡侨共谋对策，继而联络旅菲各地负责人共同策划，进行造林防沙工作。翌年，便正式成立旅菲晋江华峰同乡会。之后，积极开展工作，协助故乡发展公益事业。仅学校一项，据菲华学者施振民介绍，华峰"全乡各角头先后兴办学校六所"③。

有些闽南华侨宗族组织对家乡的政治格局也产生了重要影响，而且因其势力的庞大，以致闽南地方政府也无可奈何。其中最典型的要数晋江石圳李清泉为首的李氏宗亲组织。作为木业巨擘，李清泉所牵引的宗亲也大多数经营木业，因此，其家族以血缘为纽带的

---

① 厦门市地方志编纂委员会编：《厦门市志》第五册，方志出版社，2004 年，第 3386 页。

② 郑澄坚：《旅菲永宁同乡会与平果会》，载政协福建省石狮市委员会文史委编《石狮文史资料》（第二辑），第 42 页。

③ 施振民：《旅菲晋江华峰同乡会沿革》，载洪玉华编《施振民教授纪念文集》，第 304 页。

图为旅菲晋江华峰同乡会成立八十周年庆典仪式。
（图片来源于网络新闻报道）

业缘组织非常强大。他们不但有着很强大的凝聚力，而且同家乡保持了非常密切的联系。20 世纪 40 年代，李清源由于同情入闽的十九路军而受到国民党的猜忌。国民党企图剥夺李清泉的商会领导权，却因为各地宗亲的大力支持而无法得逞，反而引起了商会组织与国民党之间的对抗①。

可以说，闽南华侨宗族组织在功能上突出表现的对家乡的关心，实际上是对中华民族优秀传统文化的弘扬与传承。它不仅增强了本身的凝聚力，也进一步密切了海外华侨与家乡的联系。同时，这种与祖籍地的密切联系，也正说明了"地缘不过是血缘的空间投影"②这一道理。

① 庄为价：《泉州旅印尼菲侨村的调查研究》，《泉州华侨史料》（第一辑），1984 年，第 11 页。
② 费孝通：《乡土中国》，三联书店，1985 年，第 72 页。

陆

闽南民间信仰文化在海外

——

中华民族尤其是汉族是一个多神信仰的民族，突出表现为因地而异的民间信仰、品类众多的地方神明。这种多样性既跟地域广阔而环境差异具有独立性息息相关，也从另一个侧面佐证了中华文明兼容并蓄、和而不同的文化传统。深受中原汉文化影响的闽南文化传习了这一特性。有学者认为，从地理气候角度来看，闽南地区三面环山，背朝大海，多瘴气，山林中蛇虫横行，所以闽南人长期有"信鬼好巫"的传统习俗。而贴近民间、深入生活、富于乡土气息的草根性，又使得闽南的民间信仰文化有着非常旺盛的生命力。

第一节　闽南民间信仰文化概述

作为闽南文化的有机组成部分，闽南民间信仰也是福建民间信仰的重要组成部分。清末学者杨浚在《四神志略》中列出的妈祖（即"天上圣母"）、广泽尊王、清水祖师、保生大帝这四位福建最主要的神，其实就是闽南地区民间信仰神明的主要代表。作为闽南文化的产物，妈祖信仰与保生大帝信仰有着鲜明的地域特色。他们生前皆身怀异术、乐善救人，具有崇高德行，死后被传为羽化升仙，成为扶危济难的民众保护神，并得到历代官方认可与敕封。灵力崇拜与英雄崇拜的结合，使得闽南人对于这些神明格外尊崇，日常生活中遭遇各种事都会到宫庙里"卜卦问神"。而每每遇到建房、动土、入宅、婚姻、生子、丧葬等要事，闽南人甚至会将妈祖、保生大帝等神明"请"到家中见证。据不完全统计，泉州市仅鲤城区、丰泽区、洛江区就有民间信仰的庙宇 310 多座，漳州市的民间信仰庙宇达 2806 座，厦门市有 1524 座，厦门岛内就有 211 座[1]。以种

---

[1] 连心豪、郑志明：《闽南民间信仰》，福建人民出版社，2023 年，第 6 页。

类和数量论，闽南地区都可以称得上是全国各民系中民间信仰的佼佼者。闽南人常将信仰活动称为"拜拜"，也就是祭拜、祭祀之意，而其拜拜的对象来源广泛，从中国历史上的真实人物、传说神灵到地方名士、乡野术士和生灵，无所不包。以下，参照连心豪、郑志明 2023 年主编的《闽南民间信仰》的类别划分做一个简单的概要性呈现。

一、闽南人的自然山川信仰

在闽南人的观念中，世间万物皆有灵气，因此，天公、地庙、太阳星君、太阴娘娘、雷公等都被他们视为可以朝拜的信仰。以下稍作举例：

"天公"是闽南民间"玉皇大帝"的俗称。老百姓们普遍认为天公高居天庭，统辖三界生灵，是天地万物的主宰。所以，在闽南传统民宅的正厅前多悬挂有代表天公的天公炉或天公灯。正月初九日为"天公生"，这也是闽南人一年中的第一个重要节日。漳浦县石榴镇长兴村张姓村民自古就奉祀玉帝，"每年正月初九日天公生，必虔诚供奉醴礼"[1]。此外，泉州的元妙观、同安的朝元观、漳州的天宝玉尊宫也都供奉"天公"。

闽南民间俗称土地神为"土地""土地公"，庙祀称为"福德正神"。各地的土地庙都很简陋，连神像都没有，但不少土地庙却香火鼎盛、声名远播。泉州旧时的七城门头都有土地庙，其中最著名的当属位于泉山门城楼北边的泉山宫，学者顾颉刚甚至为此专门写过《泉州的土地神》。晋江祥芝伍堡土地庙、漳州龙海九龙岭土地公庙、厦门仙岳山土地公宫也都小有名气。

---

① 陈国强、陈炎正：《闽台玉皇文化研究》，闽南人出版有限公司，1998 年，第 174 页。

图为中国最大的土地庙——厦门仙岳山土地公宫。

道教大神三官大帝在闽南民间俗称为"三界公"。这是把对天、地、水的崇拜人格化，但一般不立庙奉祀。三官大帝指的是上元赐福天官一品紫薇大帝、中元赦罪地官二品清虚大帝、下元解厄水官三品洞阴大帝，他们的地位仅次于玉皇大帝。泉郡三官大帝宫、漳浦赤岭三界公坛都是闽南人专门性的"拜拜"所在。

二、闽南人的生育女神信仰

在古代的农业社会，人口的繁衍是决定社会发展的最重要因素之一，只有人丁兴旺了，五谷丰登才成为可能。因此，闽南地区的生殖、生育女神信仰崇拜古已有之。泰山妈、注生娘娘、夫人妈是闽南民间信仰的最主要生育女神。

泰山妈，也称"泰山娘娘"，也就是碧霞元君，全称为"天

图为泉州东岳行宫。

仙圣母碧霞元君"。宋真宗时始封碧霞元君。相传碧霞元君主司妇女多子，为保护儿童之神，所以多为妇女所信奉。碧霞元君一般没有独立的庙宇，多附祀于东岳庙，比如泉州的东岳行宫。漳州诏安设有碧霞元君庙，坐落于桥东镇东沈村板仔尾自然村，也叫"泰山妈庙"。主殿的檐廊正中有"碧霞元君"的牌匾，神龛中供奉有碧霞元君的神像。该庙宇的香火常年都非常旺盛，每年农历四月十八日泰山妈寿诞的那一天尤其热闹。

早先闽南地区多为山区，先民的知识有限，多祈求借助神灵来保佑生育的顺利。传说中注生娘娘是主司生育的，是保佑孕产妇和婴儿的神灵。闽南地区也少见专门供奉注生娘娘的宫庙，但多附祀注生娘娘。比如厦门的很多宫庙，大殿主神左右多配祀注生娘娘和阎罗王，一个主生，一个主死，足见民间信仰对生命的重视程度。闽南地区的佛寺也多奉祀送子观音和注生娘娘，或者在水池正中竖立一个铸鍨（闽南话与"注生"谐音）铁柱①，供祈求生子的妇女投掷钱币以祈运。此外，漳州湖苑注生宫、南靖山城注生宫、南靖紫荆山登云寺等，也都是比较专门性的供奉注生娘娘的宫庙。

古代的医学技术还不够发达，所以很多妇女在生育孩子的过程中就好像是到鬼门关走了一遭，婴儿的存活率也比较低。所以专司妇女生育、婴幼安康的临水夫人陈靖姑在老百姓中很受崇拜。闽南民间也不例外，泉州就有主祀陈靖姑的奇仕宫。此外，闽南民间还奉祀各种各样的夫人妈，比如泉州的姬、宓、池三夫人妈，漳州的蔡妈夫人，泉州东岳庙附祀的血疯夫人妈（郑成功之母田川氏）等。晋江福全临水夫人庙、泉州对山苏夫人姑庙以及泉州的奇仕宫等，都是这一类型当中香火较为旺盛的。

三、闽南人的冥厉瘟神信仰

在古代闽南的民间信仰中，主管烈性、急性传染病的神祇备受尊崇。由于这些传染性的疾病来势迅猛，后果严重，再加上当时医疗手段有限，民众无力应对，故而将其供奉起来，祈求神祇开恩，保佑人间少受瘟疫之苦。城隍爷、大众爷、五显大帝、王爷都属于这个类型的信仰。

城隍其实就是古代年终腊八祭的水庸神。在南北朝时期，仅有部分地方为城隍立庙。而到了唐代，地方官赴任必先拜谒城隍。泉州是附邑同城，所以泉州城同时拥有府、县两座城隍庙。不少城隍庙供奉的是历史上的忠净英烈，如俞大猷、施琅、吴英、戚继光等闽南人或跟闽南有关的人。也有很多闽南人曾被我国其他地方

---

① 连心豪、郑志明：《闽南民间信仰》，福建人民出版社，2023年，第28页。

奉为当地的城隍神，如晋江人苏缄被奉为桂林城隍，同安人洪朝选因忤逆张居正被派往四川为城隍[①]，同安人陈化成被奉为上海城隍神[②]等。闽南地区的城隍庙分布十分广泛，比较出名的有安溪清溪城隍庙、石狮永宁城隍庙、厦门同安霞海城隍庙、金门城隍庙、漳州镇海城隍庙、漳州海澄城隍庙、平和九峰都城隍庙等。

大众爷在闽南民间还有多个称呼，如"好兄弟""万善公""人客公"等，泛指那些死无所依的非正常死亡者。民间认为他们孤魂未散，结为阴灵，作祟人间成为厉鬼，于是修建庙宇进行奉祀。泉州甲第巷公妈宫祀无嗣公，东山铜陵镇设有万福祠，南靖山城武庙也有大众爷的神像[③]。闽南沿江沿海地区的渔民长期在水上生产作业，也形成了遇见尸骸带上岸收埋的习俗。同安西柯朝天宫、厦门曾厝垵圣妈宫、晋江围头二十九阴公、东山铜陵演武亭万福公祠、惠安崇武和寮宫等都有这样的功能。

五显大帝也称"五圣""五通神"，民间传说古时妖邪为祟之神，原本为兄弟五人。早在唐末就已经有香火祭拜。闽南民间"五通""五显"混称，泉州西街有五显灵宫专庙，同安县城东门有同山五显庙，厦门岛东北部有五通社。漳州诏安霞葛五通宫始建于明永乐元年，为省级文物保护单位，现在台湾有五通宫50余处，皆以诏安五通宫为祖庙。

王爷信仰源于瘟神信仰。瘟是古代闽南人对急性传染病的总称，包括了鼠疫、霍乱、疟疾等。闽南人长期以来都认为瘟疫流行是因为瘟神作祟，而王爷"代天巡狩"，并不是瘟神。闽南王爷有多达360位[④]。中国古代关于王爷的来历传说有很多，人物虽然不同，却都是死于非命，曲折地反映了古人对瘟疫的恐惧心理。闽南

---

① 陈支平：《福建族谱》，福建人民出版社，1996年，第229页。

② 郑镛、涂志伟主编：《漳州民间信仰》，海风出版社，2005年，第30页。

③ 林嘉书：《南靖与台湾》，华星出版社，1993年，第421页。

④ 连心豪、郑志明：《闽南民间信仰》，福建人民出版社，2023年，第49页。

的王爷，常见的有赵、康、温、马、范、吴、卢、齐、琼、沈、骆、韩、苏等100多个姓氏。王爷信仰是闽南地区最为流行的民间信仰之一。该信俗的典型特点就是"送王船"，有两种形式：一是将与真船无异的木制王船放流于海，也称"流地河"；二是将竹骨纸船于水边焚化，也称"游天河"。泉郡富美宫、晋江祥芝斗美宫、晋江龙湖丁王府、泉州龟山广利尊王庙、同安马巷元威殿、晋江安海瑞丰殿、南安水头寿溪宫、漳州教苑代天府、漳州东山铜陵泗美宫等都供奉着不同形式的王爷。事实上，随着时间的推移，闽南民间的王爷信仰早已超越消灭瘟疫的范畴，具有了更多的祈福功能。

四、闽南人的禅道神仙信仰

闽南在唐代以前，俗称"佛国"，佛教在当时当地的影响力可谓强大，各大山头及其所属良田基本为寺庙所占，也正因为如此，众多得道高僧从中走向寻常百姓家。这些高僧，以及一些道人、异人被神化，被赋予了祈雨、辟邪等世俗化的功能，成为深受老百姓爱戴的民间神祇。

清水祖师名普足，俗姓陈，1037年正月初六出生于现在的永春小岵乡，1101年五月十三日在安溪的清水岩坐化。流传民间的比法渡悦巾、袈裟收鬼众、方池传浮杉、移雨泉州府等许多故事传说，反映了老百姓对其驱邪斗恶、济世行善的崇仰之心。清水祖师的功绩主要有两个：一是热心于慈善事业。一生劝建桥梁数十座，功德无量。二是祈雨获应不计其数，仅南宋时期有文献记载的就多达16次[1]。也正因如此，清水祖师先后四次获得封号[2]。及至明清

---

① 连心豪、郑志明：《闽南民间信仰》，福建人民出版社，2023年，第68页。
② 分别是：1164年被封为"昭应大师"，1184年被封为"昭应慈济大师"，1201年被封为"昭应广惠慈济大师"，1210年被封为"昭应广惠慈济善利大师"。

图为泉州市安溪县的清水岩。

时期，清水祖师的香火遍及八闽大地，影响深远。甚至在浙南的许多山岩，也都供奉着清水祖师的香火。现存的安溪清水岩是1966年以来在海内外信众的大力支持下，经过二十多年的整修、改建、扩建而形成的。整体布局、建筑风格均按照古文献记载来设计，力图尽可能保留原貌。岩寺依山而建，外观呈"帝"字形。

大德禅师是北宋名将杨业的第五子杨延德，胆略过人、疾恶如仇，时称"杨五郎"，年长后随父从军，却因朔州之战，心灰意冷而削发出家。当小弟六郎杨延昭之媳穆桂英破辽人天门阵时，他毅然率领徒弟前去助阵，立下了赫赫战功。后人感念其忠义，立庙奉祀，称"大德禅师"。泉州后城祖师宫主祀杨五郎。安溪的时思宫、漳州龙文的龙进堂也是拜谒大德禅师的宫庙。

九鲤仙祖，也称九鲤仙公、何氏九仙。相传他们为何氏九兄弟，汉武帝时期人士。因为担心其父参与淮南王刘安谋反会殃及自身，出逃入闽。初居福州于山，后又去往福清石竹山、白云清洞等地。

后至莆田境内，伐枫架亭而居，济世救人，此地后名之枫亭。因采药偶遇一洞天福地——仙游九鲤湖，遂隐居修炼，得道成仙。人们就地建庙，塑九仙神像奉祀。九仙传说虽然是在莆田境内，但在闽南广为流传，九仙胜迹更是遍布闽南各地。德化、漳州都有九仙山，泉州马甲仙公山、惠安山腰青狮洞、厦门醉仙岩、南靖鹅仙洞、东山九仙岩等都是专门奉祀九仙的庙宇。

此外信众较多的还有漳州平和县三平寺供奉的三平祖师、泉州德化龙虎寺供奉的三代祖师、泉州德化石壶祖殿供奉的法主公、泉州北门大小西夷宫祀奉的陈抟老祖等。

五、闽南人的忠义圣贤信仰

《礼记》有云："法施于民则祀之，以死勤事则祀之，以劳定国则祀之，御灾捍患则祀之。"闽南地区，素有"海滨邹鲁"之誉，儒家忠孝节义观念深入民心。所以，闽南地区有许多奉祀忠孝节义圣贤的宫庙。包括炎黄二帝、关帝圣君、哪吒公、广应圣王、开漳圣王、开闽王、开浯恩主、灵安尊王、三忠公、广泽尊王、正顺尊王、林太史公等。

关圣帝君又称关帝、帝君爷、关老爷、关公等。泉州旧时七城门头都建有关帝庙，如通淮门关帝庙（相传为全国最早兴建的三座关帝庙之一）、西门西街义诚庙、临漳门关帝庙等。关圣帝君是一位难得的上至帝王下至士庶都尊奉的神明。这是因为民众以其信义耿介，奉之为驱邪除恶、扶正保民的大神；士人以其忠义正直，奉之为道德偶像；将士以其神武善战，奉之为克敌制胜的军神；商贾以其请战却敌，必是上马金、下马银，奉之为招财进宝的武财神。清朝雍正三年（1725 年），朝廷颁令，以关帝庙为武庙，并入祀典，文武百官、各省县百姓按祭孔之太牢祭仪进行春秋两祀。从此，关羽成为国家祭祀的主神，达到了与文圣孔子并驾齐驱的地位。1914年，中国政府颁定祀典，将岳飞和关羽合祀，称关岳庙，每年在春秋分"节气后第一戌日"举行祭祀仪式。农历六月二十四日，是关圣帝君圣诞；五月十三日，为关帝降神日。闽南地区民间便在关帝圣诞日或降神日举行规模不等的庙会活动。庙会内容丰富多彩，大体是进香、礼拜、祷祝、演戏、谢神、进刀马等，其中进刀马最为有趣。比较有影响的关帝庙还有晋江金井崇义庙、漳州东山铜陵关帝庙等。

开漳圣王陈元光 14 岁随母入闽，唐仪凤二年（677 年）世袭父职，并于唐垂拱二年（686 年）获准设立漳州，成为首任漳州刺史，为漳州的开发与发展立下了不朽功勋。景云二年（711 年）战死，百姓听闻便画像祀之，是民间奉祀陈元光之开始。入宋之后，陈元光逐渐被神化，被奉为安邦护境州主之神。到了明代，随着人口的不断繁衍以及村社的逐步壮大，百姓纷纷建立起符合自己心理预期的陈元光祠庙。有的则奉祀随从陈元光入漳的本姓始祖，形成了开漳圣王的信仰体系。漳州地区现有供奉开漳圣王的宫庙 97 座，奉祀陈元光部将亲属的宫庙也多达数十座[1]。

六、闽南人的水神海神信仰

闽南地区近海，水系发达，因而大多以海为田、以海为生，在与海交往的几千年里，闽南人从官员到普通百姓都乐于将海神作为自己营生的保护神。闽南的水神、海神大概有 4 种：一为全国各地普遍存在的海龙王；二为闽南土生土长的海神妈祖；三为主管水的玄天上帝；四为较罕见的水仙王。

闽南临水地区有很多的水仙庙，但是所奉的神祇不尽相同，一般为治水或者与水有关的神灵，常见者如乌江自刎的西楚霸王项羽、汨罗江投水的屈原、沉尸河底的伍子胥、醉酒溺亡的李太白、渡江溺亡的王勃、治水的大禹等。泉州的平水庙奉祀的是治水的禹

---

① 连心豪、郑志明：《闽南民间信仰》，福建人民出版社，2023 年，第 103 页。

王，漳州顶田霞的禹王庙是专祀大禹的庙宇。泉州的四堡永潮宫奉祀的是晏公、康王爷、刘星主等神祇。

水神玄天上帝源于古代星辰与动物崇拜的人格化，历来被视为海神、水神、地方守护神，因此闽南沿海地区普遍崇祀玄天上帝。据 1991 年的调查数据，泉州东海镇的民间信仰庙宇数量的前四名分别是王爷宫 33 座，相公爷庙 18 座，妈祖庙 10 座，玄天上帝庙 8 座。漳州南靖县的调查数据是：保生大帝庙 36 座，观音佛祖庙 30 座，关圣帝君庙 27 座，玄天上帝庙 25 座，同样位居前四①。

妈祖又称天后、天上圣母等，福建莆田湄洲岛人，原名林默，相传生于 960 年，卒于 987 年。妈祖生前熟悉水性，勇敢善良，常救助海上渔民和商船，做过许多好事，死后便被当地人奉为神灵，建庙祭祀，只不过最初的影响只限于湄洲岛。到了元代，妈祖成为漕运的保护神，得到朝廷的大力扶植。而且，由于她是一位颇具慈母色彩的海上守护神，因此很快取代了其他海神。随着妈祖信仰的日盛，妈祖逐渐成为一位兼管渔业丰产、男女婚配、生儿育女、祛病消灾的全能神灵。泉州天后宫是建筑年代最早、规格最高、保存最完好、传播天后信仰最广泛的一座妈祖庙。厦门同安的银同妈祖宫供奉的是黑脸妈祖，也是台湾妈祖宫庙的祖庙之一。

七、闽南人的医神信仰

闽南地区的医神信仰主要有两个来源：一是从中原传入的神农大帝、黄帝、扁鹊、华佗等医神；二是土生土长的医神。漳州市龙文区蓝天湘桥村的先祖庙供奉的是华元仙祖东汉名医华佗。漳州龙海岱仙岩供奉的圆山仙祖则是漳州本土医神。闽南地区最负盛名的医神还数保生大帝，奉祀的是北宋闽南名医吴夲。现存最早记载

---

① 连心豪、郑志明：《闽南民间信仰》，福建人民出版社，2023 年，第 132 页。

吴夲生平事迹的是南宋嘉定十二年（1219年）的《慈济宫碑》。随着各地广建庙宇，吴夲的影响日渐扩大，职能也越来越广泛，逐渐变成无所不能的守护神。在闽南人的心目中，保生大帝与关帝、妈祖一样高尚，出游时是八抬大轿。

八、闽南人的财神戏神信仰

财神可以说是各行各业都共同奉祀的神祇。在所有行业神灵中，戏神是与民间信仰关系最密切的一种。财神爷分文财神和武财神，文财神据说是商朝忠臣比干，武财神是道教的赵公明或关羽。泉州古榕宫、泉州浮桥龙济宫、厦门同安正一宫、漳州平和西林侯山宫等都是供奉财神爷的庙宇。此外，还有信仰列王神、祖师爷等。

俗话说得好，"举头三尺有神明"。包容海洋文化的妈祖信仰，象征慈善济世的保生大帝信仰，蕴含忠义爱国理念的关帝信仰……在民间信仰盛行的闽南地区，各种信仰习俗早已渗透到百姓日常生活的方方面面，"转角遇到神明"在别的地方或许不太可能实现，但对于闽南人来说，却是再寻常不过。毕竟，在他们的心目中，民间信仰除了是一种精神上的寄托，更是一份经久不衰的文化传承。

第二节　闽南民间信仰文化的海外传播

作为人类精神生活的需求，信仰对于背井离乡的人而言尤为迫切。因此，随着闽南人到南洋以及世界各地谋生、经商、定居，其民间信仰也随之传播到海外。毕竟，不管是在风急浪高的航行途中祈求一帆风顺、平安到达，还是在异域不可预卜的复杂环境中求得生存与发展，他们都需要以家乡的神灵作为内心的精神支柱。尤其是在航海技术较为落后、移民文化程度普遍不高的情况下，奉祀神祇自有精神层面与心理层面的安定作用。闽南华侨华人遍布世界各地，循着他们的足迹，闽南民间信仰也在世界各地广泛传播，呈现出本地化与世俗化的发展趋势，并与华侨华人的会馆、宗祠、社团等密切相连，形成以华人宗教信仰为主体的社会网络，对海外华人族群产生了广泛影响。

一、闽南民间信仰文化海外传播的基本情况

随着越来越多的闽南人迫于生计的压力而不得不选择走出国门，闽南民间信仰也随之被带到海外各地。明朝初年，闽人36姓集体移居琉球，此后琉球国王多次派人入闽学习风水和占卜；郑和七下西洋期间，他的船队曾到访太平洋和印度洋沿岸30多个国家和地区，除了带去中国的商品和先进的农耕生产技术，也把诸如妈祖、玄天上帝等地域性的独特信仰文化带到当地。明末清初，福建是中日海上贸易的主要口岸汇集地，因而大批民众群体性地移居日本，推动了妈祖信仰在日本各地的快速传播。20世纪90年代以来，移居欧美的闽南人日益增多，妈祖信仰、关帝信仰等闽南民间信仰文化也随之传到了欧美各国。

在闽南民间信仰文化海外传播的历程中，泉州发挥的历史作用毋庸置疑。泉州港是古代"海上丝绸之路"重要起点，早在唐代，晋江籍航海家林銮的船队就已从泉州港向东行至夷州（台湾）、琉球（冲绳）；向南达菲律宾、蒲端、甘棠、渤泥、三佛齐；西南方向到达维力、扶南、占城、交趾一带。诸如玄天上帝等闽南民间"海神"信仰也随之传出。宋元以来，泉州海外贸易空前发展，大批沿海居民出国经商定居。《明史》有云，"吕宋居南海中，去漳州甚近……商贩至者数万人，往往久居不返，至长子孙"。

千百年来，一代又一代的闽南人频繁往返于东、西两洋，而越

来越多的闽南人下南洋成为东亚和东南亚华侨的一支劲旅。闽南地区有这样一句民谚，"行船讨海三分命"。当时出海贸易、闯南洋者，"胸前要挂三包香火袋，一包铜陵关帝君，一包宫前妈祖，一包走马溪保生大帝。祈请这三尊神祇，保护贸易得当，获得财利；保护安全航行，不遇惊风骇浪；保护身体健壮，不染病疾"①。于是，闽南多姿多彩的民间信仰随着闽南华侨广泛播迁移植到东亚、东南亚各地。闽南籍华侨华人筚路蓝缕于异邦他乡，闽南民间信仰发挥了特殊的精神凝聚功用，构成南洋华侨华人社会寺庙、会馆、学校三位一体的显著特点。在马来西亚砂拉越州的古晋老街，"早期华人到砂拉越前，和到台湾垦拓时一样，在故乡的庙宇求得香符或神像，迨到侨居地发达后，感谢老天爷和神祇的恩赐，最直接的办法就是建庙立祠，在古晋老街我们参观了供奉玄天上帝为主神的上帝庙；以妈祖为主神的天后宫，该庙屋顶有美丽的藻井，也是古晋庙宇中唯一设有藻井者，陪祀神有注生娘娘和水尾娘娘；广泽尊王为主神的凤山寺……以土地公为主神的寿山亭。每座庙除了主神外，和台湾的庙宇类似，也陪祀许多其他的神祇，有若百货公司一般，提供信众不同的需求"②。

二、闽南民间信仰文化海外传播的个案分析

闽南民间信仰文化在海外，尤其是东南亚各国，可以说是随处可见，在这里我们以最常见的城隍信仰、妈祖信仰、光泽尊王信仰、清水祖师信仰以及保生大帝信仰、开漳圣王信仰等为例做一个具体分析：

一是城隍信仰。作为道教神祇，在华人华侨聚集的唐人街、中国城等地建造城隍庙，多少有些"普天之下，莫非王土"的中国皇权

---

① 陈汉波：《从屹立走马溪畔的保生大帝庙谈起》，收录于罗耀九主编《吴真人研究》，鹭江出版社，1992年，第181页。
② 叶伦会：《华族文化源远流长——砂拉越之旅》，《历史文物》，2006年，第4期。

的象征意义。建于 1842 年的宋卡城隍庙坐落于宋卡城（今叻孟之北）美人街中段。当时的国王拉玛三世曾御赐该庙檀香木一柱、圣烛一对，以及许许多多的其他祭祀物，并邀请了多位高僧专程由曼谷前往主持佛教仪式。庆典前前后后持续了五昼夜，请中国戏班和泰国戏班去唱戏[1]。该庙至今还完整地保存着"永奠宋邦""威震蛮邦"等三块匾额。宋卡城隍庙迄今香火不断，成为旅泰闽南籍华侨华人进行宗教活动和聚会的重要场所。印度尼西亚北苏门答腊棉兰崇圣宫、五显宫、南吧正直堂、雅加达金德院也都是供奉城隍的。在马来西亚，麻坡惠安公会建有青山庙，供奉"惠安县的城隍爷"青山王。据调查，海外侨胞"曾与（惠安）山霞镇青山宫有过通讯联络和讨回签诗文的就有 168 处，分布于马来西亚、新加坡、缅甸、菲律宾，香港、澳门、台湾等国家和地区"[2]。随着华侨闯南洋，石狮城隍香火分传到菲律宾、马来西亚、泰国、缅甸等国。清末，就有人将石狮城隍香火带到菲律宾马尼拉，后来建造青龙殿供奉。民国年间，石狮王源顺家族又把石狮城隍香火带到菲律宾，后来在马尼拉建造了石狮城隍庙。马来西亚槟城州普公坛也供奉石狮城隍。1983 年，旅缅晋江公会成立时，特地派专人回国迎请石狮城隍等神明移驾缅甸，并于 1987 年在首都仰光建筑一栋四层大楼的旅缅晋江公会城隍庙。安溪城隍庙的海外传播同样也十分醒目，如新加坡、马来西亚、日本、印度、美国等，每年到庙行香参拜者络绎不绝，"香火旺盛，庙宇华丽壮观，为世少有"[3]。20 世纪 90 年代，新加坡韭菜芭城隍庙又出资重修了安溪城隍庙。

---

① 周南京：《世界华侨华人同典》，北京大学出版社，1993 年，第 384 页。
② 转引自连心豪：《闽南民间信仰是维系海外"三胞"的精神纽带桥梁》，收录于福建省民俗协会、福建省五缘文化研究会、晋江政协文史委、晋江谱牒研究会合编的《谱牒研究与五缘文化》，中国文联出版社，2008 年，第 23 页。
③ 《风光留圣迹庙宇焕新颜——安溪城隍显佑伯主神奇传说辑录》，《安溪乡讯》，第 57 期，1992 年 7 月 17 日。

图为新加坡天福宫。

　　二是妈祖信仰。据不完全统计，目前全世界共有妈祖庙 135 座[1]。但这必定只是指主祀妈祖的寺庙，若包括附祀者定然是不止此数。这些妈祖庙有很多是莆田、广东、海南等地华侨华人所建造，但闽南华侨华人也发挥了不小作用。比如，清道光二十一年（1841年）印尼泉州华侨即参与创建了中爪哇南旺的慈惠宫，奉祀妈祖；马来西亚永春华侨于清光绪三年（1877年）在马六甲永春会馆中建造了天上圣母殿；等等。海外华商或宗亲会馆大多供奉妈祖。如新加坡福建会馆（天福宫）、兴安会馆（天后宫）、永春会馆、琼州会馆……马来西亚有 27 个（莆田）兴安会馆，都供奉妈祖。清雍正五年（1727年），漳州六甲乡林伯显附舟南渡，随身携带妈祖金身登岸，辟地垦荒之余，寻找地方安置妈祖金身奉祀，是为吉兰丹圣春宫之前身。其中最富于历史性与代表性的，当属新加坡

① 陈鹏：《妈祖信仰在海外的传播》，收录于黄马金主编《妈祖研究与民间信仰》，汀州天后宫文物古迹修复协会、汀州妈祖文化国际交流协会，1996年，第 133 页。

天福宫。名闻遐迩的新加坡天福宫作为闽南籍侨民的神灵总汇，既是新加坡福建会馆，也是闽南籍华侨华人精神信仰的总部。闽南民间信仰是闽南籍华侨移民的精神皈依寄托所系，天福宫不仅成为闽南籍旅新华侨华人守护神的大观园，同时亦"为我唐人会馆议事之所"，是团结闽籍尤其是闽南籍华侨华人的大本营。

三是广泽尊王信仰。福建安溪人郭忠福，因生前侍母甚孝，殁后被乡人尊为神灵，建庙奉祀，后宋理宗敕封其为"广泽尊王"。因该庙所在之山形状如凤，故称"凤山寺"。因广泽尊王灵迹显著，闽南出国华侨便把其信仰传播到海外。目前见之于史籍记载的海外最早的广泽尊王庙，是 1836 年新加坡南安华侨梁壬癸发起的在侨居地创建的新加坡凤山寺。接着，印尼、马来西亚、菲律宾、泰国等地的广泽尊王庙也纷纷建立。缅甸、荷兰、加拿大等国也建有供奉广泽尊王的庙宇。据载，目前海外各地的凤山寺共达 100 多座①。

四是清水祖师信仰。清水祖师自幼落发为僧，他祈雨禳旱，施医济药，修桥造路，为民众所景仰。后驻锡于安溪蓬莱，因见岩之左右清泉四时不竭，乃把"张岩"改名为"清水岩"。他也被民众尊为"清水祖师"。圆寂后，被民众奉为神灵，希望他庇佑大家四时安康。闽南出国华侨也把清水祖师信仰传播到海外。公元 1574 年，华侨就在泰国北大年建造庙宇，供奉清水祖师，称"祖师公祠"。后来，因为该祠增供林姑娘，故改名"灵慈宫"②。这座祖师公祠是较早的华侨庙宇之一，也是东南亚最早的清水祖师庙。19 世纪 30 年代以后，新加坡、马来西亚、印尼、缅甸、泰国等地又陆续建起不少供奉清水祖师的庙宇。仅新加坡就有金兰庙、

---

① 李辉良：《寺镇凤山香火红》，《南风》第 11 期，南安市文联主办，2001 年 10 月 12 日。

② 郭志超：《泰国华侨华人的清水祖师崇拜》，《泉州文博》（安溪专辑）第 3 期，第 42 页，福建省泉州市博物馆编，1996 年 9 月。

图为泰国灵慈宫。

蓬莱寺、镇南庙及天公宫等庙宇主祀或附祀清水祖师，而马来西亚主祀清水祖师的"蛇庙"更是闻名遐迩。

五是保生大帝信仰。保生大帝自小立志行医济世，由于他医术高明、医德高尚，殁后乡人即为其建庙塑像奉祀，后获明成祖敕封"万寿无极保生大帝"。明天启三年（1623年）日本三江帮华侨便在刚创建的兴福寺中附祀保生大帝。后来，保生大帝的神像与香火又不断被迎往印尼、菲律宾、马来西亚、新加坡等地奉祀。也有不少的华侨华人在自己家中供奉保生大帝，据新加坡华人史学家邱新民先生介绍，20世纪50—60年代新加坡华人在家中奉祀的神祇中，就有保生大帝一尊[1]。保生大帝信仰在闽南籍华侨华人中的影响可见一斑。

六是开漳圣王信仰。东南亚约有开漳圣王庙宇30多间[2]。马来西亚、新加坡、泰国、柬埔寨对陈圣王的祭祀，主要集中在祠堂里或宗

① 邱新民：《东南亚文化交通史》，新加坡亚洲研究会、文学书屋联合出版，1984年，第610页。

② 段凌平：《开漳圣王信仰及其海外传播的特点初探》，《漳州师范学院学报》（哲学社会科学版），2012年，第3期。

亲间。据传，马来西亚的陈氏宗亲会近百家。新加坡供奉开漳圣王的庙宇只有保赤宫一座。保赤宫原是陈氏宗祠，建于清光绪年间，由陈氏宗亲捐建。由于陈、虞、胡、姚、袁、田、孙、陆等8姓，同追族源来自舜帝，因此保赤宫也容纳潮汕侨民，使该宫同时具有血缘、地缘的特点。马来西亚隆雪陈氏书院暨陈氏宗亲会成立于1896年，由数位族亲聚力建成。书院正堂供奉舜帝、始祖陈胡满、开漳圣王陈元光。陈氏宗亲秉承重视乡情、亲情，保持传统信仰，造福宗亲与社会的宗旨，携手努力，宗亲会生机勃勃，已传承百年。

除此之外，闽南一带的泉州通淮关帝信仰、惠安青山王信仰、晋江镇海宫六姓府信仰、青阳石鼓庙顺正王信仰、德化石牛山法主公信仰、三平祖师信仰等，也都在海外华侨华人中广泛流传，影响深远。

三、闽南民间信仰文化海外传播的重要作用

"华侨为革命之母"，孙中山先生当年的评价并非客套，而是事出有因的。他先后多次在海外华侨社会募集资金、物资等，并且曾参加洪门致公堂，担任洪棍，借以组织发动革命。可见，海外华侨社区闽南民间信仰在这之中特殊而重要的作用。如建于19世纪末的菲律宾威明宫，主祀来自福建南安的广泽尊王。该社是吕宋岛北部重要商埠，西班牙统治时期，来自闽南的华侨多由此登陆。许多逃难的反清志士亦多避难于此，借由宗教组织的掩护来开展革命活动，威明宫因此建立。还有菲律宾大马尼拉地区加洛干市的菲华通淮庙，奉祀关圣帝君，是一个自始至终与党派有关系的宗教组织。该庙董事会成员中，洪门致公党党员占半数以上。因为该庙成立在先，洪门致公党支部成立在后，后者是在前者基础上建立起来的①。

---

① 陈衍德：《现代中的传统——菲律宾华人社会研究》，厦门大学出版社，1998年，第230页。

作为中国传统文化的组成部分，闽南民间信仰也具有中国传统文化所具有的凝聚力和向心力。因此，它在华侨华人开发侨居地的过程中，以及密切华侨华人与祖籍国联系等方面都发挥着不可替代的重要作用。

一是团结乡侨携手奋斗。闽南华侨把祖籍地的民间信仰神祇带到侨居地后，一般都要建庙奉祀。供奉同一神灵的华侨，一般都是来自同一地域的乡亲或同一宗族的宗亲，因而供奉神明的庙宇便成了他们聚会联络的场所。新加坡早期漳泉华侨创建供奉福德正神的恒山亭，主要用来办理乡侨丧葬祭奠事宜，但其时闽侨比较严肃的集会和议事也都在此，实际上已成为闽籍华侨的总机关。1842年主祀妈祖的天福宫建成后，福建帮总机构转移到了天福宫。1860年，福建会馆成立后，最开始也是附设在天福宫里。1915年华民政务司登记为豁免注册社团时，名为"天福宫福建会馆"。此外，不少宗亲会、同乡会的成立也有类似情形。例如，马六甲安溪会馆供奉着清水祖师，缅甸旅缅晋江公会大楼直称"旅缅晋江公会城隍庙"，菲律宾华峰同乡会会所镇海宫供奉着家乡主神新代巡，如此一来，"镇海宫和华峰同乡会可以说是二位一体的综合机构"[1]。因此，各种因闽南民间信仰而建立起来的寺庙，在联络乡侨共同奋斗以推动华侨华人社会发展的过程中可谓是绵绵用力、久久为功。

二是密切与闽南故土的联系。华侨身居异域却心念故土，时刻思念祖籍之地、桑梓故里。这样一来，他们所供奉的神明就不仅仅是一种精神慰藉，更加成了他们思念故土的象征。闽南华侨同样不例外。新加坡漳泉华侨在《建立天福宫碑记》中写道："我唐人

---

① 施振民：《菲律宾华人文化的持续——宗亲与同乡组织在海外的演变》，收录于《东南亚华人社会研究》（上册），台湾正中书局，1985年，第170页。

食德思根。"[1] 他们不忘故国的心境可以从建筑寺庙时的行动及祭祀活动窥见。漳泉华侨在建新加坡天福宫时，所需材料是从故乡运去的；建设印尼爪哇供奉妈祖的南旺慈惠宫时，建筑工匠均从家乡聘请；泰国普吉福元宫的庙貌与闽南宫庙几乎一模一样；新加坡凤山寺所供奉神像及香炉，皆来自南安凤山寺……闽南华侨华人还像在故乡时一样，在他们所供奉的神明诞辰或其他纪念日举行庆祝活动，借以联络乡亲情谊。民间信仰的纽带作用在这里被无限放大。基于此，闽南民间信仰由国内传播到国外以后，又由国外反馈到国内，即不少华侨华人捐资前来国内修建有关庙宇。如泉州天后宫、泉州通淮关岳庙、石狮城隍庙、青阳石鼓庙、德化石牛山石壶殿等，皆有华侨华人捐资参与修建。不少华侨华人还因此前来中国投资创办企业。

三是影响当地社会及文化。闽南民间信仰漂洋过海，传播到海外各地以后，在华侨华人与当地人民共同开发建设当地社会的过程中，某些部分已经逐渐与当地宗教信仰互相融合，并为当地居民所接受。例如，泰国普吉主祀清水祖师的福元宫，到庙祭祷的已经不再局限于华侨华人，而且包括了不少的当地暹罗人。每年在菲律宾马尼拉大千寺农历八月廿二日举行庆祝广泽尊王谒祖圣寿大典时，菲律宾许多达官贵人都送来花篮以表祝贺[2]。

当然，随着华侨华人逐渐融入当地社会，某些传统民间信仰逐渐被冷落。这主要是因为这些信仰已难以满足第三、四代华人在生活上、事业上的更高追求。然而，作为闽南民间信仰主要代表的妈祖信仰等，传播范围非常广泛，影响深远，因而能继续流动、传播，甚至渗透到当地其他民族的宗教文化之中。

---

① 转引自韩槐准：《天后圣母与华侨南进》，《南洋学报》第二卷第二辑，1941年，第70页。

② 郭志超：《泰国华侨华人的清水祖师崇拜》，《泉州文博》（安溪专辑）第3期，第42页，福建省泉州市博物馆编，1996年9月。

柒

闽南地方戏曲文化在海外

在闽南地域文化中，与上一章的民间信仰习俗关系最为密切的大概要数戏曲活动。这是因为很多的戏曲演出实际上就是在民间信仰的祭拜仪式上进行的[①]。一年到头，闽南民众有无数演戏的理由：如节令、神佛圣诞辰日、庙宇庆典、民间社团祭祀、家庭婚丧喜庆等，在这些场合当中，闽南的民间信仰与特色戏曲文化可谓是水乳交融，戏曲演出的活动成为迎神赛会或祭祀活动的重要环节，构筑了闽南社会独特的文化景观。历史悠久的闽南戏曲艺术，在海内外都享有很高的赞誉，影响广泛。

第一节　闽南地方戏曲文化概述

戏曲文化在中国普通老百姓日常生活中的重要性不言而喻。在四大文类中，戏曲因其综合性的舞台表演艺术的定位，所以在一般百姓的文化欣赏中占据着特殊而重要的地位。闽南地方戏曲作为闽南地方文化的重要组成部分，经历了漫长的历史发展，也出现了十分丰富的发展样态。

一、闽南地方戏曲的发展历程

从源头上看，闽南戏曲肇始于唐朝。唐总章三年（670 年），陈元光父子率军进入漳州，经过了他们数十年的经营，很快改变了闽南地区原有的似无人居住的荒凉景象，步入到了繁荣发展的新阶段。当时随军而来的"中军乐吹，大鼓凉伞"也在闽南民间落地生根。五代时期，闽南地区的傀儡戏已有相当的规模，颇受老百姓的

---

① 陈世雄、曾永义：《闽南戏剧》，福建人民出版社，2023 年，第 24 页。

欢迎。尤其是木偶戏，经常在闽南民间进行演出。"日月并轮长不照，木人舞袖向红炉"，描述的就是这样的场景。

及至宋代，中国的经济中心向南移动，在此过程中，福建受到的影响很大，包括经济、社会等层面都得到了很好的发展。经济的繁荣带来的是文化的昌盛，富有地方特色的戏曲文化逐渐形成。南宋时期著名诗人刘克庄在他的文字中记载了在莆田看戏的情况，其中包含了"市优""优孟""戏场""优棚"等戏曲艺术的专有名词，并对当时戏班演出的场所、剧目、音乐、化妆等都进行了详细的描述。从中可以看出，莆田"优戏"的演出地点主要在庙宇戏台、广场戏棚等，演出的内容主要都是楚汉相争、霸王别姬、夸父逐日等历史故事或神话传说。这种兴化杂剧，也是南戏的雏形艺术。

南宋偏安杭州，1129 年南外宗正司由杭州经温州至泉州，随行的还有 300 余人的亲属。到了 1276 年，来泉的宗室翻了十倍以上，达到了 3200 人。于是，流行于临安的南戏艺人将南戏传进了兴化和泉州，促进了兴化戏、梨园戏、竹马戏等的发展。而且，由于不同戏班吸收温州南戏的侧重点不同，梨园戏在发展中呈现出了三个不一样的流派：一是童龄班的"小梨园"，演出剧目主要有《吕蒙正》《刘知远》《荔枝记》等；二是成人班的"大梨园"，这一派系又分为"上路"和"下南"两派。上路演出剧目主要有《朱寿昌》《刘文龙》《朱买臣》等，下南演出的剧目主要有《苏秦》《文武山》《章道成》等。尤其是下南派系，地方色彩已经初见端倪。

宋末元初，兴化杂剧广泛吸收了南戏的长处，包括剧目、表演方式以及音乐编排等。兴化剧中有 50 多个剧目与南戏剧目同名①，在故事情节、人物塑造、场次结构甚至曲牌名目等方面基本相似。兴化剧中的"头出生""二出旦""大团圆"等，也继承了宋

---

① 陈世雄、曾永义：《闽南戏剧》，福建人民出版社，2023 年，第 46 页。

元南戏的结构方式。

到了明代，闽南戏曲在剧目、表演等方面取得了长足的进步，日臻完善。再加上闽南方言的繁盛和其他地方声腔的影响，闽南戏曲的唱腔也趋于定型，进入了闽南地方戏曲发展的高峰时期。本时期的剧目除了宋元南戏之外，也出现了大量外来声腔的传奇剧目，如《范蠡献西施》《莫怀古》《霍小玉》等。表演艺术上继承了宋杂剧、傀儡戏的优点，形成了固定的程式，角色行当、服饰脸谱等也有了较大的发展。明朝中叶，闽南泉州地区的戏剧活动十分频繁。作为独立声腔的梨园戏得到了进一步发展，出现了以泉州民间传说为底本编写的新戏文。小梨园《陈三五娘》的成功排演就是最好的明证。闽南人李贽在本时期所做的大量戏曲评论工作也对闽南戏曲的发展起到了积极的促进作用。

到了清代，闽南戏曲继续发展。1695 年，莆田戏班参加迎春妆架的有 36 架，第二年增加到 40 架，参加的戏班也达到了 40 班。到了清末，泉州出现了表演宋江故事的"宋江戏"，后来吸收了梨园戏、傀儡戏与四平戏等的艺术特点，发展为新的剧种——高甲戏，深受闽南民众的欢迎。

1840 年鸦片战争以后，中国逐步沦为半殖民地半封建社会，闽南戏曲的发展由此受到了重大影响。梨园戏因为剧目古老、音乐委婉而发展缓慢，其受众也多为新兴的高甲戏、歌仔戏所分流。高甲戏则因为吸收了梨园戏、木偶戏以及外来剧种的剧目、表演等，艺术水平进一步提升，从而成为闽南地区最为流行的地方剧种。西风东渐，话剧、歌剧等也传入闽南，并逐步本土化、方言化，为闽南戏曲的发展注入了新的活力。

到了民国时期，漳州南靖竹马戏曾经一度繁荣，戏班经常在厦门、金门一带活动。漳州锦歌随漳州移民传到台湾宜兰，形成歌仔戏，抗战前再传到闽南，在漳州、厦门一带流行演出，为群众所喜欢。只不过，后来国民党将歌仔戏视为亡国之音而全面封禁，闽南四平戏等也都遭此命运。抗战爆发之后，日本加紧侵犯福建，厦门、福州相继沦陷后，兴化戏、梨园戏、高甲戏、歌仔戏等濒临绝境。直到中华人民共和国成立之后，闽南戏曲才迎来了新生，得到了繁荣。歌仔戏转为芗剧。

二、闽南地方戏曲的主要类型

由于历史上历朝历代福建都产生了诸多不同类型的戏剧种类，因此闽南戏曲可以说是光彩夺目、异彩纷呈。这里就闽南地区现存主要剧种的历史源流、舞台艺术、戏曲声腔等进行一个简单的介绍：

一是莆仙戏。作为福建省的古老剧种，莆仙戏也是我国完整流传下来的两个南戏剧种之一[①]。因流行于莆田、仙游及其周边的兴化方言区，所以又称为兴化戏。莆仙戏的表演古朴典雅，受木偶戏的影响较大，有自身独特的艺术风格。在角色上，莆仙戏沿用了南戏设置，有生、旦、贴生、贴旦、靓妆、末、丑等 7 个[②]。莆仙戏的表演中，各种行当动作差异较大，以生旦为主，因而生旦的表演较为细腻，舞蹈性更强。在多年的表演实践中，莆仙戏积累了一些特殊的表演艺术，如《王魁》中的"活捉"、《吕蒙正》中的"拖鞋拉"、《打登州》中的"秦琼打铜"、《蒋世隆》中的"走雨"等。莆仙戏的音乐传统底蕴深厚，即便是到了今天，仍然保留了不少宋元南戏的音乐遗响，如《八声甘州》《沁园春》《生查子》等，有谱可考者不下千首。演唱方式上，莆仙戏基本保留了南戏的自由方式，既可以独唱，也可以对唱、接唱、合唱等。南宋时期，温州杂剧进入福建，影响了兴化杂剧的戏文与表演形式，丰富了它的演

---

① 陈世雄、曾永义：《闽南戏剧》，福建人民出版社，2023 年，第 50 页。
② 在莆仙戏中俗称七子班。

图为首批国家级非物质文化遗产——莆仙戏演出剧照。

出剧目。元末明初，兴化杂剧融合了宋元词曲、十音八乐、里巷歌谣等，形成了具有浓厚地方色彩的戏曲声腔，即兴化腔。2006年，莆仙戏被国务院确认为第一批国家级非物质文化遗产名录。

二是梨园戏。我国南戏完全流传下来的另一个剧种是梨园戏，流行于晋江、泉州、厦门、漳州等闽南地区。泉腔起源于唐宋大曲，宋元期间吸收融入了南方戏曲的剧目与表演，形成了完整的南戏声腔，因为主要流行于闽南方言区，所以得名泉腔，解放后改称为梨园戏。直到今天，梨园戏在剧目、音乐、表演等方面都保留了很多宋元南戏的特色，成为研究我国戏曲历史的活化石。小梨园最初是豪门大族的家班，班主都是以契约方式买入7到13岁的儿童来组

图为首批国家级非物质文化遗产——梨园戏演出剧照。

班 ①。小梨园的剧目结构严密、文辞典雅，人物性格鲜明，具有独特的场口，为全国仅见。小梨园散班后想进入大梨园，必须重新拜师学艺。大梨园中的下南结构较为松散、文辞粗劣，多为来自民间的原始形态。而上路则多以夫妻的悲欢离合为题材，音乐唱腔为南音。梨园戏的表演总体上是典雅细腻的，有着极为严谨的程式，被称为"十八步科母"，比如举手要到眉毛、分手到肚脐等。舞台美术以黑白红为基调，化妆、脸谱都比较简单。明代时，泉腔梨园戏盛行一时。清光绪后，随着高甲戏、打城戏等的冲击，古老的梨园戏走向式微。1952 年，晋江县成立了大梨园实验剧团，大力抢救记录梨园戏三流派传统剧目等，古老剧种重获新生。2006 年，梨

<hr>

① 陈世雄、曾永义：《闽南戏剧》，福建人民出版社，2023 年，第 56 页。

园戏同样入选为首批国家非物质文化遗产名录。

三是四平戏。作为明代福建地区最流行的剧种[1]，闽南四平戏主要分布在漳州、平和、漳浦、诏安、云霄、南靖等地。因为戏台大、照明灯火大、锣鼓声音大，也被称为大戏或老戏。闽南四平戏最早期的行当有9个角色，即三生、三旦、三花，伴奏的乐器主要是锣、鼓、吹。《出坠子》《江儿水》《驻马听》《步步娇》等是闽南四平戏常用的曲牌，常见的演出剧目有"四大棚头"[2]"四大弓马"[3]"五大元记"[4]。清末民初是闽南四平戏发展最为繁盛的时期，漳属每县都有四平戏专业班社。在漳州、龙溪有"凤仪班""万盛班""永春班"等；在南靖、平和有"永丰班""荣华班""新福班"等；在云霄、诏安有"万利班""庆乐堂班""全发班"等，演出《状元游街》《金花报捷》《贵妃醉酒》《五代荣封》《五台山》等剧目。到了20世纪20年代，因唱白皆用官话，再加上芗剧崛起、潮剧盛行，闽南四平戏走向衰落。2006年，四平戏跻身首批国家非物质文化遗产名录。

四是高甲戏。高甲戏又名大班、土班、九角戏等，主要流行于泉州、晋江、南安、厦门一带。该剧种起源于明末清初的宋江戏，是闽南地区农村流行的一种装扮成梁山英雄、表演武打技术的剧种，原来是由儿童组成的业余戏班，继而出现成人组成的专业戏班。到了清代末期，和兴班朱建宇宋江戏合流，由于演员持戈披甲在高台上表演武打戏，所以人们始称其为高甲戏。高甲戏的演出剧目分

---

[1] 陈世雄、曾永义：《闽南戏剧》，福建人民出版社，2023年，第59页。
[2] 指的是《蔡伯喈不认前妻》《苏秦六国封相》《刘文龙菱花镜》《吕蒙正衣锦还乡》。
[3] 指的是《铁弓缘》《千里驹》《马陵道》《忠义烈》。
[4] 指的是《满床笏》《五桂记》《月华园》《樊梨花》《罗帕记》。

图为首批国家级非物质文化遗产——高甲戏演出剧照。

为大气戏、绣房戏和丑旦戏三类，传统剧目达到了九百多个①，行当分为生、旦、丑、北、杂五类。高甲戏的传统曲调有两百多种。2006年，高甲戏被列入首批国家非物质文化遗产名录。

　　五是歌仔戏。这是一个台湾的地方传统戏曲，与芗剧被称为"同根共土并蒂花"，流行于厦门、漳州、晋江等地。歌仔戏在台湾的形成与福建人迁移台湾及锦歌等民间技艺的传入密不可分。由于远离家乡、思念故土，迁台的民众就经常在茶余饭后唱几句锦歌调子，久而久之促成了歌仔馆的出现，后又发展为歌仔阵。到了清末，歌

---

① 陈世雄、曾永义：《闽南戏剧》，福建人民出版社，2023年，第61页。

仔阵大量吸收乱弹戏、四平戏、梨园戏等唱腔，发展为台湾漳州移民喜爱的完整地方戏曲，称之为歌仔戏。歌仔戏内容以演唱民间故事为主，常见的剧目有《陈三五娘》《济公传》《八仙过海》《梁山伯与祝英台》等。虽然形成的时间并不长，但因为运用了大量当地人民熟悉的语言，通俗易懂，深受民众的喜爱。抗战时期，因为无法生存，后出现了改良戏，中华人民共和国成立后被正式定名为芗剧。同样在 2006 年，歌仔戏入围首批国家非物质文化遗产名录。

除此之外，还有竹马戏、2008 年入选第二批国家非物质文化遗产名录的打城戏、2009 年被列入第三批省级非物质文化遗产名录的潮戏以及流传时间久远的木偶戏等。很多都在闽南各地有着较多的受众，深受老百姓的喜爱。

三、闽南地方戏曲的社会功能

闽南地方戏曲经过了漫长的岁月积累，种类繁多，形式多样，在闽南人的社会生活中有着广泛而深刻的影响。其社会功能主要体现在以下几个方面：

一是闽南人民重要的日常娱乐方式。从古老的木偶戏、梨园戏，到年轻的歌仔戏、芗剧等，闽南的地方戏曲无一不是孕育发展于民间，并且以一种主动融入、调适自身的姿态与民众的日常生活紧密相连。数百年来，陈三五娘的故事在泉州地区敷演传奇，向民众们传颂爱情的美丽与追求的执着；弦音凄切中，林投姐演绎着"唐山过台湾"的悲欢离合；"不杀奸臣不肯散戏"①的高甲戏演出，寄寓了多少民众朴素的正义之思；更不用说，歌仔戏诞生最初所流露出的民族悲情与故土情结。即便是到了今天，闽南民间戏曲演出仍然是向村民发布村规民约和各种消息的重要时机，这种独特的精神

---

① 陈世雄、曾永义：《闽南戏剧》，福建人民出版社，2023 年，第 30 页。

联系，构筑了闽南地区特有的公共文化空间。

二是延续民间文化传统的重要平台。戏曲是一种综合的舞台艺术，汇集了文学、音乐、绘画、美术、舞蹈等众多的艺术门类。在剧本的唱词中，诗词典故的典雅高尚、谚语俚句的通俗易懂，既相互区别，又浑然一体。戏台上精美的戏服、脸谱、舞台布置以及道具等都处处展现出中华民众最热烈、最绚丽的色彩图案。表演舞台上演员们虚拟的程式化动作与错落有致的配乐，铺陈出气象万千的戏梦人生。在闽南地区，戏曲舞台是一个很好的民众受教育的"学堂"，在这里，历史知识、道德观念、伦理常识的传授是如此地直观生动、入耳入心。这些地域性很强的戏曲表演，将传统文化观念、地方性知识化于无形之中，成为普通民众延续民间文化传统的直观平台。

三是民众参与社会事务的重要途径。在闽南地区的很多地方，民间戏曲演出是村落、社区、宗族等仪式活动的重要组成部分，能够起到聚合群众、营造氛围、增强凝聚力的作用。民众广泛参与到戏曲表演活动中，使得他们油然而生出归属感与认同感。特别是以宫庙为中心，充满仪式与狂欢的迎神赛会，是闽南地区族群文化认同与民族认同的重要表征。这样一来，闽南地区的地方戏曲活动就成了构筑闽南社会形态不可或缺的重要组成部分。作为一种"民俗的景观"①，融入了民众的日常生活，也成了当地社会动员、精神整合等的有效途径。

四是缓解社会日常矛盾的有效抓手。闽南地方戏曲表演活动在人神共娱中营造了狂欢的氛围，有助于建立起一种暂时性的自由、平等的新型人际关系，这就为乡邻之间、群体之间化解矛盾、增进交流提供了有力的抓手。通过戏曲活动中不同角色的扮演，闽

---

① 陈世雄、曾永义：《闽南戏剧》，福建人民出版社，2023 年，第 34 页。

南地区的人们有时候可以摆脱自身在日常生活中的不如意地位,暂时性地成就一种富有创造力与充溢主观理想色彩的生活。现实生活中的日常矛盾往往就会在这样的不经意间被戏谑、消解,和谐的人际关系有意无意地就被建构了起来。闽南民间戏曲与日常生活的融合,使之成为闽南社会的减压阀与缓冲带。

第二节　闽南地方戏曲文化的海外传播

伴随着大量闽南人外迁,家乡的文化传统也陆陆续续播迁到世界各地,闽南地方戏曲文化同样不例外,一时间名声在外。我们根据时间的链条,可以将闽南地方戏曲的海外传播分成四个阶段:明清时期的开始阶段;民国时期的兴盛阶段;中华人民共和国成立至改革开放以前的萧条阶段以及改革开放以来的高峰阶段。以下按照这个阶段划分进行概貌性呈现。

一、明清时期闽南地方戏曲的海外传播

福建戏曲的海外传播可以说是由来已久,从现有资料来看,明朝的万历年间就已经有福建的戏班到琉球以及东南亚等地进行演出。明末清初,印度尼西亚地区也出现了闽南戏曲界人士活动的身影:"在爪哇从1603年至1783年华商酬神作戏的活动从未间断过,而且当地的华人富豪或赌场大亨还延聘漳、泉两州乐工、优人,教导自己蓄养的婢女(爪哇人)歌舞,日日演戏以娱嘉宾。"[1]赖伯疆在《东南亚华文戏剧概观》中有这样一段话值得我们留意:

---

① 周宁:《东南亚华语戏剧史》,厦门大学出版社,2007年,第804页。

"首先，我国的闽、粤两省的地方戏曲和木偶戏，至晚在公元 1685 年就已经传入泰国。其次，这些戏曲很受泰国人民和王室贵族的欢迎和高度重视，西方人士也能理解和喜爱，否则就不会被作为招待外国贵宾的节目。其三，这些由中国人演出的地方戏曲，泰国人也能够参加表演，说明泰国有些演员不仅懂得而且掌握了我国戏曲的表演艺术，故能同中国演员同台合作演出。其四，它具体形象地描绘了当时在泰国演出的中国戏曲的排场、表演、唱腔、音乐、语言及其发音的艺术特点。这有帮助于我们认识清初闽、粤两省的地方戏曲古朴的艺术风貌。"[1]

这段话让我们对福建地方戏曲在泰国的传播情况有了一个大致的了解。其中提到的木偶戏基本上指向的就是闽南的地方戏曲。

而到了清朝后期，闽南戏曲各班组奔赴东南亚地区演出的频率变大了很多，以慰藉当地华侨华人的思乡之情。1842 年 1 月 19 日，美国远征探险队的威尔基斯舰长在《航海日记》中提到了在新加坡观看戏剧演出的情况；沃尔根的《海峡殖民地华人的风俗与习惯》也记录了新加坡的戏园演出；1866 年英国博物学家古斯博德·克林乌德在《回忆录》中提到了在新加坡观看中国戏曲演出[2]，但可惜，都没有说明具体的剧目。1887 年，李钟钰描写了自己在新加坡看戏曲表演的情况："戏园有男班有女班，大坡其四五处，小坡一二处，皆演粤剧，间有演闽剧、潮剧者，惟彼乡人观之。戏价最贱，每人不过三四占，合银二三分，并无两等价目。"[3] 由此可见，当时新加坡就已经有闽南地方戏曲的表演。

清朝末年远赴海外演出最多的闽南地方戏曲类型当属高甲戏。

---

① 赖伯疆：《东南亚华文戏剧概观》，中国戏剧出版社，1993 年，第 178 页。

② 周宁：《东南亚华语戏剧史》，厦门大学出版社，2007 年，第 477 页。

③ 李钟钰著、许云樵校注：《新嘉坡风土记》，南洋书局有限公司，1947 年，第 13 页。

据史料记载，1834 年泉州高甲戏福金兴班在南安组班后，很快就去往泰国、越南、马来西亚、印度尼西亚等地演出《白蛇传》《空城计》《长坂坡》等剧目①。1840 年，东南亚华侨洪天赐返乡与洪慈茁、洪皂组织三合兴班于南安，并前往东南亚演出。1848 年，高甲戏福全兴班于南安组班后去往新加坡、马来西亚等地演出。1902—1909 年，由班主洪光武、师傅洪允带队的福荣兴班前往新加坡、印度尼西亚等地排演②。随后的几年里，高甲戏福和兴班赴菲律宾、马来西亚等地演出③。闽秀文在《高甲戏在菲律宾》这篇文章中对闽南地区高甲戏戏班出访菲律宾的形式做了一个介绍："在菲律宾演出的高甲戏班，开始由国内戏班应聘出国，班主中或有华侨。也有侨居地社团或个人邀请国内外名角就地组班。此外，还有由高甲戏艺人自行合股组班的，这些高甲戏班，班名前都有一个'兴'字，而在菲律宾就地组班的则无，笼统称之为'吕宋班'。"④

二、民国时期闽南地方戏曲的海外传播

民国时期，中华大地的社会历史语境是战火纷飞、社会动荡。为了更好地躲避灾祸，福建人民尤其是地少人多的闽南人大多选择移居东南亚地区，为闽南地方戏曲的海外演出与文化传播提供了日益庞大的群众基础。这一时期，高甲戏、莆仙戏、梨园戏、歌仔戏等，纷纷走出国门。

高甲戏方面，1912 年组班于南安石井的金和兴班，他们在东南亚排演了二十多年，在新加坡还设有固定的戏馆。1915 年组班的福美兴班也在江文雅、洪维吾等的带领下赴东南亚诸国演出。

---

① 《福建省志·戏曲志·大事年表》，方志出版社，2000 年。
② 庄长江：《泉州戏班》，福建人民出版社，2006 年，第 21 页。
③ 柯子铭主编：《中国戏曲志·福建卷》，文化艺术出版社，1993 年，第 48 页。
④ 闽秀文：《高甲戏在菲律宾》，菲律宾《世界日报》，1986 年 1 月 21 日。

福庆兴班同样组班于 1915 年的南安，主演的剧目主要有《玉骨鸳鸯宝扇》《凤仪亭》《司马师逼宫》等。1924 年泉州南安溪东高甲戏班福联兴组班远赴新加坡、马来西亚等地演出。同时，1929—1934 年间，安溪高甲戏团三妹班赴新加坡、印度尼西亚、马来西亚、菲律宾等地演出。1935 年，洪金乞应菲律宾桑林社的邀请，与当地华侨子弟做了两年的现场合演，轰动南洋①。

莆仙戏方面，1920 年，紫星楼班赴新加坡、马来西亚演出了《三国》《封神榜》《征东》等剧目②。1924—1925 年，吕宋班赴菲律宾排演了《水漫金山》《金顶山》等剧目。1927—1930 年，双赛乐班赴新加坡、马来西亚等地演出了《封神榜》《方世玉打擂》《三国》《王魁与桂英》等③。1930—1934 年，得月楼班赴新加坡、马来西亚等地演出了《玉朗清》《封神榜》等剧。1947—1948 年，赛凤凰班赴新加坡、马来西亚等地演出了《大红袍》《孟丽君》《狸猫换主》等剧目④。

梨园戏方面，1924 年小梨园双珠凤一行 30 余人到菲律宾演出，剧目主要有《西游记·盘丝洞》等，且场场爆满⑤。1925 年，小梨园新女班在陈朝的带领下前往新加坡演出了《雪梅教子》《昭君和番》等剧⑥。

歌仔戏方面，20 世纪三四十年代，歌仔戏在东南亚广受欢迎，逐步取代了原来高甲戏的演出地位。1931 年，歌仔戏新女班在陈朝的带领下赴小吕宋演出，却因政府部门假借入境手续不全为由，

---

① 庄长江：《泉州戏班》，福建人民出版社，2006 年，第 54 页。
② 《福建省志·戏曲志》，方志出版社，2000 年，第 178 页。
③ 《福建省志·文化艺术志》，福建人民出版社，2008 年，第 613 页。
④ 柯子铭主编：《中国戏曲志·福建卷》，文化艺术出版社，1993 年，第 55 页。
⑤ 陈耕主编：《歌仔戏资料汇编》，光明日报出版社，1997 年，第 127 页。
⑥ 《福建省志·文化艺术志》，福建人民出版社，2008 年，第 613 页。

拒绝戏班上岸，只好返回厦门。次年，戏班改道巫来酉、新加坡等地演出，历时两年多。1941—1945年，闽南歌仔戏赴新加坡、菲律宾、印度尼西亚等地演出了《山伯英台》《孟丽君》《火烧楼》等剧目[①]。关于歌仔戏与高甲戏地位的更替、受欢迎程度的改变，以下这段话认真读来颇有意味：

"新加坡之闽南戏，同籍人都称之为'福建戏'者，在一九三〇年以前，所有的福建戏班均为'高甲班'，当时有名的高甲班有'同福兴''新联兴''金宝兴''福永兴'等，都是以演唱'南管'为主的、间或杂以'梨园戏'的老底子的一种戏。到了一九三〇年，有台湾的歌仔戏班南来星、马献艺，以其纯熟的演技，活泼生动的唱腔搬演各种动人的故事，一时轰动了星、马各地的福建籍人士。既经风靡之后，于是群趋歌仔而不复顾南管。自首班'凤凰班'来星之后，其后陆续自台湾来星之歌仔班，竟络绎不绝，一时无论戏园的演出或酬神的社戏，均为歌仔班所夺，高甲班几至无立足之地，于是所有的高甲班皆转变戏路，改习歌仔。因此自一九三〇年之后，所有的高甲班都变成了歌仔戏班。"[②]

据不完全统计，当时在东南亚一带活跃的职业或业余的歌仔戏剧团达30多个。其中以新赛凤闽剧团、新麒麟闽剧团、南艺闽剧团等为代表[③]。由此可见，闽南地方戏曲海外传播产生了极大的社会影响，丰富了当地华侨华人的精神文化生活。

三、中华人民共和国成立至改革开放前闽南地方戏曲的海外传播

第二次世界大战结束之后，东南亚地区的许多殖民地国家纷

---

① 柯子铭主编：《中国戏曲志·福建卷》，文化艺术出版社，1993年，第54页。

② 王忠林：《四大传奇及东南亚华人地方戏》，新加坡南洋大学亚洲文化研究所，1972年，第103页。

③ 陈耕主编：《歌仔戏资料汇编》，光明日报出版社，1997年，第96页。

纷宣告独立，为了更好地培养国民的民族意识，便开始大力推行民族同化政策，所以对包括华人传统文化在内的所有外来文化都加以控制。很多国家因为冷战格局的笼罩，一直到 70 年代以后才与中国恢复或建立外交关系。这样低气压的时代背景显然也会对闽南地方戏曲的海外传播造成极大的阻断。

就现有的文献资料来看，从 1949 年中华人民共和国成立到 1978 年改革开放之前的三十年时间里，闽南地方戏曲各大剧种都只有零星的海外传播的记载，与之前的欣欣向荣形成了鲜明的对比。1953 年 10 月，李荣宗带领晋江的潘径布袋戏剧团一行 6 人前往朝鲜参加慰问抗美援朝战争的志愿军部队[1]。1956 年，漳州布袋戏参加了由文化部组织的出国访问演出，在捷克、苏联、波兰等地演出了两个多月的时间。次年，又到法国友好访问演出，还去往苏联、瑞士、罗马尼亚、南斯拉夫等国演出 88 场，历时四个月[2]。1960 年，泉州木偶剧团和漳州木偶剧团等参加了罗马尼亚的第二届国际木偶与傀儡联欢节活动，荣获集体银质奖。1963 年，应印尼妇女运动协会邀请，漳州布袋戏剧团到访雅加达等 8 个城市，演出了《自作聪明的小猫》《拔萝卜》《我要洗澡》等儿童剧[3]。

四、改革开放以来闽南地方戏曲的海外传播

中国的改革开放不仅仅是经济领域，更多体现在了人们思想的解放，闽南地方戏曲也得风气之先，再次掀起了对外传播的高潮，为中华文化走出去、海外华人华侨感情联络等起到了积极的推动与促进作用。

---

① 沈继生：《晋江南派掌中木偶谭概》，海峡文艺出版社，1998 年，第 124 页。
② 陈志亮：《漳州地方戏曲》，海风出版社，2005 年，第 62 页。
③ 陈志亮：《漳州地方戏曲》，海风出版社，2005 年，第 63 页。

　　歌仔戏方面，1983 年，漳州市芗剧团应新加坡牛车水人民剧场的邀请，在赵苏太的率领之下，一行 50 人浩浩荡荡去往新加坡进行商业演出。这还是芗剧第一次走出国门。剧团在当地演出了《山伯英台》《三家福》等剧目，前后达到了 25 场次。五年之后，又是赴新加坡的邀约，去往当地表演了《状元与乞丐》等剧目。1985 年，厦门歌仔戏剧团同样是在新加坡牛车水人民剧场的邀请之下，到当地进行了一个月的商业演出，《五女拜寿》《哑女告状》《安安寻母》等剧目赢得了当地观众的阵阵掌声。1990 年，厦门歌仔戏剧团一行 53 人再赴新加坡牛车水人民剧场演出，《百岁挂帅》《五子哭墓》《三请樊梨花》等 13 个剧目令当地观众应接不暇。此后的 1995 年、1999 年、2001 年、2004 年、2008 年，厦门歌仔戏剧团都应邀去往新加坡等地交流演出。1993 年，厦门同安华兴芗剧团赴新加坡演出，这是中华人民共和国成立后第一个出国演出的村级剧团，前后排演了 20 场，观众达到了一万多人次①。2001 年至 2005 年，以及 2009 年，该剧团前后六次应邀赴文莱进行演出。2003—2007 年间，漳州平和县丽华歌仔戏剧团每年都要到马来西亚常态化演出半年的时间。漳州漳浦县的金凤芗剧团、漳州市的慧群歌仔戏剧团、漳州新顺钦歌仔戏剧团等，也都先后多次赴马来西亚进行交流演出。

　　梨园戏方面，1985 年，应日本文化厅等单位的邀请，福建省梨园戏实验剧团与泉州市南音乐团联合组成中国南音艺术团到东京参加亚洲民族艺术节活动，并演出了 3 场。1986 年，福建省梨园戏实验剧团赴菲律宾进行商业演出，表演了《陈三五娘》《高文举》等剧目 30 余场，场场爆满。首演前，还收到了菲律宾总统科·阿基诺的贺电。1990 年、1991 年、1994 年、2000 年、2003 年、2006 年、

---

① 《59 场酬神戏今晚开始，厦门芗剧团首演 20 场》，新加坡《联合早报》，1993 年 6 月 19 日。

2007 年、2009 年，福建省梨园戏实验剧团先后赴意大利、新加坡、日本、印度尼西亚、法国、德国等地进行交流演出，受到了所在地观众的极力赞赏。

高甲戏方面，1984 年，泉州市高甲戏剧团组成中国福建高甲戏剧团赴菲律宾演出 13 场，受到了当地观众的热捧，甚至有一些台湾同胞专门赶到菲律宾去观看演出。1986 年，厦门市金莲生高甲戏剧团应邀赴马尼拉进行为期一个月的商业演出，表演了《陈三五娘》《春草闯堂》《半把剪刀》等经典剧目共计 34 场。也在同一年，安溪县高甲戏剧团应邀赴新加坡进行演出，前后排演了《凤冠梦》《香罗帕》《屠夫状元》等剧目共计 21 场，备受追捧。1992 年，厦门市金莲生高甲戏剧团演员高树盘等人应邀赴菲律宾担任南音教员，利用教学方式来传播、推广高甲戏。厦门翔安民间戏曲学校分别于 2006 年、2007 年、2009 年到文莱进行交流演出。

潮剧方面，1989 年漳州东山潮剧团应邀赴泰国曼谷进行慈善友好访问演出，这是中华人民共和国成立以来福建省文艺团体首次出访泰国[1]。首场演出时，泰国副总理亲自剪彩并全程观看演出。该剧团先后排演了《秦香莲》《凤冠梦》《秦始皇》等 14 个剧目共计演出 45 场，深受泰国观众的青睐。1995 年，漳州云霄县潮剧团应邀赴新加坡演出 10 场次，在当地引起了热烈的反响。1996 年，漳州诏安潮剧团应邀赴泰国曼谷做商业性演出，前后排演了 36 场，座无虚席，反响热烈。2009 年，云霄潮剧团赴新加坡演出 30 场，深受当地观众的好评。东山县潮剧团 2004 年至 2009 年连续 6 年应邀赴马来西亚参加乡村庙会演出[2]。

---

[1] 陈世雄、曾永义：《闽南戏剧》，福建人民出版社，2023 年，第 86 页。
[2] 王汉民：《福建戏曲海外传播研究》，中国社会科学出版社，2011 年，第 65—68 页。

图为泉州市木偶折子
戏《钟馗醉酒》表演现场。

　　木偶戏方面，作为闽南地区的特色剧种，以技巧取胜，可以跨越语言的障碍而令全人类都欣赏理解，所以海外演出的频率最高。1979 年，改革开放刚刚开启，龙溪地区木偶剧团就赴澳大利亚参加国际木偶傀儡联欢节，演出 32 场。1980 年，漳州市木偶戏剧团应美国亚洲协会、美中友好协会邀请，第一次前往美国、加拿大、法国等地演出 36 场，被誉为是如同台风一般席卷当地。根据王汉民在《福建戏曲海外传播研究》中的统计数据，1990—1999 年的十年时间里，出访的木偶戏剧团有泉州市木偶戏剧团、漳州市木偶戏剧团、晋江市木偶戏剧团等。其中当属泉州市木偶戏剧团出访最为频繁，外出演出 22 次以上。2000—2009 年的十年时间里，闽南各木偶剧团也频繁出访演出，其中泉州市木偶戏剧团出访次数达到了 32 次以上，漳州市木偶剧团出访次数也达 16 次以上，晋江市木偶剧团也有十多次的出访演出。

　　综上所述，闽南地方戏曲的海外传播历史悠长、范围广泛，为传播闽南地区文化、联络乡情、助力中华优秀文化走出去等都起到了不可磨灭的重要作用。

捌

闽南音乐美术文化在海外

——

在漫长的历史进程中，一代又一代的闽南人民凭借着自己的聪明才智与辛勤付出，在继承中原河洛文化和与海外文化交流碰撞融合的过程中，不断推陈出新、踔厉奋发，创造出了瑰丽灿烂的地方音乐与工艺美术文化，使之成为闽南地域文化的重要维度，同时也是中华博大精深文化的一个极具特色而光辉的亮点。

第一节　闽南音乐美术文化概述

闽南音乐的主要价值在于它堪称历史久远的古代音乐的活化石，而闽南工艺美术则由于极富地方特色而依然散发着迷人的时代价值。以下从音乐、工艺美术两个层面做一个简单的梳理。

一、闽南地方音乐的主要类型

从地域名称角度看，闽南的"闽"字与"蛮"同音，皆从"虫"，也正是因为敬畏自然、崇信鬼神，所以闽南音乐文化的主要源头之一就是祭祀仪礼音乐。古闽越人在祭祀仪式中的音乐活动现今已经难以考证，但岩画、石刻等屡屡出现的图腾崇拜却提示了彼时丰富的音乐艺术活动与精神享受。公元7世纪以前，见于史籍的闽南主要住民为畲族。宋刘克庄有言："凡溪洞种类不一：曰蛮、曰徭、曰黎、曰蜑，在漳者曰畲。"[①] 而畲族的历史、生产活动和社会生活知识基本上都是以歌唱的方式记载传承的。可以说，正是闽南独特的地理环境与文化性格，孕育了闽南多姿多彩的地方音乐文化。大致可以分为歌曲、舞蹈音乐、曲艺音乐、戏剧音乐、器乐、泉港

---

① 刘克庄著、辛更儒笺校：《刘克庄集笺校》，中华书局，2011年，第3937页。

北管几个类型。

一是歌曲。毫无疑问，这是最为普遍、也是最为重要的音乐表现形式。素有歌乡之称的闽南①，在风景如画的安溪茶山、稻香四溢的九龙江畔、红砖绿瓦的海边渔村，都能听到闽南人淳朴又富有质感的歌唱。不论是生产劳作，还是日常学习，亦或是节庆娱乐，闽南人从来不缺乏歌声的陪伴。在文字教育尚未普及的年代里，历史的传承、知识的传播也主要依托歌唱和口头文学来进行。闽南语本身就是一种非常典型的声调语言，自带很大的声调起伏，旋律感很强，造就了闽南语民俗歌曲以"念歌"为主的独特特征，尤其以儿童歌谣、风俗歌曲、生活小调等更为显著。在闽南人生活的各个阶段，包括出生、童稚、成年及至老去、死亡，闽南都有相应的生活歌曲，直接反映了人们的思想感情与生活状况，如长泰的《病囝歌》、漳浦的《十月怀胎》、南安的《月亮月光光》、晋江的《天乌乌》、同安的《新娘歌》、云霄的《相思歌》等。南安的《你囝是查某》、东山的《金囝命囝你着嫁》、云霄的《龙船歌》、诏安的《洗佛歌》等则属于典型的习俗歌曲，对应着闽南地区特殊的民风民俗或民间信仰。安溪的《挽茶歌》、晋江的《渔民号子》、惠安的《摇橹号子》等则是闽南地区喜闻乐见的劳动时歌唱的曲子。永春的《蕹菜开花》、安溪的《日头出来红绸绸》、德化的《挑担谣》等是闽南沃土孕育出来的山歌、民歌。

二是舞蹈音乐。作为与音乐关系最密切的艺术表演形式，舞蹈与音乐可以说是如影随形。有音乐的地方不一定有舞蹈，但有舞蹈的地方必须要有音乐。闽南各地，每逢过节、佛诞、庙会等，都要开展各式各样的车鼓弄、宋江阵等民俗歌舞以及阵头演艺活动。

———————

① 朱家骏、宋光宇：《闽南音乐与工艺美术》，福建人民出版社，2023年，第42页。

图为闽南地区节日庆典、迎神赛会随处可见的"拍胸舞"。

闽南地区的民俗歌舞、阵头演艺种类十分多样，多达上百种。仅泉州地区就有包括《采莲》《拍胸舞》《打花鼓》等在内的30余种^①。这些民俗歌舞、阵头演艺，从音乐的角度可以大致划分为四个类型：一是采用本地戏曲音乐的，如车鼓弄、彩球舞；二是采用民间小调的，如单曲舞蹈、联曲舞蹈；三是采用民间器乐曲及锣鼓的，如大鼓凉伞、甩球灯等；四是采用宗教音乐的，如跳海青、九莲灯等。鲜明的节奏性、与舞蹈的适应性、音乐的色彩性是其主要特征。例如闽南安溪、南安一带流行的《采茶灯》以及类似的舞蹈、舞曲，基本舞步风格独特，舞者身材挺拔、步伐轻盈，把劳动人民的欢乐和对生活的热爱表现得淋漓极致。《采茶灯》的音乐跟随舞蹈的变化，融入了古典曲调和当地的民间小调。

　　三是曲艺音乐。在闽南大地上，活跃着形式风格多样、乡土气息浓郁的曲艺形式。主要的种类有南曲、锦歌、南词、芗曲说唱

---

① 朱家骏、宋光宇：《闽南音乐与工艺美术》，福建人民出版社，2023年，第107页。

等十余种，最受瞩目的当属南曲①。闽南地区曲艺音乐的唱腔体式和全国各地都差不多，基本上分为主曲体、联曲体、主曲联曲混合体三种。就表演形式来说，闽南的曲艺音乐主要有单口、单对口结合、领和、折唱等形式。南曲毫无疑问是中国古代音乐的活化石。不论是清源山下，还是鹭岛之滨，优雅动人的南曲演奏总会与闽南人不期而遇。南曲由指套、器乐曲、散曲三部分组成，总共有66个故事和部分"闲词"②。66个故事中有的与宋元杂剧和南戏有关，有的和明传奇与小说有关，有的与清杂剧有关，体现了南曲强大的包容性。南曲的演唱与演奏形式分为"上四管"与"下四管"，使用的乐器包括洞箫、二弦、琵琶、笙等。

四是戏剧音乐。闽南漳州民间一带在宋时流行戏剧表演，尤其是傀儡戏风行。而泉州一带则在中原技艺如杂剧、百戏等南移的背景下迅速催生了本地戏曲。虽然元代统治期间对政治文化进行了严酷镇压，但民间戏曲却因为扎根于人民群众而趋于成熟。明清时期经济的繁荣为闽南地方戏曲的发展壮大提供了前提和基础。芗剧、歌仔戏、梨园戏、高甲戏、竹马戏、打城戏等都运用了很多闽南地区特有的音乐形式。作为闽南方言地区最古老的剧种，梨园戏的音乐包括了声乐、器乐两大部分。声乐以南曲的"曲"为主要唱腔，器乐则包含了吹打曲牌、丝弦曲牌和打击乐。梨园戏的音乐风格可以用优美、抒情、幽雅、恬静来概括。

五是器乐。民间器乐可以说是遍及闽南城乡，与广大民众保持着血肉联系。从乐器组合与演奏关系的角度，可以将闽南民间器乐分成六个类型：一是以丝竹乐器为主奏的丝竹乐合奏，如闽南十

---

① 刘春曙、王耀华编著：《福建民间音乐简论》，上海文艺出版社，1986年，第233页。

② 朱家骏、宋光宇：《闽南音乐与工艺美术》，福建人民出版社，2023年，第140页。

图为闽南北管乐舞《过台湾》表演。

音、晋江十番、龙溪西壁；二是以吹管乐器为主奏的鼓吹合奏，如永春闹厅、漳州十八音、闽南笼吹等；三是单以锣鼓等打击乐演奏的打击乐合奏，如车鼓弄等；四是以器乐演奏为主的，如漳州弦管等；五是以器乐演奏、戏曲唱腔等为主的"吹戏"；六是古琴音乐和筝曲。演奏的形式上，又可以分为室内坐奏和室外走奏两种。例如泉州笼吹，是一种比较大型的鼓吹乐形式，历史悠久，演奏时常以套曲形式出现，一般由两三支曲牌组成。笼吹使用的乐器主要有大唢呐、小唢呐、芦管等。

六是泉港北管。泉港地处闽南语系和莆仙语系的过渡地带，特殊的地理位置与艺术氛围造就了北管这一地方民间音乐的一朵奇葩。"北管这一流行于福建南音腹地惠安县的一个乐种，能与当地有着悠久历史的古老乐种南音相抗衡，并得以长期存在，可见其生命力的顽强，艺术感染力的巨大。"[1] 作为一种新乐种[2]，北管的音乐风格既不同于南音的委婉深情、含蓄内敛，也不同于北曲的豪迈

---

① 王耀华：《福建传统音乐》，福建人民出版社，2000年，第353页。
② 黄嘉辉：《福建泉港北管概述》，《西安音乐学院学报》，2004年，第1期。

粗犷、奔放不羁，而是自成一派，朴实、率真、明快、爽朗。目前可以收集到的泉州北管音乐近 250 首①。

二、闽南工艺美术的主要类型

作为艺术的重要分支，工艺美术也是闽南文化的重要组成部分，既是精神文化的结晶，更是与社会生活息息相关的物质文化之一。从历史上来看，闽南地区的工艺美术有着深厚的历史积淀与广泛的群众基础，深深扎根于闽南人民的日常生活、文化心理以及民族情感之中。闽南工艺美术文化的形成也与闽南独特的地理环境、特色的民俗风情以及多元化的文化氛围紧密相连。尤其是闽南地区浓厚的信仰文化习俗，从需求侧的层面呼唤了闽南工艺美术产品的不断推陈出新。以下从民俗工艺、雕塑雕刻工艺、工艺画与剪纸艺术、生活工艺和闽南瓷器五个方面做一个简单的归纳。

一是民俗工艺。闽南地区物产丰富、人文荟萃，民俗文化传统悠远深厚，这一点充分地体现在了工艺文化之中。漳泉厦的彩塑工艺品历史悠久，主要产品有菩萨、观音、弥勒等宗教塑像和各类的玩具。彩塑的前提是捏塑，在确定主题之后，通过概括、夸张、简练等手法，刻画出"形神兼备"的粗胚，然后再进行彩绘。彩绘遵从先彩后绘的顺序，要求做到色彩鲜艳、明快、爽朗、富有强烈的对比效果。绘画则能够起到画龙点睛的作用，赋予彩塑各种各样的表情。闽南民间彩塑在厦漳泉三地都有，尤其以漳州为盛。"妆糕人"是闽南泉州地区传统节庆期间百姓祭祀神明的一种祭品，同时也是一种增添节日气氛的传统手工艺制品。婀娜多姿的仕女、形态各异的神仙、翩翩欲飞的仙子、娇憨可爱的娃娃、身着彩衣的歌者等，

---

① 朱家骏、宋光宇：《闽南音乐与工艺美术》，福建人民出版社，2023 年，第 277 页。

图为闽南街头元宵节常见的花灯，构成了一幅幅绝美画卷。

都是泉州面塑常见的形态。虽然从功能和作用来看，闽南地区的面塑与其他地区无异，但在制作、题材和审美价值等方面则尽显地域性。泉州"妆糕人"所需的材料有糯米粉、面粉和色素，所需工具有小剪子、细梳子、角碑、金纸、羽毛、竹条和铁线。闽南地区制作"妆糕人"的艺人主要分布在泉州洛江区双阳镇前洋社区的张厝村和泉州市永春县石鼓镇的东安村。闽南地区的彩灯品类繁多、风俗奇异、名噪天下，其中最为兴盛的当属泉州彩灯。泉州彩灯具有形式多样、内容丰富、积淀深厚等特点，广受群众的喜爱。依据原材料和制作方法的差别，可以将泉州花灯分为彩扎灯和料丝灯两类。

二是雕塑雕刻工艺。到了清代，闽南地区的木雕艺人不再局限于庙宇，而是走向了更为广阔的民间，装饰雕刻由此发展为艺术雕刻。清末泉州、漳州木偶头雕刻的兴盛就是最好的说明。闽南的

图为泉州市工艺美术大师
张红萍的木雕作品《思维观音》。

木偶头以木料雕像，彩绘脸谱，再饰以毛发，在躯体上配以服饰，作为群众娱乐的戏剧偶像和玩赏工艺品，受到海内外各界人士的广泛喜爱。尤其是江加走在长期艺术实践的基础上深入生活、辛勤创造，使得木偶造型由家传的 50 余种发展到 280 余种[1]。漳州地区木偶头雕刻的代表性艺人是徐年松。作为我国著名的石雕之乡，惠安石雕艺术是我国南派石雕风格的重要代表。建于明朝洪武二十年（1387 年）、国内现存最完整的丁字形石砌古城——惠安崇武古城——最能体现惠安石雕文化的内涵。除此之外，南安蔡资深古民居、鼓山涌泉寺、福州西禅寺、厦门南普陀寺以及泉州东西塔等都是惠安石雕的代表性作品。惠安石雕不仅在福建省内备受推崇，也早已走向神州大地。南京中山陵、广州黄花岗七十二烈士纪念碑、

---

[1] 朱家骏、宋光宇：《闽南音乐与工艺美术》，福建人民出版社，2023 年，第 344 页。

八一南昌起义纪念碑、井冈山会师纪念碑、北京中华世纪坛等都是惠安石雕的代表性作品。此外，华安的玉雕、厦门的漆线雕以及泉州古建筑的雕饰也都是巧夺天工，令人叹为观止的。

三是工艺画与剪纸艺术。历代迁居闽南的中原人带来了绚丽多姿的中原文化，年画艺术就是其中的重要一项。漳州民间的木版年画自宋代开始，已历时千年。漳州民间木版年画基本的制作过程是，先在梨木等木质平板上描稿，镌刻成各种色块版和线条版，然后分色分版，采用短版套印于纸上。在风格上，漳州木版年画既有北方年画的粗犷沉雄、江南年画的典雅秀丽，又兼具闽南本地古朴神秘的东南沿海风格。始创于隋末唐初的永春纸织画，距今已有一千多年的历史。相传是陈后主之子逃亡到永春，随军的宫廷画师将中国画技与竹编工艺相结合而创造出来的。同样源远流长的还有漳浦剪纸，以阳剪为主，阴剪为辅，二者互为补充、有机配合，使得整个画面主次分明，富有立体感。

四是生活工艺。吃苦耐劳而又心灵手巧的闽南人，在长期的生活实践中将中原文化、闽越文化以及世界文化与依山面海的地理生活环境相结合，创造出了富有地域特色的闽南生活工艺文化。安溪蓝印花布、惠安女服饰、蟳埔女服饰、永春漆篮都是其中的佼佼者。千百年来，安溪蓝印花布之所以能够延续发展，首先在于蓝印花布健康环保的特点。蓝印花布的染料、防染剂等也都是纯天然、能消毒的植物。闽南服饰以惠安女服饰和蟳埔女服饰最具特色。惠安女服饰实际上只有惠东崇武、山霞、净峰、小岞、东岭、辋川、深寨等 7 个乡镇[①] 的女性身着，其基本特征是黄头巾、蓝短衫、银裤链、大折裤，在民族服饰文化中可以说是独树一帜。"衣短露脐"

---

① 朱家骏、宋光宇：《闽南音乐与工艺美术》，福建人民出版社，2023 年，第 392 页。

图为蟳埔女独
特的头饰造型，在
庙会上吸睛力十足。

是惠安女服饰最大的特点，而其根源在于捞海菜、收渔网等工作都
要俯身在水面上进行，衣服过长会妨碍劳作。而蟳埔女服饰的最大
亮点在于花花绿绿的头饰和简朴宽松的服装。

　　五是闽南瓷器。根据考古发现，闽南地区已发现的各个历史
时期的古窑址超过 500 处 [①]，生产包括青釉瓷、青花瓷、白釉瓷等
在内的多种瓷器。闽南瓷器都属于民窑生产，来自于民、用之于民，
因而从内容到形式都处处透露出民族化、大众化的气息。闽南陶瓷
绘画题材最常见的有田园风俗图、婚嫁图、婴戏图、市井人物图、
扬帆图、万马人物图等。在闽南的诸多瓷窑中，以泉州德化窑和晋
江磁灶窑最负盛名。德化曾与江西景德镇、湖南醴陵并称"中国三
大瓷都"。唐末，德化编纂了第一部完整的陶瓷专著《陶业法》。
宋元时期，德化有窑址 22 处，明清时期有窑址 160 余处，发展之
迅速可见一斑。近年来，随着"富贵红""孩儿红"等工艺的再现，
德化瓷器再次享誉全球。泉州晋江的磁灶因陶瓷而得名，陶瓷工艺
已有 1500 多年的历史，具有浓厚的地域特色和时代风格。考古发现，

① 朱家骏、宋光宇：《闽南音乐与工艺美术》，福建人民出版社，2023 年，
第 407 页。

磁灶有南朝至清代的窑址 26 处 ①。中华人民共和国成立以后，晋江正是依托磁灶的建筑陶瓷一步步发展起来的。

实际上，闽南工艺美术在创造宝贵人文艺术价值的同时，也创造出了举世瞩目的社会经济价值。例如，惠安的石雕、木雕产业，德化的陶瓷产业，都是当地经济最具特色的支柱产业。2006 年惠安石雕产业的产值就已经达到了 92.4 亿元，占全县国内总产值的三分之一以上。而到了 2022 年，惠安全县石雕企业达到了 600 多家，其中规模以上企业 168 家，实现工业产值 500 多亿元。

第二节　闽南音乐美术文化的海外传播

闽南音乐与工艺美术文化在远播海外的过程中，对东亚、东南亚等地域的文化乃至世界的文化都产生了不可忽视的重要影响，深受海内外华人华侨乃至世界各国人民的广泛喜爱。

一、闽南地方音乐文化的海外传播

闽南音乐跨出国门有着十分悠久的历史。特别是 1840 年以后，国门被迫开放，闽南对外音乐交流活动更加活跃频繁。由于地理环境和历史原因，鸦片战争后，闽南地区出现了人员迁移高潮，东南亚是最大的流入地。据统计，原籍闽南的华侨有 95% 集中在东南亚地区。巨大的移民浪潮促进了中外文化的交流。移民浪潮自觉或不自觉地将祖籍地的音乐传播到了东南亚地区，在一个较长的历史

---

① 朱家骏、宋光宇：《闽南音乐与工艺美术》，福建人民出版社，2023 年，第 427 页。

过程中，闽南音乐经历了选择、冲突和融合的自然淘汰过程，逐渐在新的音乐土壤中生根、发芽。在闽南与东南亚两地人民频繁交往的情况下，闽南音乐向南洋的延伸和拓展不仅丰富了闽籍华人的文化生活，同时也促进了东南亚地区闽南音乐的发展。

闽南音乐的海外传播与交流以南音为最[①]。南音又称南曲、南乐、南管、弦管，由于曲词幽雅，以闽南方言演唱，极富闽南乡土气息。南音源于泉州，传衍于闽南的厦门、漳州等地，后流布至中国台湾、香港、澳门等地区，并通过"海上丝绸之路"，随着远涉海外的闽南人，传播至东南亚等诸国。南音，成为海外的闽南侨胞和港澳台同胞维系乡亲乡谊的精神纽带，是一个族群在海外漂泊仍世代珍视、竞相传唱的乡音。南音历史悠久，可以说是中国也是世界上保持最完全的古老音乐体系之一。2009 年，"泉州南音"被联合国教科文组织列入"人类非物质文化遗产代表作名录"。南音又有"中国古典音乐的明珠"之誉，在欧洲人的音乐视野中，南音则被誉为"东方古典艺术的珍品"，是"像仙乐一般神奇美妙的音乐"。自 1985 年"中国南音学会"在泉州成立之后，南音的历史文化价值与艺术价值得到更为充分的研究与推广，并实现世界范围的广泛认同。

至于说"南音"具体是什么时候流传到东南亚国家的，实际上已无法稽考，但由华侨华人的先辈从闽南地区带去的，却是不争的事实。南音具有强大的生命力，闽南地方戏曲梨园戏、高甲戏、傀儡戏、布袋戏等都以南音为基调，南音从而成为闽南家喻户晓的民间曲调，产生了广泛的社会影响[②]。近代闽南人大规模移居南洋，

[①] 朱家骏、宋光宇：《闽南音乐与工艺美术》，福建人民出版社，2023 年，第 40 页。

[②] 宋妍：《〈陈三五娘〉与闽南文化传播》，《长春工业大学出版社》（社会科学版），2013 年，第 3 期。

图为2017年8月新加坡湘灵音乐社受邀参加泉州国际南音大会唱。

进一步促进了南音艺术在东南亚的传播与发展。当时南洋闽南劳工在闲暇时常常吟唱南音，由于共同的日常爱好，故成为南音好友，工余弦友聚在一起，慰藉乡愁。

菲律宾、新加坡、马来西亚、印度尼西亚、泰国、缅甸、越南等地都有演唱南音的专门性馆社，并且常常都是人流如织。菲律宾是闽南一带旅外华侨最多的国家之一，也是南音在海外最为流行的地方，先后有二三十个南音社团，活跃在菲律宾各地。仅首都马尼拉就有多达5个的南音团体，即长和南音总社、金兰郎君社、南乐崇德社、菲华国风郎君社、华侨四联乐府等。这几个社团原本都是独立的，却在1975年联合成立了"马尼拉弦管联合会"。成立于1904年的湘灵音乐社是目前为止新加坡最有影响的南音团体，而在它之前其实已经有横云阁、云卢、大么等团体成立。马来西亚最主要的南音组织包括以下几个：马六甲的同安金厦会馆、桃园俱乐部，吉兰丹仁和音乐社、太平仁爱音乐社。印度尼西亚其实也有过许多的南音社团，比如泗水的寄傲社等。此外，缅甸仰光尚有韵新别墅等。东南亚诸国的南音社之后也逐渐扩展为一个具有多重意义的"南音文化圈"。

近年来,全球各地有关南音的交流访问活动,不仅促进了南音的繁荣,也因此增进了各个国家地区之间南音团体的相互了解和友谊。1977年,新加坡湘灵音乐社举办了首届"亚细安(东南亚)南乐大会奏",并筹备、成立了"东南亚南乐联谊会",其宗旨便是"弘扬中国优秀文化遗产,进行南音艺术交流,增进友谊"。而自1981年以来,泉州已举办了10届泉州国际南音大会唱,"共一轮明月,唱百代乡音",南音活动因此具有了更为鲜明的社会性与国际性。2023年,由泉州师范学院承办的泉州南音国际学术研讨会也被纳入"东亚文化之都·泉州"系列活动之中,泉州南音也开始更深层次地承担起文化建设的责任。

20世纪以来,泉州南音从东南亚出发,进一步融入世界。新加坡湘灵音乐社曾以南音谱为舞蹈配乐,并拍成电影送到伦敦放映;参加在英国北威尔斯举办的第37届兰格冷世界民族音乐及歌唱比赛,南音节目获得极高赞誉。台湾地区的南声国乐社前往法国演出,成就了"欧洲音乐史上最长的一次音乐会",法国国家广播电台进行了实况转播,有300万听众收听;之后南声社又到荷兰、比利时、瑞士及西德巡回演奏,激起了欧洲音乐界极大的震撼与回响。自20世纪80年代以来,南音文化交流与传播得以不断拓展,在国际舞台上充分展示了南音作为中国古老乐种代表"顽强的生命活力和精湛的艺术魅力"①。如:中国南音艺术团参加"亚洲民族艺术节",泉州南音乐团赴联合国教科文组织总部举行南音专场演出,厦门市南乐团南音乐舞《长恨歌》参加欧洲第14届"布拉格之秋"音乐节,泉州师范学院南音专业师生多年来应邀参加"世界

---

① 黄科安:《闽南文化与泉州戏曲研究》,《福建论坛》,2012年,第3期。

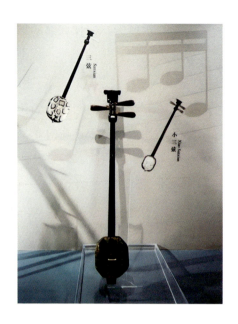

图为泉州非物质文化遗产馆展出的南音乐器。

音乐教育大会"等表演和学术交流活动，足迹遍布五大洲数十个国家和地区。在文化全球化背景下，作为"人类非物质文化遗产代表作"，南音的海外传播与世界影响将获得越来越多的关注，古老而具有独特地域文化个性的泉州南音的传播、展示与交流具有特别深远的意义。

在闽南的民间音乐中，保存着许多富有闽南特色的古老乐器，比如南音中常使用的伴奏乐器南曲琵琶、南曲洞箫、南曲二弦等，在闽南音乐远播东南亚时，这些富有特色的乐器也随着流入该地，并得到传播和发展。如 1820 年在菲律宾成立的南曲社团长和郎君社，该社镇社之宝是一把名为"抱月"的琵琶，它就是蜚声闽南的蒲井大师高铭网受聘于长和社时带来的，拥有百年历史的"抱月"让长和人引以为傲。早期华侨因生计所迫，不得不背井离乡、浪迹海外时，一些音乐爱好者会将日夜相伴的乐器如洞箫、琵琶等南音乐器随身携带到居住地，在广大华侨的共同努力下，闽南音乐从传播到生根发芽，历经漫长的历史岁月，逐渐成为东南亚国家和地区音乐文化中不可或缺的重要组成部分，而闽南音乐的影响也逐渐超出华侨社会范围，在侨居国乃至更广泛的区域产生深远影响。

与此同时，东南亚一带的音乐词汇中可以找到不少受到闽南语影响的借词，主要是发音类似闽南沿海地区的方言。闽南方言借词在印度尼西亚尤显突出，是一个值得关注的文化现象，如印尼的potehi（布袋戏）、cengge（高跷）、barongsai（舞弄狮）、cekeke（唱曲）等，这些都充分说明在闽南和东南亚人民长期的杂居生活中，闽南音乐文化已经融入当地人的生活，为当地百姓所接受。

概而言之，闽南地区的特色音乐种类很多，内容十分丰富，在音乐形态和风格上都拥有自己鲜明的个性特征。而东南亚闽南籍的移民人数众多，故闽南音乐深受东南亚华侨的喜爱与支持，因此活跃在东南亚舞台上的闽南音乐种类多达十多种，位居福建省乃至全国之首位。

二、闽南工艺美术文化的海外传播

东南亚在闽南俚语中称为南洋或番。明清两代，漳泉两地人口纷纷迁居于此，并将随身携带的原乡本境神明香土，作为日常祭祀对象。随着时间的持续推移，移居此地的同郡俚人不断聚拢在一起，侨乡物质生活水平不断提高，为原乡神明设坛建庙传衍习俗，是这些漂洋异国的闽南俚人的迫切愿望。徐学聚在《报取回吕宋囚商疏》中写道："吕宋本一荒岛，魅魑龙蛇之区，徒以我海邦小民行货转贩，外通各洋，市易诸夷，十数年来，致成大会。亦由我压冬之民，教其耕艺沿其城舍，遂为澳区。"[1] 这些宫庙祠宇的修建，同时也为闽南民间美术在南洋传播奠定坚实的基础和前提。

---

[1] 陈自强：《漳州古代海外交通与海洋文化》，福建人民出版社，2014年，第 11 页。

漳人程日炌、王大海《噶喇吧纪略》载："吧城的华人以'漳、泉……'居多。来吧城的华人，操赢余者，扬帆而往，鼓棹而归，无资本者尝流寓，后虽富贵，多忘桑梓，以生以养，众不下数十万。城北是华人的主要住宅区，八芝兰'唐人所居'，爵子街'多唐人银匠居'。暗涧是唐人店铺集中的街巷，'晚市尤甚，近港有马寮、精棚'，圃仔多'唐人住家'。城西是唐人的主要商业区，米涧是唐人经营的'聚米之所'，'其旁多唐人住家'。蚤市是唐人经营的'卖鱼市'，碗街'横直俱唐人所住，贸易者众'。城南'番唐杂处'，郊外农村'有唐人土地祠''义冢'，并建有'报恩寺'，祀观音。"① 这些文献翔实记载了当时旅居南洋闽南侨民的生活状况。不可否认，当时的闽南宫庙祠宇已经在南洋普遍存在。宫庙建筑既是闽南宗教文化的实体也是闽南民间工艺美术的重要载体，民间美术播迁南洋，应无异议。

再者，从明清时期闽南地区出口东南亚的商品种类亦可佐证文化向东南亚输出与传播的存在。具体见下图②：

出口商品种类	小商品类别	小商品明细
手工业品	陶瓷品	大小青碗、大小青盘、茶壶、香炉、瓷观音等
	工艺品	寿山石器、小鼓、纸人马、漆木盘、红宝石、水晶
	其他	木梳、角梳、纸扇、雨伞、皮箱、胭脂、草席、绳子
	原料	三麻、水牛皮、豹皮、鹿皮、虎皮、山羊皮、姜黄
农副产品	无细分类别	白糖、蜜、各种茶叶、苏木、橄榄、荔枝、胡桃
矿产品	无细分类别	水银、明矾、雄黄、火药、铜盆、铁锅、银朱、
文化用品	无细分类别	墨、石黄、蛇皮、红纸、粗纸、书籍、桂花纸

① 陈自强：《漳州古代海外交通与海洋文化》，福建人民出版社，2014年，第181页。

② 陈斌：《东南亚闽南民间美术传播的多元族裔融合现象探讨》，《齐齐哈尔大学学报》(哲学社会科学版)，2018年，第7期。

　　早期海外移民，远渡重洋，平安登陆后，均会在登陆处所建小木寮或亚答屋，祭祀闽南人的海神妈祖，酬谢神恩的护佑。早在莱佛士登陆前，据说在庚午嘉庆十五年（1810年），直落亚逸海湾岸边已设有专门奉祀妈祖的小土神坛，到了清宣宗道光元年（1821年）更是发展成为一间颇具规模的小庙，也就是后来的天福宫前身。清道光八年（1828年），人数日众的闽南移民族群和马六甲南来的泉漳富贾，已在距离海湾边数公里外的石叻义山，兴建最早的华人庙宇恒山亭。

　　新加坡华人庙宇在筹建初期，例如直落亚逸湾的天福宫建庙大董事陈笃生，祖籍福建省漳州府海澄县，因此均从其俚郡漳泉选聘工匠，采购建材运抵南洋。据英国人刘玛腰的记载："宫宇的'花岗岩石柱和大量的石雕装饰工艺品都是从中国运来的，而石雕装饰工艺品都是非常奇巧精致的，寺内部的构造和屋檐檐板都是用精巧的木雕装饰着。寺庙的外部和屋顶全是有颜色瓷瓦，边缘所镶着的花朵、水果等装饰品都是用色泽斑驳的陶器打成碎片然后精心制作而成。"[1] 石料是闽南建筑的另一重要建材，石作建筑结构与木作最大的分别就是，石作保存的年代较木作久远。如今天福宫所保留的龙柱、六角柱、门狮、抱鼓石、大砛等石作大部分是建庙时的原作。尤其是两对龙柱，1906年，天福宫进行重修时还特地将之大清洗了一番。当地完整保留至今的闽南石作建筑结构可谓凤毛麟角。《建立天福宫碑记》碑刻上还有一项称为"石耳"的石材，寻遍相关古建筑构件名称，均查无此项，或许"石耳"即寺庙三川殿常见的抱鼓石。天福宫三川殿外步口置有两对抱鼓石，从碑刻上所记载的"石耳"，很难想象，此种北方建筑里称抱鼓石、闽南称为石球的建筑构件，在异国他乡尚有如此形象的民俗称呼。琼州天后宫重修碑亦

图为新加坡天福宫夜景。

有"建筑材料概由琼岛采购，由帆船航运来星。有关雕刻技工水泥匠亦自琼选聘"等字样，这些文献记载原乡文化渡海南传，通过庙宇建筑的综合载体在异乡落地生根。但任何文化的播迁过程中，融合与流变是不可避免现象。因此，东南亚闽南宫庙建筑装饰风格嬗变，与其说是一种流变，不如说是一种移民群落因物理环境与心理状态变化而出现的本土化现象。抑或说多元综合是现存东南亚闽南民间美术整体审美风格最大的特征。

闽南民间美术在东南亚传播过程中，既保留了原乡文化的传统性，又大胆吸纳与借鉴当地土著文化而趋于融合共存。这种现象不仅仅出现在东南亚闽南民间美术中，共处于新加坡的海南岛、潮汕等族群的原乡文化的传播也同样发生流变现象，因此这种多元族裔融合现象不是单一的偶然个案，而是普遍的现象。

换而言之，移民文化必须依附在在地文化的土壤中才能够生存与发展。

玖

闽南教育书院文化在海外

——

教育是伴随着人类社会建立而出现的人之社会化的一个必经阶段。在我国的春秋战国时期,教育思想也出现了儒家、墨家、道家、法家之类的分野,但儒家的教化方式在汉武帝时期最终被确立为王朝教育的基本方式。从受教者的角度来看,中国古代教育经历了从"学在官府"向教育普及的转变[1],学宫、书院、私学等教育组织形式,都是古代教育的载体,孕育着古代的文化。官学与私学犹如鸟之双翼、车之两轮,共同推动着中国教育事业的前行。闽南的教育与闽南文化相辅相成。绚烂的闽南文化之萌芽、发展与传播,都离不开教育的助力。唐宋以前闽南的学术教育微不足道,唐宋以后随着北方中原汉人南移闽地,福建进入了实质性的大开发时代,学术教育大有起色,但闽南地区的学术教育虽然有所进步,却依然滞后,比福建其他先进地区慢了半拍。到了明代以后,闽南学术教育才真正进入福建乃至全国的强者之列[2]。

第一节　闽南教育书院文化概述

从福建的开发时序来看,闽南晚于福建其他地区,其教育自然也相对落后。虽然秦汉时期已有中原人进入泉州,三国时闽南又被东吴政权所辖,还有部分来自北方的汉族人迁移入泉,但闽南地区的主要居民还是文化落后的闽越族人。到了西晋末年,"永嘉之乱"开启了中原汉人南下的先河[3]。部分中原士族移居当时相对安

---

[1] 王日根、李弘祺:《闽南书院与教育》,福建人民出版社,2023年,第1页。
[2] 林枫、范正义:《闽南文化述论》,中国社会科学出版社,2008年,第312页。
[3] 戴志坚:《福建民居》,中国建筑工业出版社,2009年,第33页。

定的闽南地区。据《泉州府志》记载："永嘉二年，中州板荡，衣冠始入闽者八族，林、黄、陈、郑、詹、邱、何、胡是也。以中原多姓，畏难怀居，无复北向，故六朝间仕宦名迹，鲜有闻者。"①南朝梁时，朝廷增设南安郡管理闽南事务。到了隋唐，中原汉人持续进入闽南，这些移民逐渐主导了闽南地区的社会生产，加速了闽南社会经济和文化的发展进程。这些移民之中有不少簪缨世家，他们的迁入自然为闽南之地带来了诸多中原文化的种子，闽南远离政治中心，这些种子便在此得以萌芽、滋长。

西晋永嘉年间，闽南开始有私学，这是中原簪缨世家离开政治中心后作出的选择，也是他们保持自己传统与活力的唯一途径。从此，私学教育方式成为至唐代为止闽南地区教育的主要形式。闽南私学的出现要早于官学，且是零零星星、不成体系的。显而易见，这样的教学类型难以达到宏大的规模，也无法形成足够的影响和传播，闽南的教育虽然已经萌芽，但仍然处于落后的境况。

直至陈政、陈元光父子率军进漳时，闽南地区的教育才出现了转机。在唐永淳二年（683 年），陈元光在率部平定闽粤之间"蛮苗"暴动之后，以泉州守戍左玉铃卫府左郎将的身份上奏《请建州县表》，指出本处"地极七闽，境连百粤。左衽居椎髻之半，可耕乃火田之余。"②他认为当地民众不易治理，并将其归因于"职方久废，学校不兴"。陈元光出身习武世家，却深刻认识到学校的教育作用和习礼的教化作用，对此颇为重视。他认为"兵革徒威于外，礼让乃格其心"③。陈元光的《请建州县表》不仅提高了闽南在唐王朝疆域内的地位，也为闽南教育的发展提供了契机。唐政府采纳

---

① 王日根、李弘祺：《闽南书院与教育》，福建人民出版社，2023 年，第 2 页。
② 袁燕：《福建霞浦畲族女子西路式"凤凰髻"发式考察研究》，《艺术设计研究》，2015 年，第 3 期。
③ 刘海峰、庄明水：《福建教育史》，福建教育出版社，1996 年，第 4 页。

了陈元光的建议,于唐武则天垂拱二年（686 年）置漳州,陈元光为首任漳州刺史 ①。至此,闽南教育就在这样的背景下兴办起来。闽南地区教育及书院文化的发展,随着历史的变迁,在各朝各代都有不同的特点。

一、唐五代是闽南教育书院文化的初兴时期

唐中宗景龙二年（708 年）,陈元光之子创办了赫赫有名的松洲书院。它比过去被认为是最早的书院的海南丽正书院还要早 10 年,可以说是中国最早的书院了。漳州、泉州州学的先后建立,意味着闽南地区的学子可以通过科举考试进入朝廷参政议政,这无疑极大调动了闽南地区的人们投入教育的积极性。唐太宗李世民曾感叹"天下英才俱入吾彀中",唐王朝注重兴办学校,以招贤纳才,在统治思想上"崇儒兴化",在教育思想上"尊圣崇儒" ②。唐朝时,科举中试者的成就逐渐体现出闽南教育的成果,如欧阳詹、常衮等。唐中叶以后,闽南地区的地方官员发起了几次兴学运动,鼓励民众重视教育、参与科举。闽南各方对教育的重视开始提高,个人创办、民间组织创办、官倡民办等各种形式的私学日渐兴盛,成为当时主导闽南教育的多样化形式,呈现出"闾里之士,竞劝于学" ③ 的局面。至五代,光州固始人王潮、王审知兄弟二人率兵据闽,他们重视文化教育,兴学、搜求书籍、创招贤院,采取了不少措施推动闽南教育的发展。

闽南地区民间书院的发展基本与当地教育的步调一致。闽南已出现不少个人读书之所。它们或由簪缨世家或富庶族室为其子弟

---

① 施伟青、徐泓、李弘祺:《闽南区域发展史》,福建人民出版社,2007 年,第 69 页。
② 郭丽:《唐代教育与文学》,南开大学,2012 年硕士学位论文。
③ 王日根、李弘祺:《闽南书院与教育》,福建人民出版社,2023 年,第 5 页。

图为中国最早的书院——漳州松洲书院。

设置，或由文人学者自行设立，其目的是让学者们以此为基础进一步研学苦读，有朝一日考取功名。这些读书之处的规模一般较小，多选择环境清幽之处，或隐于乡村，或匿于山林，但用"书院"称之者较少，多被称为书堂、书房、书室。如泉州的清源山虎岩是欧阳詹、林蕴筑室读书之所，被后人称为欧阳书室；南安名山九日山，有一座九日山书室，传说也曾是欧阳詹的读书之地；诗山地区的高盖山有座书室称作白云，也有欧阳詹的足迹；另有晋江的紫帽山、潘湖均有欧阳詹的读书处。此外，还有莆田的灵岩精舍、澄渚书堂、北岩精舍、漆林书堂等，均是没有"书院"之名的民间书院[1]。也有一些被称作"书院"的私人读书之所，如晋江的集贤书院、张九

---

[1] 吕秋心：《福建省历代书院述略》（一），《福建史志》，2015年，第2期。

宗书院等①。

二、两宋是闽南教育书院文化的大发展时期

两宋时期，北方战火不断，南方相对安定。尤其是南宋偏安之后，商贸经济重心移至福建。闽南经济获得进一步发展，人口亦逐渐增长，人与人之间也需要通过提升自我谋取求生之路。同时，海洋经济的发展也推动了闽南的崇文重学风气。两宋时期闽南教育主要有如下特点：

其一，大量兴办学校与书院。县学、书院的建设为士子创造了良好的教育条件。除了地方州县大兴州学、县学，民间也出现了形式多样的办学模式，有书房、书堂、书室、教馆、蒙馆、经馆、村学、义塾、义学等。这段时期，闽南地区的民间书院多用"书院"之名。仅从新建书院看，泉州有小山丛竹书院，南安杨林书院、九日山书院，永春岩峰书院等；漳州有龙海的华圃书院、云霄的精一堂、吴奉议书室、诏安的石屏书院等；莆田有夹漈草堂、梅峰书院，还有仙游的大飞书院与庄山书院，以及双林书院等。闽南地区宋代新建的 22 座书院中，至少有 13 座是士子的读书之处或由学者文人创办的民间书院。

其二，科举事业兴盛推动教育发展。闽南地区不少大家族都希望通过家族子弟科举及第考取功名，为家族带来更大的名利。科举事业与家族发展也密不可分，在当时的科第名录中不难见到"三世登云，四代攀桂""父子一榜，昆季同年"等盛况。甚至有一些大家族通过创办学校、书院等方式将应举出仕作为维持和提升家族地位的基本手段。

其三，教育大家的出现。朱熹是首屈一指的教育大家，他的

---

① 王日根、李弘祺：《闽南书院与教育》，福建人民出版社，2023 年，第 6 页。

教育思想与实践对闽南教育的发展产生了巨大促进作用。南宋绍兴十八年（1148 年），朱熹中进士，三年后出任同安县主簿，积极创办同安县学。此外，他还多次到安溪讲学，后人于其遗址修建了凤山书院，又称考亭书院。绍熙元年（1190 年），朱熹任漳州太守，并在漳州城西北登高山筑室讲学，未建成便离任，后经守臣危稹续建而成，谓之龙江书院。

三、元代是闽南教育书院文化由盛转衰的时期

元代朝廷的科举政策倾向保守，统治者甚至将汉族及汉文化视作异类，最终都没有在汉文化与自身传统中间寻找出合适的结合点。当朝者对于科举不重视，其创办教育也是为了缓和民族矛盾、笼络人心。在这样的背景下，闽南教育进入闭门不问政治的时期。元代统一中国后，科举制度停止了多达 40 余年[①]，这样的状况极大挫伤了闽南士子的热情。

宋元之间的战争使闽南地区的许多书院毁于兵祸，南安、惠安、德化的县学均是如此。杨林书院、清源书院也在元兵入泉后遭到破坏。虽然之后元朝政府对州县学加以修复或重建，但闽南的教育已经受到了较为沉重的打击。但是，元代教育的发展也不是全无可书。在官府的视野之外，一些私塾、家塾、书堂、书院等教育组织形式有一定的发展。当时泉州成为海上贸易的交通枢纽，是著名的东方大港。根据文献记载，泉州港"四海舶商，诸蕃琛贡，皆于是乎集"。海外贸易也带动了闽南地区文化教育的普及。同安的大同书院、文公书院、浯江书院，漳州的龙江书院，石狮的芝山书塾等，成了当时文人求学问的理想场所。此外，元朝政府提倡社学，希望通过儒

---

① 终元之世，一共只举行了 16 次进士考试，录取进士 1100 多人，且多为蒙古贵族。

家伦理教化社会、规范行为，这也使一些文化常识得到普及。

四、明代是闽南教育书院文化的复兴时期

闽南教育经历了元代的中落，在明代由于统治者对科举的推崇和教育的重视得以复兴，其主要特点如下：

一是州府县学的扩展。明代教育法令规定，州府县必须设立学校。"学校以教育之，科目以登进之，……学校则储才以应科目者也。"[1] 当时，法令规定非经科举考试者不得入仕，学校是唯一能推选科举生员的组织，因此，学校甚至成为科举的附庸，其教学内容不外乎科举考试的内容，"举业"便是生员的学业。

二是卫学的设立。又称卫儒学，是明代设立的教武官子弟儒家经书等知识的学校。明代，朝廷在沿海省份设立了军事组织单位，称之为卫和所。闽南地区自然也不例外，设有莆田县平海卫，泉州府永宁卫，漳浦县镇海卫等，以防倭寇侵扰。卫与所的屯防制度到后来相对松弛，军士和百姓已无多大区别，卫、所军官也兼理民政，其划拨之地也变相成为地方行政区划。最初专为军人子弟而设置的卫学，也开始允许坊间邻里的子弟附学读书，再加上其教学内容与州府县学并无二致，此时，明代卫学与州府县学性质类似。

三是书院的兴废。在明朝初期，由于州府县学受到统治者的大力支持，科举唯官学是途，福建书院与全国各地类似，都不太兴盛。但明中叶以后，州府县学日渐丧失功能，书院趁势代之兴起，虽然明嘉靖以后朝廷四次禁毁书院，但福建被毁书院则在少数，总体来说还是得到了大规模的发展，闽南书院的大兴也不言自明。明代闽南地区新建的书院颇多。

四是社学的设立。社学是基础的教育机构，是政府在乡镇设

---

[1] 刘海峰、庄明水：《福建教育史》，福建教育出版社，1996年，第112页。

立的学校。宋元时期，社学虽然已在一些福建地区开始设立，但到了明朝才得到统治者真正的重视①。明中叶以后社学的童生还可升入府县儒学就读。洪武八年（1375年）的《明太祖实录》正月丁亥条有记载，明太祖谕旨中书省说道："昔成周之世，家有塾，党有庠，故民无不习于学，是以教化行而风俗美。今京师及县皆有学，而乡社之民未睹教化，宜令有司更置社学，延师儒以教民间子弟，庶可导民善俗也。"②闽南地区是闽地社学最多的地区，其社学数量在福建省内占据绝大多数。

五是义学的建立。义学又称为义塾，常也被称作义斋，属于一种免费招收本乡境内家境贫寒的子弟入学教授知识的公益性质的学校。其与社学类似，均进行基础的知识传授和伦理道德教育，《三字经》《百家姓》《千字文》《孝经》等是其主要教材③。义学的名称在闽地出现较早，但到了明朝才真正被倡建，有官办与官私合办、私立或乡族集体建立等创办方式。其往往以宗族为单位设立，只有本族本乡的子弟可以入学。由于义学数量本身远不如社学，故记载不多④。

六是科举备受推崇。"国家用人，率重科举，而科举取士，率重文章。科举制也，不可易也。"⑤明代对科举选拔人才的方式推崇备至，甚至规定文官必须由科举进身，非经科举不得任官。闽地学子因此纷纷投入科举之中，闽南地区的学子更是取得了丰硕的科试成果。仅从明代举人的总数来看，闽南地区就是福建最多的区

---

① 施克灿：《古代社学沿革与性质考》，《教育学报》，2013年，第6期。
② 徐心希：《泉州书院、社学的发展与朱熹理学思想的深化》，《闽西职业技术学院学报》，2008年，第1期。
③ 于晓燕：《"义学"释义》，《贵州师范学院学报》，2014年，第10期。
④ 刘海峰、庄明水：《福建教育史》，福建教育出版社，1996年，第160页。
⑤ 刘海峰：《"科举学"——21世纪的显学》，《厦门大学学报》（哲学社会科学版），1998年，第4期。

域，据文献记载，"明时，兴化、泉州，科甲最多，乡试每占通省之半。"明代福建所出的 11 位状元有 4 位来自闽南地区。

五、清代是闽南教育书院文化的持续发展时期

虽然清代的迁界禁海政策在一定时间范围内影响了闽南地区的教育，但其总体来说还是得到了持续发展，具有如下特征：

一是官学持续发展。承袭明代政策重视官学，中央与地方都设置相应类型的教育机构，形成了严密的官学教育网络。国子监是由中央设立的一般性质官学，除此之外，朝廷还设置性质较为特殊的旗学、宗学、觉罗学，以及小众与特别的算学馆与俄罗斯学馆等，而府、州、县级的官学依旧是由地方政府设立。清代儒学也继续得到重视。主要表现有：生员学额增加、新设儒学、学宫不断被修建等。以新设儒学为例，清代闽南共增设 11 所府、县学。同时，科举与官学一样，也得到朝廷的重视。

二是民间办学机构繁荣。闽南漳泉地区被称为"海滨邹鲁"，清代形成了重视教育的民间传统。除官府兴办的教育机构之外，民间力量也参与到社学、书院、义学和私塾等教育机构或组织的建立与运营之中，呈现出民间教育形式结构多元化的繁荣景象。清代民办教育兴盛，主要表现在：社学、义学、书院、私塾等广布；民间力量捐赠款物以维持既有教育设施；民间鼓励子弟读书衍为风气。

三是新式学堂兴起。清末社会变革巨大，新式学堂在这样的背景下逐步建立起来。其中，有教会创办的塾学、小学堂、中学堂、女子学校、幼稚园、师范学校、神学校等。官府也参与到新式学堂的兴办之中，其大多由书院、私塾、义学改办，分为初等小学堂、高等小学堂、初高两等小学堂等。还有乡绅也是创办新式学堂的一股力量，其捐办之新式学堂，多系受洋务大臣提倡西学风气的影响所致。除此之外，华侨也是兴办新式学堂不可忽视的一类群体。

四是与台湾教育发展相互促进。自郑成功收复台湾以后，闽南教育便向台湾发展。同安人陈永华建台南文庙。康熙时，清廷设福建省台湾府，台湾儒学渐次兴起。此后，台湾纳入朝廷科举体系。台湾教育在科举功名的带动下获得迅速发展。闽南人也通过在台获得功名，直接意义上使台湾有了更多高素质的人才。同时，台湾儒学的兴盛也为闽南士子开辟了赴台从教的道路。最终，闽南与台湾的教育呈现出一体化的倾向，两地的学术交流也十分频繁。

第二节　闽南教育书院文化的海外传播

在中国历史上，传统的书院教育之所以能够绵延存续一千年，影响力巨大，而且很多书院现在仍然发挥着重要的社会教化作用，引起人们的不断重视，正是在于它有自身的文化教育价值和顽强的生命力。自宋朝起，闽南地区崇文重教，文风鼎盛，文脉绵长，书院数量众多，对于促进闽南文化形成和发展具有重大的影响力，成为闽南文化的重要组成部分。概括起来，闽南书院教育的主要特点有以下几个方面：

一是德育为先，注重塑造人格。闽南各个书院虽然各有差异，却都确立"明道""传道"的办学宗旨，使书院教育具有与当时的官学教育迥异之处，其核心要义在于以德育人，坚持德育为先，把塑造完美的道德人格置于书院教育的首要位置。

二是开放教育，尊崇学术自由。闽南书院提倡百家争鸣，辨明不同学派之精义或观点之异同，相互取长补短，共同促进提高。另外，书院在学生学习过程中，提倡开放式的学习方法，注重兼收并蓄，倡导广泛交流，意在拓宽视野。强调教育要突出个性，因势利导、因材施教，方能造就人才。此外，在学生学习方法上强调自学为主，充分发挥学生的学习主体地位，注重采用多种启发式教学方法。

三是道高德厚，强调垂范作用。古代闽南书院的主持人、创建人或主讲人大都是时代精英、宿学鸿儒，他们强调经世致用、知行合一，具有强烈的道德践履精神。书院摒弃了官学中存在的漠视现实等不良风气，师生道义相守、教学相长，从而真正形成了"尊师重道"的优良传统。

只不过闽南的古代书院在清末已经全部取消，转化为各种学校。但其蕴含的文化气质与精神脉络却被继承了下来，并被海外移民传播到了海外闽南人聚集的地区。海外移民是闽南人的一种谋生方式，也是其乡土文化的一部分。无论是侨乡的特殊风俗、侨乡民歌，还是新的社会风气的形成，从中我们都可以看出"侨"的因素和与"侨"有关的自然特性。那些民间的特殊风俗背后有着深层的文化法则在运作，而且有时它对闽南整个社会的进展有特定的社会影响。那些民歌是乡民感情的自然流露与表达，体现了移民文化的特色，同时也体现了中国区域文化的多样性。那些因华侨而带来的社会新风气，由华侨而带动的移风易俗的改革，更是有利于侨乡精神文明的建设与社会的良好发展。

侨乡与国外亲人有密切联系，较早接触了解外国的政治经济制度，较之国内其他地区，是"开社会风气之最早"。特别是辛亥革命推翻了两千多年的封建帝制，之后的五四运动，又进一步解放了人们的思想，使侨乡乡民也更加容易接受外来的新事物、新文化。侨乡及其乡民身上从而派生出了若隐若现的新文化，甚而孕育出自己的价值观。其中最显著者当属兴学重教风气的形成。

清末，康有为和梁启超等人发起"百日维新"失败后，流亡东南亚继续积极鼓吹兴学堂、启迪民智等主张，因此，在华侨中有过一定的影响。而一些旅居海外的华侨，由于过去自己文化程度低，备受欺诈之苦，所以更对未受教育有切肤之痛。他们在侨居国开始创办第一批中华学堂，并滋生捐资在祖国办学的念头。之后，以孙中山为首的革命党人在海外各地宣传推翻满清建立民国的革命活动，也激发了华侨民族意识的觉醒和爱国爱乡的热情。因此有更多华侨热心于在家乡兴办教育事业。除为自身子女考虑外，他们把办学与国家兴亡联系起来，主张"为乡兴学，为国树人"，觉得中华民族的自强要从办学校入手。这也正如爱国兴学光辉典范陈嘉庚所说："教育为立国之本，兴学乃国民天职。"一批热心乡梓建设，乐于捐资办学的典范人物相继涌现，陈嘉庚、尤扬祖、李光前、林珠光等，都积极在闽南兴办学校。受他们启发，之后，即使只是普通的华侨也都很重视家乡子女的教育问题。这从厦门灌口镇陈志恭先生家保存的一些侨批中可看出，如"清曹吾弟收阅，前接来书，所云皆知。未知近来二位侄儿皆有入学读书否。此帮在唐新办三社小学校。在外咱亦捐出国币十五万元之谱，故宜遣其入学，以求将来学问高深，是免终来目不识字之苦。若欲使其前来外地谋生，亦是年幼，故于此时求学最为重要。……兹因邮便寄上国币三十万元整，到可检收，以充家用……愚兄惠来书，民国三十五年丙戌桂月十四日。"[1] 而在不久之后林惠来的另一封家信中，亦再次提到侄儿的教育问题，"在唐如若缺用钱款，祈即顺笔来知……培养侄儿，使其入学读书以求知识，望将来能得成器否，如欲出外求利，亦免盲目之苦……劣兄惠来手书，民国三十七年十二月八日。"[2] 可见即使在民国末期通货膨胀、物价飞涨之时，华侨仍不忘家乡建设，特别重视子女教育。

---

①② 孙蕴绮：《亲情、故土、载体、桥梁——读厦门市灌口镇陈家抗日战争前后缅甸侨批》，载菲律宾《世界日报》，2006年6月4日。

从当时兴办的学校数量和一些教育经费的支出情况，也可看出闽南海外华侨对教育的高度重视。20 世纪 20 年代初，泉州晋江侨乡就兴起一股华侨竞相举办学校的热潮。一开始只是为安海、永宁、金井等村镇先后创办了几所新型小学，后很快在侨乡形成整体性的强盛社会风气。据 30 年代初的数据统计，沿海侨乡侨办学校已经达到了 300 多所，其中较大规模且有立案的就多达 170 多所，小规模没有立案的也有 130 多所，基本上实现了村村有小学的全覆盖 ①。据 1935 年晋江县政府的统计数据显示，全县当年的教育经费为 47 万 4 千元，县政府只负担了其中的 3 万元，仅仅占到 6.3%，其余占 93.7% 的 44 万 4 千元，全部都是由华侨来捐助的 ②。不仅仅泉州地区如此，厦门的情况也不例外，"查厦门每年教育经费，总数仅 7 万余元，各校经费除省、县立的学校，其余多靠南洋或本地募捐而来。"③ 这与华金山所记录的数据基本一样，"抗战前，厦门市有 11 所中学，39 所小学，其中 5 所中学，17 家小学均系由华侨捐款创办或资助。"④

泉州安溪的情况也基本相似。1912 年，安溪县的第一所侨办学校是由印尼华侨周明材、周祖例等人发起创办的龙涓贞元两等小学。而到了抗战胜利之后，安溪县的侨办、侨助学校已达到 14 所。解放后，尤其是实行改革开放以来，安溪籍华侨再度兴起了办学热潮。据有关资料统计，从 1949 年至 1990 年，安溪海外侨亲捐资办学的款项达到 5300 万元人民币。另据不完全的统计，至 1992 年市场经济体制引入前夕，由安溪海外乡亲设立的教育基金会达到

---

① 郑梦星：《晋江侨乡的形成及其民俗》，收录于福建省晋江市委员会文史资料工作组编《晋江文史资料选辑》第十六辑，1986 年，第 36 页。
②④ 华金山：《福建华侨史话》，福建省华侨历史编筹组，1983 年，第 121 页。
③ 厦门市档案局、档案馆编：《近代厦门教育档案资料》，厦门大学出版社，1997 年，第 4 页。

60 个。1993 年以后又增加 10 个。截至 1997 年，安溪县侨办和侨助的中小学校和成人中等学校累计达到 186 座[①]，对安溪教育事业的发展壮大起到不可或缺的促进作用。

而且，此时的侨办教育与本土的传统教育相比有很大的差异。首先是对女子教育的重视。据陈达在 20 世纪 30 年代对侨乡的调查统计，樟林侨乡入学女童数占女童总数的 20%，而同期的非华侨社区仅为 5%。特别是华侨家庭，对于儿女们的教育，更能平等看待。希望女儿成长起来，同儿子一样，也在商店里服务，或女子出嫁以后，亦可以协助丈夫，在商店里帮忙[②]。有些村内的女子教育甚至比男子教育更为发达，中学毕业生的人数，女性超过了男性。因为男子在小学或初中毕了业，家长急忙要将他们带往南洋学生意。女子既不负责维持家庭的经济，家长们就要她们多读几年书，希望提高她们出嫁时的身份[③]。泉州华侨在这一时期捐办了诸多的女校，如毓德女校、竞新女校、嘉福女子职业学校、启明女校等。其中，林朝素协同其父建立"晋江竞新女校"[④]，从 1916 年至 1940 年的二十四年间，培养了成千名侨乡女学生，其中不少成为各行业的女强人，如在菲律宾宿务的女企业家林振华、女教师林昭绵等，同时为侨乡培养了妇女人才，提高侨乡妇女的文化水准，为她们争取自身的解放，做出了一定的贡献[⑤]。

侨办教育的另一个重要特点是重视职业教育和商业技能的训练。民国时期，不少侨办学校的教学目的在于训练学生的谋生技能，

[①] 李鸿阶：《海外安溪人对家乡建设的贡献》，《八桂侨史》，1997 年，第 3 期。

[②] 陈达：《南洋华侨与闽粤社会》，商务印书馆，民国二十七年，第 199, 223 页。

[③] 黄新宪：《华侨华人捐资办学的社会效应——以闽南为中心》，《教育理论与实践》，2008 年，第 1 期。

[④] 竞新者，即女子应与男子一同竞赴新潮之意。

[⑤] 林朝素：《侨乡晋江的第一所女校》，福建省晋江市委员会文史资料工作组编《晋江文史资料选辑》，第七辑，第 86 页。

以为其将来下南洋做准备。这是因为，当时南洋的华侨社会是以商业为中心，所以，闽南的各侨校都在可能范围内给学生们提供相当的基础教育，以便其在毕业后前往南洋，可逐渐胜任当地商界的工作。可见侨办教育也有为其工作服务的现实目的。

另外，由于华侨所在的南洋地区受西方文化思想影响较早，得风气之先，其在家乡所办侨校多是新式学堂。除传授文化知识外，还设立了体育、唱歌、图画等课程，注重德智体的全面发展。有些还从捐资办学校发展到捐资办"大教育"，如建文化活动中心、图书馆、科学馆、体育馆等。早在 1919 年，晋江县金井镇石圳村华侨就捐建了圳山阁书报社。在华侨资助下，该村的民校、蓝球队、演剧社盛极一时。1931 年，南安华侨也创办了第一座图书馆——诗山图书馆，内设有藏书库、阅览室、休息室等，藏书包括经史、文学、政治、哲学、科技等方面。这些都有利于乡民文化素质的提升，进而带动城乡精神文明风貌的改变。

侨办教育的兴起，有效改善了闽南的总体办学环境，对闽南民风的启迪和新思潮的传播等都起到了很好的促进作用。它提高了家乡子弟的文化水平，培养了一大批有专业技能的人才，为闽南社会的发展积聚了丰富的人力资本。也在一定程度上开创了当地崭新的社会风气，对侨乡教育走向现代化的过程起到积极作用。闽南华侨在兴办教育，维护乡土文化的同时，也力求废除恶习、破除陋俗，与时俱进。民初，围江沾染鸦片与吗啡者甚多，致弱国殃民，家破身羸，更有人沦为鸡鸣狗盗之流。乡侨吴天赞回乡看到此种状况，独立创办"去毒社"，劝吸食者入社服药改除[1]。吴君爱乡爱人之热忱，世所罕有。后脱离苦海之烟民，身体及精神状态判若两人，

---

[1] 九十叟：《忆故乡》，载菲律宾围江同乡总会编《菲律宾围江同乡总会、宿务围江同乡会五十周年纪念特刊》，第 78 页。

围江的精神面貌焕然一新。民国十年（1921年），围江又创建"协进社"①，其社员大都是青年归侨，其中蔡炳煌、陈怡所两位最出色。该社不但协助学校的改进，且提倡讲究卫生，以期年年暑天免受疫症之苦。以前乡中各处巷头户尾，堆积垃圾数以千担，不久之间，尽被社员亲自动手，挑出乡外扫除一空。外乡之人，见之赞叹不已，谓从未有村落如此清净。而且该社还在乡中铺设一条小车路，南北连接汽车站，便利了乡里交通。

1915年，为了突破"风水"观念对侨乡建筑的束缚，晋江县金井村华侨发起创设"围江新民村"，并订立规则，以睦民安邻。1916年，晋江县归侨黄秀娘营建家族茔域，据说也是为了破除"风水"陋俗。时人论曰："闽俗重风水，海通以来，泉漳人士多商于南洋，富而归者，营置田宅之外，益致力于造茔，以为报亲之道，宜尔。然往往以风水故，酿私斗，起讼狱，因而辱身荡产，视故国为畏途者有之。……今先生一举，可使其子孙世世祭于斯，膺于斯。无形之中，以敬亲睦族者贻远谋，矫恶俗，其所化固不大哉。"②黄秀娘的这一举动在当时可谓好评如潮。

以前由于乡民文化素质低，侨乡还保留很多铺张浪费、赌博等不良的社会风气。民国时期闽南侨乡常有此现象，华侨一生克勤克俭，艰苦创业，以至成为大资本家，却也仍然保持本色。有时候他们也喜欢像地主官绅那样，在婚丧喜庆方面，大肆铺张浪费。但是首先抵制靡费之风，进行一些移风易俗的改革，却又是华侨倡导的。1934年，归国华侨李文炳、蔡友德、许志泽等曾为此倡导改革风俗，发起组织"衙口、金井、深沪风俗改良会"，拟定章程、

---

① 周艳玲：《闽南乡土文化与南洋华侨社会》，厦门大学，2009年硕士学位论文。
② 转引自郑振满：《国际化与地方化：近代闽南侨乡的社会变迁》，《近代史研究》，2010年，第2期。

细则，呈报福建省新生活促进会晋江县分会备案。后奉命改为"衙金深新运风俗改良会"。以乡规民约形式，制定改良细则，如规定婚嫁聘金不得超过 240 元，丧葬一律废除酒筵，只用便饭。殡葬废止演戏、马队、迎阁等。对移风易俗起了很大的作用[1]。从这种具有讽刺意味、看似矛盾的现象中，可以看出闽南地区的传统观念对华侨影响之深，同时也表明了南洋的一些文明社会风气对其潜移默化的作用。

时移世换，2016 年，东南亚首个福建闽南书院在世遗古城马六甲设立，立足古城放眼全域，在区域内推广与宣扬中国闽南文化。配合世界闽南文化节的开幕仪式，马来西亚福联会总会长邱财加为该书院及世界福建闽南文化交流中心主持揭幕礼，象征着这两所秉持着发扬闽南文化宗旨的场所，正式落户马六甲。2016 年世界闽南文化节大会主席拿督乌伊拉颜天禄表示，配合世界闽南文化节及维护和研究这独特的传统闽南文化，福建闽南书院和世界闽南文化交流中心的设立将会为全球的福建闽南后代打造一个很好的交流平台，并加以发扬光大，让文化能够取得稳定及持续性的发展。

---

[1] 郑梦星：《晋江侨乡的形成及其习俗》，载中国人民政治协商会议编《晋江文史资料选辑》，第十六辑，第 34 页。

拾

闽南侨乡侨批文化在海外

　　闽南地区拥有着为数众多的海外华人侨领，尤其是马来西亚的马六甲与槟城、印度尼西亚的雅加达、菲律宾的吕宋岛等，都是闽南籍华人的重要聚居地。侨批文化也由此产生。"侨批"又称"番批"或"银信"，是海外华侨华人通过民间渠道及金融、邮政机构寄给国内亲友的书信与汇款的合称，包括收信者的回文和回执。作为一种十分特殊的跨国家书，侨批承载了海外华侨华人艰苦创业、贡献社会、报效桑梓的历史记忆。2013 年 6 月，"中国侨批"被联合国教科文组织列入世界记忆遗产名录，毋庸置疑的是，闽南侨批是其中的重要组成部分。

第一节　闽南侨乡侨批文化概述

　　在古老而又现代的闽南方言系统中，书信叫作"批"。侨批不仅仅是家书与汇款，更是海外侨胞的担当意识和高度责任感的体现以及时代变迁的历史见证，侨批中也蕴含了丰富的中华传统文化，是中华民族讲信誉、守承诺的重要体现。这种草根性、原生态的记录档案，堪称为"不会说谎的历史文献"。著名国学大师饶宗颐给予了侨批"海邦剩馥，侨史敦煌"的评价[①]。

一、侨批概念的历史梳理

　　关于侨批的定义问题，《福建省侨批档案保护与利用办法》给出的官方说法是——"侨批，又称银信，是指华侨华人通过民间

[①] 顿德华、冯丽萍：《精神遗产：侨批中的家风内涵及其现代价值》，《齐齐哈尔大学学报》（哲学社会科学版），2020 年，第 2 期。

图为民国后期至中华人民共和国 1950 年福建侨批封一组 4 件。

渠道以及邮政、金融机构寄给国内眷属书信和汇款凭证的合称"[1]，具有十分明显的"银信合封"的特征[2]。

仔细梳理侨批的定义发展脉络，可以发现许多不同的意见。张美生的《侨批档案图鉴》是国内第一本侨批档案图鉴，他认为侨批为"银或银信"[3]。张美生收藏各式各样的侨批已达 30 余年的历史。他通过对比研究大量侨批实物和走访侨属，认为侨批不一定为银信合一或银信合封，他所收藏的几万封侨批里，也发现其实并非所有的批信都是信汇合一的，反而有很大一部分只有汇款而没有家信。故提出侨批为"银或银信"的观点。单"银"指有银无信，"银信"则指的是银和信。

曾旭波在《潮汕侨批业研究》中，对侨批的定义，以及侨批

---

① 《福建省侨批档案保护与利用办法》，见于福建省人民政府网站，https://www.fujian.gov.cn/zwgk/zfxxgk/zfxxgkzc/fjsgzk/202112/t20211216_5794880.htm。
② 王炜中：《潮汕侨批》，广东人民出版社，2007 年，第 3 页。
③ 张美生：《侨批档案图鉴》，中山大学出版社，广东省档案馆，2020 年，第 10 页。

中的"批"字也做了详细而深入的探讨，并对"批"字进行了深入分析。曾旭波老师在访谈中告知笔者，早期侨批都是以寄银为主，有时亦附带家信。在他看来，其实有很大一部分侨批是没有信的，所以从严格意义上来说，侨批并不都是有银就有信的，只能说银信合一或者银信合封是侨批的一个显著特征。

陈建波认为，具有以下两个以上特征的信件就是集邮者所说的侨批：是国外侨胞（或国内亲属）通过水客、批信局（或邮政系统、商号）传递的信件；信件上有侨批局或商号的戳记；信件上有托付顺带款项说明或其他暗示款额的标记；信件上有明确回批字样或收信人明确为批信局；信件内容有明确的汇款（或收款）数额等相关内容；将若干封信装在一起邮寄的侨批局信封[1]。陈建波提到的这个定义基本上可以把那些属于侨批但又缺少某些特殊标志的信件认定为侨批，将侨批在长时间跨度下的演变形态都涵盖进去了。

多数学者认为，侨批的"批"字，是源于广东及福建的方言，他们称信为"批"。将相应的回信称为"回批"。但是，《辞源》在对"批子"条的解释中，将其解释为"支取银钱的字条"，所以，这里的"批"的意义显然已扩展延伸了，既代指了"信"，又涵盖了"钱"[2]。实际上，"批"字指代信，经历了"批"字从动词到名词的转变，而"批"字指代信，最早从南宋朱熹的奏文中就已出现，至明代，在闽南通行。《辞源》等大型辞书没有收此义，《闽南话大辞典》收录。

二、闽南侨批文化的历史形成

其实从以上对侨批的界定过程中，无形之中就已涵盖了"侨批文

---

① 陈建波：《侨批文化及其传播学价值研究》，汕头大学，2022年博士学位论文。
② 张军：《近代中国侨批业研究》，厦门大学，2001年硕士学位论文。

化"，侨批文化起源于侨批，侨批又起源于华侨华人，由一系列"侨缘"衍生的纷繁复杂的文化现象、社会产物、精神文明等其实都属于侨批文化的范畴。从空间上来看，侨批文化是一种地域性较强的独特文化，所以说，侨批文化也喻示了侨乡文化，侨批分布在各侨乡，批局与侨批业在侨乡出现，并在侨乡形成体系。从时间上看，侨批业于20世纪产生并发展起来，所以又从纵向体现了侨批的历时性，在历史的长河中不断延续。所以，通俗来说，侨批文化是具有地域特殊性的历史文化。

侨批文化的具体表现丰富多样。其一，侨批及侨批档案等相关实物的形式类别所反映的时代信息以及艺术审美等，以及侨批相关外延形式或组织架构所呈现的文化传播现象；侨批档案，是指侨批和侨批经营管理以及相关活动中形成的文书、信件、票据、证书、账册、照片、印章等不同形式和载体的具有保存价值的历史记录[1]。其二，侨批与回批里的具体信件内容所传播的重要讯息以及呈现叙事方式，体现的时代特点、人物品质特征、精神文明等。其三，侨批对海内外的某种情感联结作用，以及赋予群体的认同意义等。

闽南侨批产生于清末时期金融邮讯机构尚未建立或不够完善的年代里，至今已经有一百多年的历史了，是当时海外华人华侨给国内的侨眷侨属汇钱或者寄家信的最主要方式。早期华侨银信通过同乡、亲友回国时带回，或委托"水客"或者"客头"走单帮（整个侨批、回批运作流程由一个人完成）带回。水客最初只是往返于国内和南洋各地的华人，回国之际顺便帮熟人带批信、带款，一般都是老洋客，而后演化成为一种专门的职业。他们替东南亚华人移民带款，带批信、口信至移民家中，偶尔也会顺带着做一些生意，把南洋的土产运回国内销售，或是把国内的货物运往南洋国家和地

---

① 《福建省侨批档案保护与利用办法》，见于福建省人民政府网站，https://www.fujian.gov.cn/zwgk/zfxxgk/zfxxgkzc/fjsgzk/202112/t20211216_5794880.htm。

区售卖。随着带钱带物数量与次数的增多，生意也就越做越大，自然也就转化成了一种固定的职业了。后来，其中的一部分水客投资办起了侨批局。由于有的水客大多兼营招募华工，往南洋时往往会带一批新客出国，因此水客又常常被称为"客头"。

水客对南洋各地华侨及其家乡的亲属都非常熟悉。所以，他们既可以携带物品，也可以携带书信、原货币（大银、鹰银），也可以传口讯，并且能够深入到穷乡僻壤，收揽银信，登门派送侨批，正因为非常便捷，所以很受家乡人的欢迎。

随着华侨寄信汇款业务的大量增加，国内代水客、客头转递信款的信局就出现了，如恒记邮局、永春人开设的黄日兴信局等。有一些富裕的客头、水客或者商人也开设了专营或者兼营侨批业务的批馆或信局，并在海内外建立机构网络，大大地加快了汇款速度，提高了侨批与回批的传递效率。

此后，侨批信局借助不断完善的邮政和银行系统开展侨批业务，侨批的经营进入分工协作的阶段，即侨批信局负责收"批"与登记分"批"，邮局负责跨国以及长距离侨批或者回批的"传递"工作，银行则负责侨款资金头寸的调拨与兑换业务。1972年，中国国务院下发通知取消国内侨批业，1979年闽南侨批业全部归入当地国家银行，侨批的汇款功能就此由银行接替，而其交流情感之书信的渠道则由不断发达的电讯及邮政所替代。至此，国内侨批业就此结束。而继续经营的国外侨批局仍然以侨批方式通过国内银行渠道委托解付侨批，直至20世纪90年代末纸质形态的侨批才算真正消失。

我们可以从产生、发展到消失对闽南侨批业的大体流程做一个线性的梳理：

1.清末，"水客"个人"走单帮"经营侨批；

2.个人经营规模不断扩大，使用个人名章进行宣传，商铺经营或者代理；

3.19 世纪 90 年代后，水客或商家创办侨批信局，在一个国家经营（单帮）；

4.信局发展自己的分支机构，经营多个国家侨批（杂帮），20 世纪 20 年代后开始兼营汇兑业务；

5.以自家局为主、代理局为次开始建立网络；

6.以代理局为主、自家局为次的代理网络迅速扩大；

7.汇款业务逐步由银行机构取代，书信业务由电信替代，侨批网络走向衰退，侨批局随之转型，有的蜕变为银行；

8.20 世纪 70 年代至 80 年代初，国内侨批业取消，从业人员归入国家银行。

综上所述，可以看出侨批业的生命周期其实是伴随着社会科技尤其是银行与邮政技术的进步而变化的。

三、闽南侨批文化的主要内涵

文化对一个民族发展的影响是潜移默化的，同时也是根深蒂固的。闽南侨批文化折射出了闽南人深层次的文化精神，彰显了丰厚的历史文化内涵。概括起来，主要包括如下几个层面：

一是体现了"百善孝为先"的文化内涵。闽南华侨远涉重洋，身处异域，虽然地理距离很是遥远，但他们却依旧心系家园，有机会便寄信"搭钱"给国内的父母及家人，很好地体现了传统文化对他们根深蒂固的影响。莱佛士在《爪哇史》一书中记载，1810 年印尼西加里曼丹的采金业中，华侨获得了 370 万西班牙元的利润，其中有 70 万寄到了国内，另外有 100 万由返回中国的人带了回去，占到了其总收入的近一半 [1]。

---

① 陈燕玲：《闽南文化概要》，厦门大学出版社，2020 年，第 247 页。

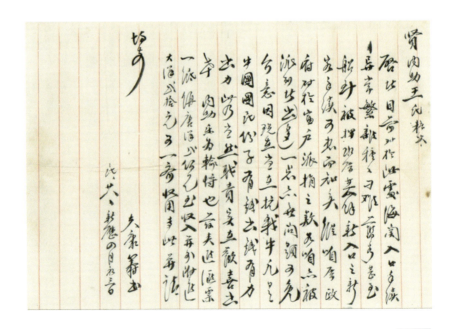

图为1921年马来亚华侨谢再考寄给母亲的侨批,思亲之情跃然纸上。

图为1939年厦门同安籍菲律宾华侨康起图寄给妻子王申妃的侨批,要
求家人支持抗战。

—— 图 为 盖 有
"信""义"章
的侨批封。

　　二是体现了华侨同仇敌忾的爱国情怀。1939 年，爱国侨领陈嘉庚领导南洋华侨支援祖国的抗日战争。广大华侨，尤其是青年积极响应，其中，被誉为南侨机工"四朵金花"之一的白雪娇因担心父母家人不同意，便只好化名报名应征。临出发时，她请好友转交给父母一封告别家书："亲爱的父母亲，别了，现在，什么也不能阻挠我投笔从戎……家是我所恋的，双亲弟妹是我所爱的，但是破碎的祖国，更是我所怀念热爱的……我怀着悲伤的情绪，含着辛酸的泪水踏上征途了……虽然在救国建国的大事业中，我的力量简直是'沧海一粟'，可是集天下的水滴而汇成大洋，我希望我能在救亡的汪洋中，竭我一滴之微力……"[①]

　　三是反映了华侨践诺守信的商号文化。诚实守信是闽南华侨在海外安身立命之本。闽南华侨诚实守信的优秀品质影响和感染着侨批从业者，他们以诚实守信为经营理念和人生信条。如泉州

---

① 陈毅明、汤璐聪：《南侨机工抗战纪实》，鹭江出版社，2005 年，第 6 页。

"王顺兴信局"因勤勉经营，短时间积累起巨额财富，引起匪徒觊觎。大约在1928—1930年的一天夜里，泉州南门外土匪陈清祺带领百余名匪徒攻破信局大门，局内批银及王家各房首饰细软被洗劫一空……① 即便经此劫难，信局老板王为针并没有将损失转嫁客户，而是自行承担抢劫造成的全部损失，用行动兑现承诺，深得客户信任。

总而言之，随着越来越多闽南侨批被发掘，其所蕴含的文化内涵正在不断地被充实着。

第二节　闽南侨乡侨批文化的海外传播

在闽南的泉州地区，20世纪的一些相关的历史统计数据，可以作为闽南侨乡文化、侨批文化蓬勃发展、经久不衰的历史佐证。如永春县东平乡东山村颜姓在国外的人口有800多户6000多人，而在国内的仅有2000多人；城郊乡桃溪村周姓1950年修谱时登记的海外人口有4000多人，比国内的人口多了一倍以上；永春东门后村郑姓在国外的人口多达3万余人，而国内的人口只有三分之一；在1937年的调查中，城郊乡张埔村李姓国内人口不足300人，而国外人口超过了600人②。闽南人向海而生、侨居海外的历史图景由此可见一斑。

一、闽南华侨的历史形成与地理分布

从历史上看，中国人大规模向海外移民开始于16世纪末。到了17世纪初，世界各国华人的数量就达到了10余万人，主要分

---

① 泉州市归国华侨联合会、泉州市档案馆、泉州学研究所：《回望闽南侨批》，华艺出版社，2009年，第44页。
② 陈燕玲：《闽南文化概要》，厦门大学出版社，2020年，第231页。

布在东南亚各地。这个数字在 19 世纪中期有了明显的飞跃，但东南亚依然是侨居地的重点地区。19 世纪中叶以来，大规模华工出国潮的涌现，从根本上扭转了世界华侨华人的分布状况，北美洲、拉丁美洲、大洋洲和欧洲都出现了数量不等的华工团体和华人社区。而到了 19 世纪末，东南亚以外的国家和地区开始排斥华工，所以 20 世纪初，华人集中地重新回归东南亚。据《中国国际移民报告（2015）》的统计数据显示，侨居海外的华人华侨已经达到了6000 多万，分布在世界 198 个国家和地区。这里简要介绍一下泉州、漳州华侨的海外分布情况：

一是泉州华侨在海外的地理分布情况。自唐代开始，泉州人就曾去往菲律宾、文莱、越南、日本、印度等地。到了南宋时期，已经与 30 多个国家和地区有了贸易往来。此后，不少泉州人去往泰国、柬埔寨定居。到元末明初，旅居海外的泉籍华侨已经达到了四五万人。明代中后期，部分闽南人被葡萄牙殖民者转运到印度、阿尔及尔、莫桑比克等地，这是泉州人移居非洲的开始。16 世纪末，随着西班牙殖民者的暴力掠夺，一部分泉籍劳动力去往墨西哥、秘鲁等美洲国家。清朝乾隆年间，有部分泉州人开始定居新加坡和老挝等地。一直到鸦片战争爆发前夕，旅居海外的泉州籍华人华侨总量达到了 30 多万人，主要分布在泰国、印尼、马来西亚、新加坡、菲律宾、越南、日本、朝鲜、东帝汶、墨西哥、南非等 21 个国家和地区。而到了 1911 年，这个数字翻了一倍多，达到了 80 万人以上[1]。除了原来的东亚、东南亚、非洲、美洲国家外，伊朗、埃及、所罗门、巴拿马、智利、巴西、英国、法国、荷兰等地也成为泉州籍华侨华人的重要集中地。中华人民共和国成立之后，因为不承认双重国籍，我国政府鼓励海外华侨华人加入居住国国籍，东南亚各国华侨先后成为外籍华人。

---

[1] 陈燕玲：《闽南文化概要》，厦门大学出版社，2020 年，第 236 页。

二是漳州华侨在海外的地理分布情况。漳州地区的华侨华人主要生活在印尼、马来西亚、菲律宾、美国、加拿大、澳大利亚、法国、日本等 21 个国家和地区。事实上，漳州人的海外旅居也早在唐代就已经开始，苏门答腊是他们最开始的去向。明永乐年间，在苏门答腊的巨港、爪哇的图班等地定居的漳州人数量很大，清代前期已经达到了 10 万多人。抗日战争爆发前后，因为国内的局势动荡不安，去往印尼的漳州人大量增加。即便是 1953 年起，印尼政府严格限制中国移民入境，据侨务部分的统计，截至 20 世纪 80年代，印尼华侨华人也达到了 20 多万。而祖籍漳州的印尼华侨华人也有 7 万多人①。

二、向海而生的闽南侨批文化

1885 年，一封从马尼拉寄出的家书漂洋过海，送达当时的福建泉州石狮钞坑村。42 岁的菲律宾华侨颜良瞒通过写信的方式给妻子蔡氏交代建新厝事宜，叮嘱她要花钱请一场梨园戏演出，并随信附上了 20 银圆。事实上，正如前文所言，这样一封信汇合一的家书，曾经一度是闽南华侨最常见的汇款形式。可以说，侨批是向海而生的产物。在闽粤方言中，"批"指的就是信件。一封完整的侨批，由批封和批信组成，批封标金额，批信含家书。有侨才有批，侨批的问世，源于源源不断的海洋移民。

福建自古以来素有"八山一水一分田"之称，山多地少的自然条件窘境，促使福建人将视野转向了波澜壮阔的海洋。1840 年鸦片战争爆发后，中国闭关锁国的门户被迫开放。作为"海上丝绸之路"的核心区域，福建沿海港口冲破"片板不许入海"的海禁封锁，闽南民众率先扬起远航的风帆。当时蛮荒又充满温饱诱惑的南

---

① 陈燕玲：《闽南文化概要》，厦门大学出版社，2020 年，第 237 页。

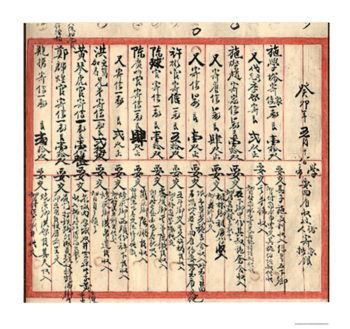

图为清光绪二十九年（1903 年）关于晋江水客施学帝的记录页，其中有汇寄侨批的款额、地址等。

洋，是广大闽南人选择走向海洋、走向世界的第一站。之后，大量南方沿海民众远赴外洋谋生，形成了"下南洋"的移民潮。那个年代，车马航运都慢，如何将辛苦挣下的钱款随同家信递送回乡，成了每个华侨心中的难题。水客，是第一拨嗅到商业气息的人。

据历史记载，在 19 世纪 40 年代，星洲（新加坡）商业区市街，随处可见华人拥挤其间。他们大多是苦力，当甘蜜园或胡椒园工人。之所以会聚集在市街，只不过是为了办理由帆船汇款回乡的手续。在那个阶段，寄至故乡的银信基本上是托交给同乡的水客或相识的归侨带回家乡。寄款者将其银信交与此辈水客，由水客按金融抽收 10% 的手续费作为寄送的酬劳。侨批信汇合一的特殊邮传载体雏形由此形成。之后，南洋经济蓬勃发展，勤劳多智的华人一度控制了东南亚诸国的农业、工业、采矿业、商业和对外贸易……小商俨然已成巨贾，

图为天一信
局遗址及标牌。

以前水客带侨批的方式显然已不能满足日益增长的汇款需求。

在"下南洋"热潮的裹挟下,一个连接着东南亚华侨聚居地和中国移出地、为华侨解送侨批的庞大跨国运作网络应运而生,并绵延长达百年,也由此拉开了中国金融邮讯发展的序幕。据《泉州侨批业史料》一书记载,1871年,晋江安海人郑灶伯、郑贞伯兄弟创办的郑顺荣批馆,成为闽省第一家"侨批馆",比中国自家创办的商业银行早了26年。明万历间,菲律宾华人就寄银信合一的海外批信回漳州。9年后,龙溪县流传社(今漳州台商区角美镇流传村)的郭有品创办的"天一信局"后来居上,历经48年,成为中国邮政史上有记载的规模最大、营业分布最广、经营时间最长的民间侨批汇兑银信局,可以说是中国第一邮局。

作为闽南侨批业的代表者,天一信局规定寄送侨批必须要有发票根以备查询,并雇用了固定的信差,防止信差向侨眷索要小费,而且侨批信封上加盖的信用戳还会做出郑重的承诺："送到贵家，设法异常，无甲小银，无取酒资。"正是因为将诚信刻印在细节之中，天一信局很快博得了广大华侨及侨眷的充分信赖，业务发展也随之水涨船高、蒸蒸日上。鼎盛时期，天一信局的年侨汇额达到了千万元大银，占当时闽南侨汇总量的近三分之二。这些通过批信局输入的侨汇，除了赡养侨眷、投资侨乡以外，还有一部分被用于兴办文化教育，支持公益慈善项目，比如菲律宾华侨黄开物创办的"锦宅华侨公立小学校"……

华侨在源源不断输入外汇的同时，也不忘对旅居地输出优秀的中华文化。在一波波中国东南沿海百姓下南洋的热潮中，就有一名来自泉州的少年——丁马成。1934年，刚满18岁的他在移居新加坡之后，也将自己热爱的泉州地区的南音带到了这个包容多民族文化的社会，并将其发展成为新加坡文化交流的一张重要名片。丁马成担任新加坡湘灵音乐社社长后，提出并实行了改革南音、重振南音的一系列设想，举办首届亚细安南乐大会奏，把南音带到了美国、法国、日本、韩国等地，将古老的东方传统文化、地域特色文化带到了全世界的各个角落。

实际上，这一纸纸的侨批虽然早已成为历史，但它们不仅承载着闽南华侨们浓浓的思乡之情，更诉说着他们深沉的家国情怀。即便是背井离乡、远在海外，但闽南华侨游子们的根与魂始终在中国。特别是在辛亥革命以及抗日战争时期，广大华侨通过捐款、购买救国公债、侨汇、投资和捐献物资等多种方式支援祖国，这些捐赠大多通过侨批或银行寄汇的方式进入国内，支持民主革命、民族解放。1911年辛亥革命之时，海外华侨倾力相助孙中山进行革命运动，各种捐款累计达七八百万，其中闽籍侨胞捐款总数"不下二百万元"①。抗战时期，遍布世界各地的侨胞同仇敌忾，以实际行动支援祖国。据统计，海外侨胞每月捐赠达 2000 万元国币，相当于当时国内每月军费的三分之一②。海外赤子或亲身参与，或奔走筹资，那批封上的抗日口号，那刻着购救国公债的邮戳，那闪耀在字里行间的民族精神，无一不向我们展示着闽南华侨们满腔的爱国热血。历史的车轮滚滚向前，它承载了历史的辉煌，也带走了昨日的遗憾。作为华侨社会重要汇款渠道的侨批信局，因为社会发展的日新月异，于 1976 年 1 月结业，侨批也就此退出了历史的舞台，但其价值已被业界和社会认可。

正如习近平总书记指出，"侨批"记载了老一辈海外侨胞艰难的创业史和浓厚的家国情怀，也是中华民族讲信誉、守承诺的重要体现。要保护好这些"侨批"文物，加强研究，教育引导人们不忘近代我国经历的屈辱史和老一辈侨胞艰难的创业史，并推动全社会加强诚信建设。如今，作为"下南洋"移民群体的集体记忆文献，福建、广东《侨批档案——海外华侨银信》已于 2013 年 6 月入选《世界记忆名录》，成为全人类共同的记忆财富。

2021 年 10 月 15 日，一部聚焦"侨批档案"的纪录片《百年跨国两地书》播出，将侨批又一次带回人们的视野。百年来，漂泊异乡的海外侨胞写下一封封侨批，它们被装入信客行囊，随着大航海时代的风帆，在世界各地留下印迹。最开始，侨批只是一封载满乡愁的家书。它沿着海上丝绸之路，见证了世界上最特殊的邮传载体的崛起；它经历战火洗礼，成为海外赤子家国情怀的信仰；它丰富了海洋文化的殿堂，成为一根跨越国界的纽带，一头是羁旅他乡

---

① 严春宝：《新加坡华侨华人与辛亥革命》，《中国社会科学报》，2012 年 2 月 8 日，第 6 版。

② 华侨博物院：《南侨机工》，文物出版社，2005 年，第 17 页。

的海外赤子，一头是望眼欲穿的故土亲朋。如今，属于侨批的历史烟云早已淡去，但品读研究侨批的人，仍能循着时光的轨迹，去体会字里行间那份对家人、故乡和祖国的深情。

党的二十大报告指出："坚守中华文化立场，提炼展示中华文明的精神标识和文化精髓，加快构建中国话语和中国叙事体系，讲好中国故事、传播好中国声音，展现可信、可爱、可敬的中国形象。"[1]侨批档案作为华侨文化的重要载体，凝聚着华侨华人与侨乡、侨眷的集体记忆，记录了广大华侨华人求生存、谋发展、建设国家与家乡的生动实践，是华侨文化的重要组成部分。闽南地区是著名侨乡，旅外谋生的历史十分悠久，提炼展示闽南侨批文化的精神内涵和时代价值、讲好闽南华侨故事、传承学习老一辈华侨爱国爱乡的桑梓之情，对于新时代凝聚海内外侨胞力量、加快建设现代化国际城市意义重大。

侨批书写的汉语文字凝聚了语言文化认同。习近平总书记强调："文化认同是最深层次的认同，是民族团结之根、民族和睦之魂。"侨批作为海外华侨华人与侨眷之间特殊的家书和汇款凭证，运用汉语书写，是华侨华人对中国语言文字文化认同的具体体现，增强了中华民族文化认同感。语言具有对内认同、对外封闭排他的特点，对于漂泊到异国他乡的侨胞来说，使用汉语进行书写和交流不仅形成了熟悉的汉语文化空间，而且解决了自我身份认同的问题，增进了语言文化认同，铸牢了中华民族共同体意识。

侨批蕴含的拼搏精神彰显了"民族文化认同"[2]。2021年，习

---

[1] 习近平：《高举中国特色社会主义伟大旗帜 为全面建设社会主义现代化国家而团结奋斗——在中国共产党第二十次全国代表大会上的报告》，https://www.gov.cn/xinwen/2022-10/25/content_5721685.htm。

[2] 魏宁楠：《中华文化认同视角下闽南侨批的时代价值》，《福州大学学报》（哲学社会科版），2022年，第1期。

近平总书记在全国宣传思想工作会议上强调："中华优秀传统文化是中华民族的文化根脉，其蕴含的思想观念、人文精神、道德规范，不仅是我们中国人思想和精神的内核，对解决人类问题也有重要价值。"文化的核心功能是塑造认同，文化认同是最深层次的认同，是政治认同的坚实基础。深挖侨批故事，就会发现侨批不单是华侨家书，更是几辈人集体的记忆遗产，凝聚着海外华侨华人诚实守信、团结互助、艰苦奋斗、开拓进取的精神，反映了克勤克俭、自强不息、敢于冒险等中华优秀传统文化的理念。民族情感是家国情怀的源泉，正是基于对中华文化的认可和赞同，基于中华文化的情感联结，身处异国他乡的华侨华人继承了中华民族精神，加深了对中华文化的认同，为凝心聚力建设祖国奠定了坚实的文化基础。

侨批的家国观念展现了华侨华人的政治文化认同，这种政治文化认同建立在海外侨胞对中华优秀传统文化"天下为公""舍生取义"等道德观念和价值取向的认知和实践基础上。海外侨胞有着强烈的"根"意识，身处异乡却一直对祖国的建设十分关注，特别是抗日战争期间，侨胞们在全球各地成立抗日救亡爱国组织，以各种方式为中华民族夺取抗日战争胜利贡献力量，充分展现了海外侨胞的爱国情怀，蕴含着促进政治认同和国家认同的强大力量。

综上，闽南侨批"是华侨与侨眷沟通交流的桥梁，是侨眷家庭的经济生活支撑和精神支柱"[1]，推进了闽南侨乡的社会发展进程，更是近代历史变革的见证。

---

[1] 陈冬珑：《闽南侨批中侨乡文化内涵探究——以德盛批信局侨批为例》，《东方收藏》，2020年，第21期。

拾壹

闽南文化海外传播的典型案例

—

人创造了文化，人又是文化的载体。从宋末元初的兵灾、明代海禁，到清初迁界、清末饥荒，再到民国混战，一波又一波的闽南人为躲避战乱，背井离乡渡海创业、谋生，以艰苦卓绝的奋斗，为家乡亲人的温饱及革命事业付出大量钱财甚至生命，还融入侨居国的社会生活，把闽南文化传播到海外。受到"亲帮亲、邻帮邻"宗族观念的影响，先下南洋的闽南人经过一番拼搏奋斗，站稳脚跟后，便带着宗亲同乡下南洋共谋发展。一代又一代的闽南籍华人，在拼搏奋斗中把闽南生活习俗、民间信俗、语言、戏曲、饮食文化等带到了东南亚，闽南文化也因此传播。这其中，有几个典型的案例值得专门拿出来介绍一番。

第一节　马来西亚槟城的"姓氏桥"

马来西亚独特的闽南文化传播已"历经了近 200 年发展变化"①，而在马来西亚的槟城有这么一处华人聚居地，因搭建在海上而显得别具一格。名之为真正的水上人家一点都不过分——这就是赫赫有名的"姓氏桥"。第一次听到"姓氏桥"的名称，你或许会以为定然是一座十分有故事的桥梁。但实际上，虽然这里命名为"桥"，却只是一片沿海而建的高脚木屋村，距今已有 100 多年的历史了。当时华人下南洋到了槟城这个地方，为了生存，从事贸易和渔业，以海为生，为了方便往来船只的停靠，就在这片海域建起了一些栈桥码头，后来，又搭建起了房屋，随着当地族人的日益增

①　陈秋梅（Tan Chiew Mee）：《马来西亚的闽南文化传播研究》，南京大学，2017 年硕士学位论文。

图为马来西亚槟城最早的华人聚集地——姓氏桥。

多，逐渐形成了一个个独特的小村落，演变成了今天大马槟城著名的景点"姓氏桥"。马来西亚槟城的"姓氏桥"，是闽南文化海外传播、闽南人融入侨居国社会的一个典型案例，以姓氏宗族为单位的族群生活在同一座桥上，连接了大海和陆地，所以被亲切地直呼为"姓氏桥"。一个姓氏一座"桥"，只限本族宗亲集体使用。

　　"华侨华人是中国海外政治、经济和文化利益的特殊承载者。"[1]19 世纪中叶，熟悉马六甲海峡的闽南宗族村子后人，包括来自漳泉两地（主要是今天的漳州海澄，厦门海沧、杏林、同安，以及泉州部分村子）的王、周、李、林、杨、郭、陈 7 姓以及其他姓氏，他们各自以原乡名义，占守港口前线有利位置，搭建只限本族宗亲集体使用的木构码头，还有晚些时候来到槟城讨生活的其他姓氏，共同搭起一座杂姓桥和一座平安桥，加起来总共 9 座姓氏桥。

---

[1] 刘静、曹云华：《华侨华人与中国的海外利益》，《八桂侨刊》，2008 年，第 4 期。

这些"桥"上居民都在此从事以小舢舨接驳远道而来的大船货物和旅人，以及运输、贸易等生意。

聚集在槟城海岸乔治古城濒海港口轮渡头的这些闽南船民聚落，是从岸边伸向海上的一座又一座并列的各姓氏桥的木构码头，它们一头连接岸边的海墘街陆地，另一头伸延向马六甲海峡东面海域；这些由木桩（后来改为水泥桩）撑起的浮脚"桥"底下就是海水，"桥"下柱子用麻绳拴着一艘接一艘停泊的舢舨，舢舨主人每天接驳海上远方来此做生意的大型轮船，把大船上的客货卸载下来运送到岸上，以此为生。百年来，这些姓氏桥随着槟城港口海岸线的不断扩展，持续迁移以抢占更具接驳优势的地点，逐步形成了现有的"姓氏桥"格局①。

19 世纪初，最终连接着槟城濒海街道海墘街堤岸的，是王、周、李、林、杨、郭、陈以及杂姓、平安共 9 座姓氏桥。到 19 世纪上中期，这些姓氏桥已形成其宗族势力的经济利益范围，共同的布局特征。他们就这样一代代在这里讨生活，去世后也安葬在这里（槟城）的"义山"② 上。除了源自回族的泉州惠安百崎郭姓，其他族姓都出现在道光二十一年（1841 年）槟城的《福建义冢碑记》中。

19 世纪上半叶，从闽南投亲靠友而来槟城的各桥先民主要是聚居在各姓氏自己创建在"桥"靠岸一端的特殊建筑"公司屋"。所谓公司屋，是考虑到本村族亲初到这里投靠亲友，不一定有可以居住的地方，为着照顾和安顿故乡来的亲人而创建的处所，让单身亲人可以聚居一处有个解决食宿且互相照应之处，也方便他们随时在海上谋生。等到稍有积蓄之后，他们可以在附近另觅新居。公司

----

① 潘怡洁：《初探槟城姓氏桥社会的形成与转变》，《闽商文化研究》，2016 年，第 1 期。

② 即公益性的义冢，也就是公墓。

屋让初来乍到的乡亲在异国他乡有个简陋的生存环境。公司屋有家乡的祖佛神明香火，以保佑人员生活平安、生意顺利，"公司屋"既具有族亲集体生活场所的公益性质，也透露出每座姓氏桥其实是由本族宗亲集资兴建的、具有股份公司性质的经济组织。

直到 20 世纪初，随着现代港口建设的逐步定型，各"桥"才在 1910 至 1920 年代之间各自固定在最后搬迁地点。此时，各桥先民中许多人在当地已经有了家庭，不再是聚居在"公司屋"里的单身汉，有些人因为生活与做生意的方便，不愿离开本姓桥到较远的岸上租房子；他们既要兼顾家庭，又得日夜守着码头接驳客货过生活，于是便陆续有人选择在"桥"边搭建海上干栏式木屋，就逐渐形成以主桥为中心向两侧延伸的小村落，居民以堂兄弟或叔伯相称，构成血缘、业缘、地缘一体的海岸边小村落。同时，将原来几代人供奉在公司屋的"祖佛"香火移到"桥"头，以原乡本庙名义建庙，供奉从青礁、白礁分香而来的保生大帝。这些来自原乡的神祇都成为各姓氏在这里的保护神，表示此处是与原乡神人一体的族亲社群。因为当时家家户户都有叔伯兄弟三五年轮流来往于原乡与槟城两地，轮流居住在本族亲姓氏桥上的本家房子，南洋家庭生活与原乡家族经济于是就融成一体。这在各姓氏桥之间，情况大致一致。如姓李桥李氏族人源自福建厦门同安兑山社（今厦门市集美区杏林湾畔的兑山村，现侨英街道），所以本桥入口处建有"金鞍山寺"镇住"桥头"出入口以保水陆平安，虽然是 1972 年才建设，却是与原乡始建于明永乐年间的古老"金鞍山寺"同名，同样主祀保生大帝。

槟城港口随着经济发展、港口扩张需要，不断向前移动，姓氏桥也在不断前移，比如姓李桥最后一次搬迁，是因政府 1960 年代征用目前槟城港口大钟楼对面左侧的姓李桥原址，改建深水码头。当年槟城李姓族亲，在 1962 年经过屡次抗争，成功重建"桥"于海堤街。保生大帝和神灵的香火，也都是在那时才从"桥巷仔内"

迁移入建于桥头的庙。每逢保生大帝圣诞，李家子孙不论是否依靠姓氏桥生活，依然会根据原乡同安兑山村开基祖七房子孙分居在该村西行、南井等 7 个社角的分布情况，而以七个房头（七角）代表与全体桥民一起祭祀保生大帝；而姓周桥与姓王桥，相对于姓李桥，则会强调本村与保生大帝历史渊源的说法。一直到 1980 年代，两桥后裔之间还口口相传着先辈留下的传说，姓周桥原乡是同安杏林社，而姓王桥先民则源自杏林銮美社，彼此村落都处在同县之保生大帝生活、行医的范围，而漳州海澄姓陈桥所建的桥庙供奉的是开漳圣王陈元光。

之后从闽南迁徙槟城的同乡日益增多，于是人们便不断从"主桥"分出许多小栈桥另建起许多房屋，以安置同宗族人，使得水上村落不断扩大并保持着故乡宗族村落的原样。为保佑族人健康平安，家乡的医神保生大帝香火也被请来供奉，香火都很鼎盛。闽南人先辈们就在这里守住了本族文化，带来了温暖与和谐的文化元素，并延绵至今。

在 21 世纪初的城市改造和环境整治中，海岸旁边杂乱的建筑物无疑属槟城市政整治范围，这片海上民居因为保留着古代华人最早迁徙槟城的珍贵历史记忆而被保留下来[1]，但原本的 9 座姓氏桥还是拆了两座（姓郭桥和平安桥），现在还剩姓林桥、姓周桥、姓陈桥、姓李桥、姓杨桥、姓王桥、杂姓桥 7 座，这 7 座姓氏桥于 2008 年被列入世界文化遗产名录因而成为"关注和保护的对象"[2]。姓林桥因街道整洁、管理周全还在 2003—2004 年被槟城评为"最佳姓氏桥"，而姓陈桥则被评为"最美姓氏桥"，最早兴建且规模最大的是周姓桥，向海延建有 500 米之长，人数也最多，有 75 户人家，桥上看起来只有一条路，类似于主干道。其实在主道旁还有

---

① 徐建军、谭良斌：《关于槟城姓氏桥保护与更新的几点思考》，《建筑与文化》，2021 年，第 7 期。

② 黄木锦：《槟城乔治市与世界文化遗产》，《闽商文化研究》，2015 年，第 2 期。

图为马来西亚槟城姓周桥。

很多分岔路，走进去就是一番水上人家风景。

　　生活在姓氏桥的闽南籍华裔至今依然还有人继续从事着简单的捕鱼、接驳，以及商业小生意，生活简单淳朴。在现存的这些姓氏桥中，长度最长、居住人家最多的姓周桥最为出名。姓周桥，顾名思义，住在此地的人都姓"周"。走进桥里，一眼就可以看到相当多生意红火的店铺。这里与我们平时走的小巷子唯一不同的就是，脚下踩的是木板桥而不是水泥地。每间房子也都是家家户户互相挨挤着，有小院子，有小阳台。居住在这里的都是华人，每户人家门口都贴着春联，还有用来祈祷的小神龛。姓周桥不是一个没有内容的"住宅区"，也不是仅有海边风光可以欣赏，这里有很多有意思的小店。从食品、手工艺品，再到印度纹身，应有尽有，而店家们也很热情，丝毫不懈怠地为游客们介绍他们的"得意之作"。毫不夸张地说，姓周桥虽然仅有 500 米，但是值得你花上一两个小时慢慢欣赏。为槟城带来很多名气的电影《初恋红豆冰》的拍摄地之一就是姓周桥。

随着槟城旅游业的兴起，有的"姓氏桥"变成了具有闽南特色的海上商品小街和小吃街，位于片区中心的姓周桥基本上已经完全商业化了，两旁是卖小吃和一些小工艺品的小店，就像闽南地区的那些古镇，在旅游业发展中形成了一条条小商业街、小美食街，成为槟城一个别具风采的人文景区。

文化身份或认同"是人们对世界的主体性经验与构成这种主体性的文化历史设定之间的联系"①。华人下南洋的历史，其实是一段从谋求生存到实现自我价值的历程，团结的宗亲组织发挥了重要作用，槟城"姓氏桥"现象就是闽南人下南洋开拓进取、团结拼搏、融入异国社会的一个历史缩影，也是闽南文化传播海外的典范窗口，也是闽南侨胞民族文化认同的一个重要载体。

第二节 "华侨旗帜 民族光辉"陈嘉庚

1874年10月21日出生的陈嘉庚，是福建泉州府同安县集美社人，也就是现在的厦门市集美区，而他的祖籍是河南省的固始县。作为我国著名的爱国华侨领袖，陈嘉庚因为在教育、慈善等方面的杰出贡献而被毛主席称为"华侨旗帜"，闪烁着民族的光辉。回溯历史，令人钦佩的嘉庚精神可以从以下几个维度窥见：

一是执着实业的企业家精神。1891年，17岁的陈嘉庚遵从父命，

---

① 斯图亚特·霍尔：《文化身份与族裔散居》，罗钢译，中国社会科学出版社，2000年，第14页。

渡洋前往新加坡谋生，最初在父亲经营的顺安米店帮忙。1904年，时年30岁的陈嘉庚集资7000多元（叻币）在新加坡创设菠萝罐头厂，号称"新利川"，后接管日新公司。在三个月不到的时间里，两个厂获利共计达到了4万元（叻币）。他没有满足于取得的成绩而就此停下脚步，而是立刻用2000元（叻币）购了橡胶树种子，将其播种在菠萝园中，进而大面积种植，到1925年，已拥有橡胶园1.5万英亩，成为华侨中最大橡胶垦殖者之一。也正是因为这个原因，陈嘉庚被称为新加坡马来西亚橡胶王国的四大开拓者之一。

橡胶园扩产之后，陈嘉庚又开办橡胶制品厂，生产橡胶鞋、轮胎和日用品，先后在国内各城市、南洋和世界各国大埠设立分销店100多处。他还经营米厂、木材厂、冰糖厂、饼干厂、皮鞋皮厂等，厂房达30多处。1925年，在陈嘉庚商业帝国的鼎盛时期，其营业范围远及五大洲，雇佣职工达3万余人，资产达1500万元（叻币，约值黄金百万两）[1]。陈嘉庚南洋华商的领袖地位也就是在这个时候确立起来的。

二是匹夫有责的爱国主义精神。陈嘉庚的人生重大贡献之一是募集巨款援助祖国的抗战。早在1910年，陈嘉庚就参加了同盟会，募款支持孙中山的革命活动。1912年中华民国成立之后，他一再反对日寇侵略，筹款救灾抵制日货，导致工厂被焚，亦在所不惜。1937年8月15日，抗战全面爆发的关键时刻，陈嘉庚发起成立"马来亚新加坡华侨筹赈祖国伤兵难民大会委员会"[2]，并担任主席，把南洋各属1000余万华侨组织起来，并被推选为总会主席，自此确立了华侨领袖的社会地位。

1938年10月，抗日战争全面爆发，南洋华侨筹赈祖国难民总会

---

① 游俊豪：《激荡风潮：陈嘉庚的现代精神与文化遗产》，《南洋问题研究》，2024年，第3期。

② 参见董晶：《陈嘉庚与中国抗战》，《侨务工作研究》，2015年，第4期。

（南侨总会）在新加坡成立，陈嘉庚被推选为主席。在大会成立的发言中，他强调了华侨作为中华民族一员的意义、华侨与中国之间的重要关系、华侨对中国的义务与责任："华侨素有'革命之母'之令誉，爱国精神，见重寰宇。'七七'以来，输财纾难，统计不下一万万元，南洋方面，占十之八。此在道德的义务上，可谓已尽；而在国民天职上，究有未完。盖国家之大患一日不能除，则国民之大责不能卸；前方之炮火一日不能除，则后方之刍一日不能停，吾人今后宜更各尽所能，各竭所有，自策自鞭，自励自勉，踊跃慷慨，贡献于国家，使国家得借吾人血汗一洗百年之奇耻，得借吾人物力一报九世之深仇。而吾人之生存与幸福，亦庶几有恃而无恐。"① 陈嘉庚一方面号召华侨捐款捐物，购买大量汽车和军需物品，另一方面还亲自到南洋各埠演说动员。仅仅1938这一年，陈嘉庚就在马来亚筹获1500万元②。

1940年3月，陈嘉庚组织南洋华侨回国慰劳视察团，启程回国，以期实地了解祖国抗战局势、民众生活及华侨工人回国后服务的情况，慰劳在前线浴血奋战的抗日将士与爱国同胞。尤其是在访问延安时，所见所闻，使其感触良多，陈嘉庚由此认定中国共产党是中国人民的希望，表示衷心拥护。1946年，内战爆发后，陈嘉庚反对美国援助蒋介石，以南侨总会主席名义致电美国总统和国会表示抗议，并且抵制蒋介石召开的国民大会。1947年，陈嘉庚组织"新加坡华侨各界促进祖国和平民主联合会"，积极声援民主党派关于制止内战的斗争。1949年，他应毛泽东主席的邀请回国参加政协筹备会。10月1日的开国大典上，陈嘉庚在天安门城楼观礼了中华人民共和国的成立仪式，并被委以中央人民政府委员、华侨事务

---

① 陈嘉庚：《南侨回忆录》，《附录四：南洋各属华侨筹赈会祖国难民会代表大会宣言》，上海三联书店，2014年，第59页。
② 游俊豪：《激荡风潮：陈嘉庚的现代精神与文化遗产》，《南洋问题研究》，2024年，第3期。

委员会委员等职务。晚年的陈嘉庚，请人在集美的鳌园刻录"台湾省全图"，念念不忘国家的统一大业。

三是不遗余力的教育家精神。对社会，对人民，陈嘉庚始终怀有一颗赤诚之心。在海外经营实业取得成功后，他诚恳地表示："余久客南洋，心怀祖国，希图报效，已非一日。"在这种思想感情的支配下，陈嘉庚对祖国教育事业的资助真可谓倾其所有，不遗余力。1913 年，40 岁的陈嘉庚回到阔别二十多年的家乡厦门集美，先后创办了集美小学、集美中学、集美大学和厦门大学。厦门大学、集美学村各校师生都尊称其为"校主"。

1914 年 3 月，陈嘉庚创办集美高初两等小学校，此后相继创办女子小学、师范、中学、幼稚园、水产、商科、农林、国学专科、幼稚师范等，并逐步发展，在校内建起电灯厂、医院、科学馆、图书馆、大型体育场，建设集美学村。此外，他还资助福建省各地中小学 70 余所，并提供办学方面的指导。

1921 年，陈嘉庚认捐开办费 100 万元，常年费分 12 年付款共300 万元①，创办了厦门大学。1921 年 4 月 6 日，厦门大学正式开学，陈嘉庚以一己之力独力维持长达 16 年之久。在承担集美、厦大两校庞大开支的同时，陈嘉庚还联络新加坡华侨，组织同安教育会，支持同安县创办 40 多所小学。1924 年，陈嘉庚把同安教育会改为集美学校教育推广部，先后补助本省 20 个县市的 73 所中小学，补助总额达 193227 银圆②，全部由陈嘉庚承担。

不仅如此，陈嘉庚还在侨居地竭力倡办华文学校，曾任新加坡道南学校总理。1915 年，在新加坡捐资创办崇福女校。1919 年，

---

① 《陈嘉庚生平》，福建侨网，2014 年 11 月 3 日，http://qb.fujian.gov.cn/ztzl.cjgzt/cjgsj/cjgsp/201411/t20141103 __ 276089.htm。

② 参见施荣新：《爱国主义视角下的陈嘉庚教育救国研究》，西南科技大学，2019 年硕士学位论文。

图为厦门大学
校内的陈嘉庚塑像。

捐资 3 万元创办"新加坡南洋华侨中学",是当时南洋地区华侨的
最高学府,后来又捐 40 多万元作为该校基金。在抗日战争结束后,
他创办水产航海学校、南侨师范和南侨女中等学校。陈嘉庚一生中
先后创立和资助了海内外学校达到了 118 所。按照黄金价格计算,
约合人民币一亿五千万元[1]。

　　四是大爱无疆的奉献精神。陈嘉庚非常重视募捐活动。1906
年 11 月的江苏洪涝灾害、1908 年的漳州水灾、1917 年的天津水
灾、1918 年的潮汕地震、1920 年的威海饥荒、1922 年的潮汕风灾、
1924 年的广东和福州水灾以及 1929 年的陕西和甘肃旱灾等灾害发
生后,陈嘉庚对灾区人民施以援手、多方筹款赈灾。此外,他还亲

---

[1] 邓达宏:《近代闽南华侨捐资兴学之人文路向——兼论陈嘉庚先生办学思想》,《福建党史月刊》,2010 年,第 4 期。

自发起募捐活动，带头捐款。1915 年，天津发生水灾，陈嘉庚担任新加坡华侨筹款救济会主席，计募 20 余万元。1928 年，日军占领济南，陈嘉庚担任新加坡"山东惨祸筹赈会"主席。1935 年，中国 11 省发生严重水灾，陈嘉庚担任"华侨筹赈祖国水灾会"会长，动员华侨为国内灾民捐款。

在募捐方法和方式上，陈嘉庚也别出心裁、颇有见地。"本次大会目的专在筹款，而筹款要在多量及持久。新加坡为全马或南洋华侨视线所注，责任非轻，然要希望好成绩，必须有人首捐巨款提倡，此为进行程序所必然。"①他认为募捐一定要有人带头并多捐，这样才能募集到较多善款，而通常都是他亲自带头捐出巨款。另外，为保证筹款的持久性，他提出捐款方式可以多种多样，比如，"特别捐、常月捐、节日献金捐、货物助赈捐、纪念日劝捐、卖花卖物捐、游艺演剧球赛捐、舟车小贩助赈捐、迎神拜香演戏捐等。"②持久的捐赠行为在一定程度上弥补了传统慈善行为难以持续的问题与不足。后来，为保障对教育慈善事业的持续捐赠，陈嘉庚还设立了具有现代慈善特征的基金会。

1961 年 8 月 12 日，陈嘉庚驾鹤西去，病逝于北京，后安葬于厦门。他的葬礼由周恩来总理主持，毛泽东主席亲笔为他题词："华侨旗帜、民族光辉"。可以说，这是对陈嘉庚一生中所思所想、所行所为的高度总结与全面肯定。陈嘉庚率领广大海外华侨，打造了华人族群的身份认同，密切关心中国民族国家体制与中国爱国主义的建设，尤其在个人对于群体的责任与奉献方面，做出了最好的榜样、最大的推动。

---

① 参见焦建华、耿嘉岐：《陈嘉庚精神研究：以慈善捐赠为中心》，《中国经济问题》，2024 年，第 3 期。

② 邓玮：《论陈嘉庚先生的慈善精神及其时代意义》，《集美大学学报》(哲学社会科学版)，2010 年，第 1 期。

華僑旗幟　民族光輝

陳嘉庚

——

图为毛泽东同志的题词。

1990 年 3 月 11 日，国际小行星中心将中国科学院紫金山天文台 1964 年发现的第 2963 号小行星命名为"陈嘉庚星"，以表彰陈嘉庚一生为祖国乃至人类各项事业做出的杰出贡献。2015 年 9 月，陈嘉庚获颁中国人民抗日战争胜利 70 周年纪念章。2019 年 9 月 25 日，陈嘉庚获"最美奋斗者"称号。2024 年，在陈嘉庚诞辰 150 周年之际，福建各地举办了形式多样的纪念活动。

第三节　别开生面的世界闽南文化节

世界闽南文化节是由 2010 年在福建泉州举办的海峡两岸闽南文化节发展而来的。第一次世界闽南文化节举办于 2012 年，由台湾中华文化总会发起，是展示闽南文化、凝聚闽南乡情的重要平台。迄今为止，文化节已在台湾台南（2012 年）、福建泉州（2013 年）、澳门（2014 年）、金门（2015 年）、马来西亚马六甲（2016 年）、阿联酋迪拜（2018 年）、香港（2019 年）、菲律宾马尼拉（2023 年）、印尼雅加达（2024年）等地举办了九届。

2012世界闽南文化节首次以闽南文化为中心，组织海内外各地的闽南人一起探讨、体验、感受闽南文化，活动选择在闽南人的移居史上深具关键地位的台南与金门举办，很有意义。中国台湾地区领导人马英九在开幕式上说，闽南文化源远流长，来自河洛，航向四方。闽南文化最精彩的地方在于其"开放的理念、进取的态度和和平的精神"[①]。马英九希望学者们研究了解闽南文化的脉络和渊源，进一步将其发扬光大。台湾中华文化总会会长刘兆玄强调，闽南文化是在原有的中原文化基础上，汇入拓展、进取、冒险等精神汇聚而成的一种海洋文化。闽南文化向外拓展的同时，又跟当地文化融合，"看来相似，各有特色"。台湾资深导演郭南宏表示，1955年至1966年间拍摄的闽南语电影达1170多部[②]，也培养了许多电影专业人才。其后彩色电影从香港引进台湾，导致台湾的闽南语电影走向了没落，一直到2008年的《海角七号》上映，台湾电影中融入越来越多生动深刻的闽南语对白，闽南电影才开始慢慢走向复苏。

2013世界闽南文化节于2013年6月16日在闽南文化遗产富集区福建泉州开幕。作为第五届海峡论坛两岸文化交流版块的重要活动，来自36个国家和地区的4000多名嘉宾齐聚一堂、共襄盛举。"台湾人祖籍地大多是漳州和泉州，70%以上人口都是漳州和泉州迁移过来的。台湾也是闽南文化的一部分，更具有文化上的接近性，为两岸文化交流提供了深厚的基础。"[③]中国国民党副主席林丰正

[①]　引自中华人民共和国中央人民政府网站，https://www.gov.cn/jrzg/2012-04/28/content_2126053.htm。

[②]　《第三届海峡两岸闽南语电影文化研讨会简报》，福建文艺网，https://www.fjwyw.com/subpage/yssj/ysdm/2012-09-22/577.html。

[③]　引自中华人民共和国中央人民政府网站，https://www.gov.cn/gzdt/ 2013-06/18/content_2428725.htm。

图为 2014 澳门世界闽南文化节开幕式。（图片来源：中央政府驻澳门联络办网站）

说，"闽南文化跨越地域，从台湾，到东南亚各地，甚至到美国，已形成一个庞大而独具特色的文化圈。"[1] 本届世界闽南文化节是由中华人民共和国文化部、海峡两岸关系协会、中华全国归国华侨联合会、台湾民主自治同盟中央委员会、中华全国台湾同胞联谊会、中国广播电视协会、福建省人民政府共同主办。

2014 年 10 月 29 日，为期 3 天的以"中华心·闽南情"为主题的 2014 世界闽南文化节在澳门开幕。全国政协副主席何厚铧、澳门中联办主任李刚、全国侨联主席林军以及来自全球 20 多个国家和地区的 130 多个社团的 1000 多位嘉宾共同出席[2]。本次文化节活动

① 程朔：《第五届海峡论坛·2013 世界闽南文化节在泉州举行一场永不落幕的闽南文化盛宴》，《台声》，2013 年，第 7 期。

② 引自中华人民共和国中央人民政府网站，https://www.gov.cn/xinwen/2014-10/30/content_2772586.htm。

图为2016马六甲世界闽南文化节。（图片来源于新华网）

由7部分组成，包括世界闽南文化展览会、开幕式暨文艺汇演、"闽南文化丛书系列"新书发布、"世界闽南风情"摄影展、"闽南文化的当代性与世界性"交流论坛、闽南文化交流论坛——学者专场研讨会，以及优秀闽南文化艺术剧目展演等，力求让海内外嘉宾从人文、历史、建筑、传统艺术、食品、手工艺品等多方面感受闽南文化。

2015年9月18日，2015世界闽南文化节在金门拉开帷幕。之所以选择金门，是因为这里曾经作为闽南人前往南洋的前沿基地，也是东南亚移民的原乡之一，至今保存着完整的闽南红砖建筑和其他闽南元素。特别是对闽南红砖建筑的保护，创造了一道独特的风景。两岸同胞以及世界闽南人将聚集在世界闽南文化节的旗帜下，以文促情，以情聚心，更好促进文化认同，促进两岸的和平发展。

2016年10月，由马来西亚福建社团联合会主办，马六甲郑和·朵云轩艺术馆承办的2016世界闽南文化节27日在古城马六甲举行。马来西亚福建社团联合会总会长邱财加在开幕致辞中表示，马来西亚闽南籍华人众多，作为马来西亚最大的华人社团组织，该会长期以来都不遗余力地在马来西亚推广闽南文化。他说，2016世界闽南文化节节目丰富多彩，既有学术研讨，也有文化论坛，大家集思广益，共同展示和探讨闽南文化发展的现状和未来，这对于闽南文化在海外的推广很有意义。

2018 年 6 月 22 日，2018 世界闽南文化节在阿拉伯联合酋长国迪拜举行，来自世界各地的 20 余个闽南社团上千名乡亲共襄盛会。此次闽南文化节是由阿联酋福建总商会承办，主办方邀请了亚洲、中东和非洲的中国、阿联酋、马来西亚、菲律宾、泰国、越南、新加坡、柬埔寨、印度尼西亚、安哥拉以及中国台湾、泉州、香港、澳门、金门、海南、宁夏等 17 个国家和地区的城市代表参加。开幕式上，泉州、台湾和迪拜三地的数十名演职人员同台献艺，开幕式后举行了闽南传统技艺及文创产品展洽会，11 名工艺美术大师参会，230 多件文创精品参展，涵盖了石雕、彩扎、花灯、木偶头、古船模、瓷雕、石雕、影雕、锡雕 9 大类别的闽南传统制作技艺展示和茶道、香道表演。

2019 年 8 月 2 日，以"海丝风·家国情"为主题的 2019 世界闽南文化节在东方之珠香港盛大开幕。在开幕式文艺晚会上，泉州南音、梨园戏、提线木偶、高甲戏、闽南民间歌舞、白鹤拳等轮番上演，赢得海内外宾朋阵阵掌声与喝彩。此次闽南文化节吸引了马来西亚、阿拉伯联合酋长国、新加坡、泰国、越南、斯里兰卡、印度尼西亚、缅甸、日本、英国、澳大利亚、乌干达、马达加斯加，以及中国香港、澳门、台湾的 24 个闽南社团的 700 余名海内外闽南乡亲参加。活动赢得了众多海内外嘉宾的点赞："每一年世界闽南文化节的举办都有创新、有拓展，影响越来越大。"①

2023 世界闽南文化节原定于 2020 年在菲律宾马尼拉举行，因为疫情的原因推迟到了 2023 年。该文化节由泉州市委宣传部、菲华各界联合会等共同主办。来自印尼、泰国、马来西亚、美国、日

---

① 《海丝风起家国情长 2019 世界闽南文化节在香港举行》，台海网，http://www.taihainet.com/news/fujian/gcdt/2019-08-04/2293553.html。

234

图为2023菲律宾世界闽南文化节开幕式。（图片来源于泉州晚报官网）

本等国和中国台湾的嘉宾和专家及菲华各社团代表500余人出席活动。该活动的举办，既是对世界各地闽南人同根、同祖、同文化的有力见证，更是世界各地的闽南同胞们以文促情、以情聚心的美好契机，也是对建设世界闽南文化交流中心的积极响应。

2024世界闽南文化节由中国驻印尼使馆、福建省对外文化交流协会、福建省文化和旅游厅指导，泉州市对外文化交流协会、世界泉州青年联谊会印尼分会、印尼泉州青年商会共同主办。本次活动以"中国与印尼闽南文化融合发展"①为主题，旨在挖掘闽南文化在海上丝绸之路的传播、扩散与发展演变规律，展现闽南文化的当代价值，从9月13日持续至17日，其间举办了包含开幕式暨文艺演出、世界闽南文化论坛、闽南传统技艺展、泉州文化旅游推介会、安溪铁观音交流品鉴会、泉州老字号商品展销会、"中华情·四

---

① 陈智勇、卢炎煌、刘攀：《2024世界闽南文化节在印尼开幕》，《泉州晚报》，2024年9月15日，第1版。

海心"酷狗音乐首届全球歌曲征集大赛等丰富多彩的活动。

源远流长的闽南文化，犹如一颗璀璨明珠，点亮万里海丝路的长明灯，将一代代闽南人爱拼敢赢的精神和博大包容的胸襟带向五洲四海。世界闽南文化节作为闽南文化传承、展示、交流的重要载体，通过有效整合世界闽南文化资源，日益成为"海丝"沿线国家和地区之间文明交融、民心相通、增进友谊的桥梁。

第四节　"感动中国"的潘维廉与厦门大学

打开心扉，拥抱过就有了默契；

放下偏见，太平洋就不算距离。

家乡的信中写下你的中国，

字里行间读得出你的深情。

遥远来，永久住，深刻爱；

我们都喜欢你这种不见外。

——"感动中国 2019 年度人物"评选组委会

以上是"感动中国 2019 年度人物"评选组委会给予厦门大学潘维廉教授的颁奖词。

潘维廉（William N.Brown），男，1956 年 4 月生，美国人，是第一个定居厦门的外国人，也是福建省第一位持"中华人民共和国外国人永久居留身份证"的外国人、第一位外籍永久居民，中国高校最早引进的 MBA 课程外籍教师之一。1988 年起，潘维廉任教于厦门大学管理学院，现任厦门大学工商管理教育中心外国专家、厦门大学管理学院教授。曾荣获国家外国专家友谊奖、福建省荣誉

图为 2019 中央电视台感动中国年度颁奖晚会。

公民、厦门市荣誉市民等称号。

1988 年，博士毕业的潘维廉卖掉了自己的房产，义无反顾地踏上了去往中国的旅程，并持续不断地奉献中国教育，为中国改革开放后国际贸易人才的培养做出了重要的贡献。来华 30 余年，潘维廉踏足中国广袤土地，感受各地风土人情，见证中国经济发展变化。从 2000 年开始，他陆续出版了《魅力厦门》《魅力福建》《魅力泉州》《魅力厦大》等 10 余本图书，让更多的外地人了解厦门、了解闽南、了解福建。为了方便不同人群的阅读，他又开始推出汉英版本的图书。此外，潘维廉还建立网站，向世界介绍中国、介绍福建、介绍闽南、介绍厦门。他还主持过 400 多集关于中国历史文化的电视节目，协助《中国国家地理》拍摄了郑成功专题片。

2006 年，潘维廉将自己收藏的《THE CITY OF SPRINGS》捐给了泉州，并希望通过媒体的影响力，让泉州人看看百年前的泉州。"我觉得这本书跟泉州有关，应该让泉州的人民，看看百年前的泉州，这也能帮助他们更好地了解自己家乡的历史。"[1] 谈起自己捐书的初衷，潘维廉的语气十分的坚定。

---

[1] 《潘维廉："应该让泉州的人民，看看百年前的泉州"》，泉州网，http://www.mnw.cn/shishi/news/1211478.html。

　　细数潘维廉的人生经历，很喜欢闽南文化是他的一个很明显的特点。为了更深入地了解闽南的历史文化，他从十几个国家收集了一两百本外国人写的旧书籍，以及信件、照片、版画图、绘画、明信片等，还有描绘历史生活的资料，"100多年前，中国人很少会记录自己的生活状况，但外国人会，他们喜欢把自己的所见所闻，用笔记和照片记录下来"。"这些资料变得越来越珍贵，就拿安妮写的这本《THE CITY OF SPRINGS》来说，当我得知有这一本书后，在美国找了很久，最后在网上搜索到了这本书，几经联系后终于买了下来，目前美国还没找到第二本。""这么多年，只要看到外国人描写闽南的旧书籍，不管喜不喜欢里面的内容，我都会买下来。"①潘维廉说，有些书的内容他虽然不是很喜欢，但作者的个别描写或者观点会让他觉得有意思。

　　谈到自己为何会对闽南历史文化产生如此浓厚的兴趣，他笑道，20世纪90年代他参演了中国的几部电视剧，其中一部是关于郑成功收复台湾的，他当时出演荷兰的拿督。为了求证那段历史，他就去找资料，而在查阅历史资料时，又觉得闽南文化很有意思，慢慢就迷上了。为了更好地研究闽南文化，他甚至回到美国，寻找一些曾在厦门传教、经商或教学的老人进行了解，"很有意思，这些老人除了讲英文外，还会讲闽南语"。他自己也因为长期在闽南文化的圈子里摸爬滚打，成了地地道道的闽南通。

　　潘维廉以自己的亲身经历讲述中国故事。2002年，潘维廉作为厦门市的发言人，倾情讲述厦门人与自然和谐共生的故事，助力厦门获得国际花园城市金奖。此后几年，潘维廉还先后帮助福建泉州、上海松江区、常州武进区等地获得了国际花园城市金奖。

---

① 《潘维廉："应该让泉州的人民，看看百年前的泉州"》，泉州网，http://www.mnw.cn/shishi/news/1211478.html。

从 1988 年到 2018 年，潘维廉给美国亲友陆续写了大约 2000 封信，介绍中国和中国人。2019 年 2 月 1 日，潘维廉的新书《我不见外——老潘的中国来信》，精选了他撰写的具有代表性的 40 多封信件。潘维廉把书寄送给习近平总书记，总书记高度赞赏他的"不见外"，为他"作为中国改革开放的见证者，热情地为厦门、为福建代言"而点赞。并在回信中鼓励他继续写作，"我相信，你将会见证一个更加繁荣进步、幸福美好的中国，一个更多造福世界和人类的中国，你笔下的中国故事也一定会更精彩。"2019 年 11 月，潘维廉教授再添新身份——担任新航道"用英语讲中国故事"形象大使。

潘维廉教授在做的事情，其实也是厦门大学一直孜孜不倦在努力的方向。"研究高深学问，养成专门人才，阐扬世界文化。"自 1921 年诞生之日起，陈嘉庚就为厦门大学定下了"世界之大学"的开放办学目标，希望其"能与世界各大学相颉颃"。

作为我国高校最早设立海外教育的机构之一，厦门大学始终坚持"引进来"和"走出去"紧密结合，通过课程教学、文化体验、国情教育等多种举措引导在校海外留学生及港澳台学生认识真实、立体、全面的中国，同时培养大批国际中文教育人才奔赴世界各地传播闽南文化与中华优秀文化。

2013 年 10 月 4 日，习近平主席访问马来西亚期间，见证了厦大马校共建协议的签署。如今，这所高等学府成为中马高等教育合作的旗舰项目，被誉为镶嵌在"一带一路"上的明珠。

2016 年，厦门大学马来西亚分校正式开始办学，这是我国公立大学在海外开办的第一所也是迄今为止唯一的一所分校。2020 年，学校在国内率先成立以"国际中文教育"命名的学院，并在 2021 年成立"厦门大学国际中文教育领导小组"，加强顶层设计和统筹协调，将海外留学生教学、汉语教学人才培养和赴海外开展

图为厦门大学马来西亚分校校名石。

国际交流三个领域的教学培训整合起来，构筑"汉语国际教育与文化传播并重、学历教育与非学历教育兼备、面授教学与远程教育共举、理论研究与应用开发同行"的国际中文教育多元阵地。

2021 年 4 月 6 日，在建校 100 周年之际，习近平总书记发来贺信，肯定厦门大学秉持爱国华侨领袖陈嘉庚的立校志向，为中华文化的海外传播做出了积极贡献，这既是总书记对厦门大学过去百年办学特色的充分肯定，也对厦门大学新百年继续扩大对外交流合作、向海外传播闽南文化、中华文化寄予了深切厚望①。

---

① 《习近平致厦门大学建校 100 周年的贺信》，新华网，http://www.xinhuanet.com/politics/leaders/2021−04−06/c_1127297093.htm。

拾贰

闽南文化海外传播的趋势展望

——

当时间的车轮步入中国特色社会主义新时代，闽南文化海外传播迎来全新的时代机遇与历史挑战。传播范围的持续扩大、受众群体的需求差异以及互联网、短视频等新媒体带来的参与感和互动感等，都需要闽南文化在新时代的海外传播中抓住机遇、直面挑战。可以预见的是，随着闽南文化在海外传播的不断深入并受到广泛认可，其国际声誉将不断提高，成为全球文化宝库中值得珍视的瑰宝之一。这些趋势将共同推动闽南文化在全球范围内的深度传播与创新发展，为"一带一路"建设乃至构建人类命运共同体贡献独特的文化力量。

第一节　以习近平文化思想助推闽南文化海外传播

2023 年 10 月，全国宣传思想文化工作会议在北京隆重举行。与以往的历次会议相比，这次会议在名称上有了极为明显的不同——增加了"文化"二字。由此带来的连锁反应包括会议流程以及大会取得成果的新变化。会议最重要的成果就是首次提出了习近平文化思想，为做好新时代新征程的宣传思想文化工作、担负起新的文化使命提供了强大思想武器和科学行动指南。

我们把时光的指针拨回到 6 年前的 2017 年。这一年的 9 月，金砖国家领导人第九次会晤在美丽的闽南城市厦门举行。3 日晚，习近平主席同俄罗斯总统普京在细雨中的箬笪书院举行非正式会晤。会见之后，两国元首共同参观在箬笪书院内展出的福建非物质文化遗产。习近平主席如数家珍地向普京总统介绍展品的特色及其背后蕴含的闽南文化的历史渊源。普京总统对传承数百年的中国传统艺术给予高度赞扬。"箬笪会晤"让闽南书院、闽南文化等以一种别样的方式登上重大主场外交活动的绚丽舞台，不仅让中华优秀传统文化走进外国元首视野，更倾注了习近平主席对人类文明美美与共的殷切期许。

事实上，对于文化的关注与思考一以贯之地贯穿在习近平由地方到中央的治国理政的伟大实践征程中。"一个地区的文化建设内容很多，有一个重要的着眼点就是要弘扬地方的传统文化。从整个国家来说，中华民族的传统文化在民族的延续和发展中起到了积极的作用。"① 这是习近平同志在 1990 年 1 月担任福建宁德地委书记撰写《闽东之光—闽东文化建设随想》一文时对文化建设的深邃思考。即便是放在今日，这样的言语与论断依然闪烁着真理的光辉。

2023 年 6 月 2 日，习近平总书记在"文化传承发展座谈会"上强调，新时代的文化工作者必须以守正创新的正气和锐气，赓续历史文脉、谱写当代华章。那么，对于闽南文化来说，赓续历史文脉、谱写当代华章，就是要着力推动闽南文化的传承保护和创造性转化、创新性发展以及现代化的海外传播，讲好闽南故事、传播闽南声音，进一步坚定闽南文化的自信自强。

"推进文化自信自强，铸就社会主义文化新辉煌。"这是习近平总书记在党的二十大报告中擘画的宏伟蓝图，也是新时代新征程发展中国特色社会主义、建设文化强国的奋进号角。绵延五千多年的中华文明在世界独树一帜，成就了中华民族与生俱来的文化自信气度。正是基于这样的自豪感和自信心，我国在浩瀚的历史长河中坚持吐故纳新、与时俱进，逐渐形成了灿烂辉煌的中华文明。因此，贯彻落实习近平文化思想，必须坚定文化自信，不断推动中华优秀传统文化的创造性转化、创新性发展，在推陈出新中赓续中华优秀传统文化，持续增强中华文化的生命力和创造力。这也是新时代建

---

① 习近平：《摆脱贫困》，福建人民出版社，2014 年，第 23 页。

设文化强国的出发点和立足点。"创造性转化"强调的是与时俱进地改造中华传统文化中依旧有借鉴意义的内涵和陈旧的表达形式，赋予其新的时代内涵和现代形式，激发其生命力；"创新性发展"强调的是按照时代的新任务新要求，对中华优秀传统文化的内涵进行补充、拓展、完善，增强其影响力。落实到闽南文化的海外传播上，应当聚焦以下维度：

一是坚持与时俱进，不断推陈出新。历史和实践已充分证明，闽南文化有着顽强的生命力和非凡的创造力，为闽南人民乃至中华民族生生不息、发展壮大提供着丰厚文化滋养与强大精神力量。因此，要着力挖掘、保护和拓展闽南文化的内涵外延，彰显闽南传统文化的当代价值。要推动闽南文化的不断创新，就必须努力做到在继承中创新、在创新中继承，"用创新增添文明发展动力、激活文明进步的源头活水，不断创造出跨越时空、富有永恒魅力的文明成果"[①]，不断增强闽南文化的影响力与辐射面。

二是推动转化利用，坚定文化自强。扎实推进闽南传统文化的创造性转化、创新性发展，是内聚人心、外塑形象的现实需要，更是建设文化强国、文明强国，实现中华民族伟大复兴的应有之义和必由之路。这要求我们对闽南文化的独特魅力和深厚底蕴，有更加深刻的认识和理解，坚定闽南文化的自信自强。同时积极通过举办各类文化活动、展览和演出等，将其推广至更广泛的国际舞台，让更多的人有机会接触了解和欣赏到闽南文化的独特魅力。

三是创新方式方法，拓展传播渠道。要按照习近平总书记的要求，在遵循文化发展客观规律的前提下，制定更加精准有效的文化传播策略，让闽南文化以各种形式、各种途径走进世界各国，走

---

① 习近平：《深化文明交流互鉴 共建亚洲命运共同体》，《人民日报》，2019 年 5 月 16 日，第 1 版。

入千家万户，不断满足人民群众日益增长的精神需要，从而"努力创造光耀时代、光耀世界的中华文化"①。同时，要深入了解差异性国家和地区的文化差异和需求，积极利用现代科技手段，如互联网、短视频、社交媒体等多样化、富有时代感的渠道，构筑永不下线的闽南文化传播平台②，扩大闽南文化的传播范围和影响力。通过建立专门的网站、播客或社交媒体账号来分享闽南文化的相关内容，吸引更多人的关注和参与。此外，还可以通过加强与海外华文媒体的交流合作，共同推动闽南文化的海外传播事业的向前发展。

重任在肩，使命光荣。传承千年的闽南文化以其独有的开放包容特性，汲取海洋文化精华，兼容并蓄，形成了根植于闽南沃土的文化体系，深刻打上了地域与民族的烙印。如今，勇立潮头的闽南人，也必然会在习近平文化思想的烛照下，秉持"敢为人先、爱拼敢赢"的奋斗精神，持续推动闽南文化创造性转化、创新性发展，奋力谱写闽南文化传承发展与海外传播的时代乐章。

第二节 以闽南文化助力"一带一路"建设

文化是人类创造的产物，是民族精神的映象，渗透在生活的各个角落。先进的文化不仅能很好地传承优秀传统文化，更能与时俱进、推陈出新，海纳百川般地吸收其他文明成果来不断丰富自身。在2000多年的风雨历程中，闽南文化伴随着社会发展和人员变迁，

---

① 习近平：《在庆祝改革开放40周年大会上的讲话》，《人民日报》，2018年12月19日，第1版。
② 陈秋梅（Tan Chiew Mee）：《马来西亚的闽南文化传播研究》，南京大学，2017年硕士学位论文。

不断调适、持续丰富，彰显闽南人的"文化内涵、思维方式和精神气质"[1]，始终保持旺盛的生命力和与时俱进的文化特性。"文化是推动区域经济增长的重要力量。"[2] 从某种角度来说，正是闽南文化支撑着世界闽南人的创新发展，支撑着闽南族群社会的和谐进步。而随着闽南人不断开拓的脚步，闽南文化也不断获得新的融合和新的发展。

2013 年秋天，习近平主席先后提出共建丝绸之路经济带和 21 世纪海上丝绸之路重大倡议，正式开启了我国新时代国际合作的崭新篇章。"始知丹青笔，能夺造化功。"十多年来，共建"一带一路"从"大写意"到"工笔画"，从夯基垒台、立柱架梁，到落地生根、持久发展，这条承载文明记忆、寄托未来梦想的希望之路，书写了一个又一个的发展奇迹。福建作为 21 世纪海上丝绸之路核心区，充分发挥独特的区位优势、政策优势，发扬爱拼会赢、敢为人先的优良传统，在共建"一带一路"的伟大征程中，起而行之，勇挑重担。而在这其中，以厦漳泉为代表的闽南地区及闽南人民发挥了不可替代的重要作用。如何继续以先进的闽南文化助推"一带一路"建设，发挥其重要的支撑作用[3]，既是闽南文化向前发展的历史机遇，也是闽南文化承担的时代使命。

一是以闽南文化的务实精神，更加主动服务大局。作为一种务实的文化，闽南文化的务实精神主要体现在闽南人能顺应时代、

---

[1] 郑静玉：《融入 21 世纪海上丝绸之路：闽南文化的传承与创新》，《长沙理工大学学报》（社会科学版），2019 年，第 3 期。

[2] 李曙霞：《文化融合与区域共赢：闽南文化呼唤21世纪海上丝绸之路复兴》，收录于福建师范大学、中华全国台湾同胞联谊会、中国艺术研究院、两岸关系和平发展协同创新中心、福建省闽南文化发展基金会主编《第三届两岸文化发展论坛论文集》（下册），2015 年。

[3] 王兰娟、陈少牧：《闽南文化在海上丝绸之路建设中的历史作用与时代价值》，《西安建筑科技大学学报》（社会科学版），2018 年，第 3 期。

自我调适，在呼应现实中脚踏实地，追求效益最大化。闽南人秉承民以食为天的理念，强调生存发展和安居乐业。长期以来，远离中原的迁居环境、闽南地区恶劣的自然条件、东南沿海的地理状况，都催生了闽南文化的务实精神与拼搏意识。面对艰难险阻和天灾人祸，闽南人勇于奋起抗争，善于调整思维方式，善于改变路径，善于寻求新的出路。这从早期闽南人披荆斩棘开发闽南，促进泉州刺桐港的兴盛和漳州月港、厦门港的先后崛起，从闽南人冒险犯难突破明清海禁，开发台湾宝岛、拓展东南亚及世界各地的商贸等方面可窥一斑。对于当下推进"一带一路"建设而言，同样要以闽南文化所彰显的务实精神稳扎稳打、步步为营，才能够在好的顶层设计前提下建设出实效。

二是以闽南文化的创新精神，着力破除发展瓶颈。闽南文化是一种拓展性的文化。自古以来闽南人崇尚海外贸易，只要是舟楫能够达到的地方，都能看到闽南人身影、听到闽南方言、遇见闽南民俗文化。文化由人创造，与人相随。闽南人把闽南文化推向世界各地，让国际社会更直接、更深刻地了解闽南文化深邃的内涵和鲜明的文化特色。同时，远离中原、不断播迁的生存竞争锻造了闽南文化强烈的危机意识，构筑了寻求发展路径、抢抓天时地利的优秀传统。闽南文化所展示的抢抓机遇的特性，体现在闽南地区的发展历程之中。尤其是唐宋以来，闽南人借助海洋，向外拓展，开发贸易，抢占先机，搏击商海，成就了世界著名的刺桐港及后来的厦门港。改革开放以来，世界各地闽南人更是善于捕捉信息，发展优势，把服装产业、体育产业、电子信息产业等做成一流的产业，演绎了著名的"泉州模式"和"晋江经验"。推进新时代的"一带一路"建设，同样要打好闽南文化这张牌[①]，以闽南文化的创新精神为指引，发现问题、破解问题，才能高质量建设 21 世纪海上丝绸之路。

三是以闽南文化的和合精神，凸显东方价值引领。作为一种和谐文化，闽南文化具有极其鲜明的兼容性。历史上中原汉人南下进入福建，首先要能与当地闽越遗民相处，为了能长期生存，更需要追求相容。闽南人带来的相对发达的中原文化，融合了闽越遗民文化，形成了相对稳定的闽南社会。宋元时期，刺桐港依托和谐的闽南文化，成为世界著名的港口。这里迎来了"涨海声中万国商"的繁华景象。许多阿拉伯人因经商而择居泉州，繁衍生息。与此同时，伊斯兰教、天主教、基督教、印度教、摩尼教，与中国的道教、佛教一同聚集于泉州。各种宗教信仰纷至沓来后，经历了短暂的碰撞融合，彼此相安无事，共同繁荣。而正是闽南文化的包容和谐理念造就了这一世界宗教文明和谐对话的奇迹。在东南亚及世界各地的闽南社区，闽南人与当地社会的融洽共处，也都体现出闽南文化围绕经济利益、注重和谐互惠发展、积极维护各方利益的先进意识。当下推进"一带一路"建设也要聚焦矛盾冲突，以绵长的闽南文化为"催化剂"[②]予以调和化解，弥合沿线国家之间的文化天堑鸿沟，从而不断密切国家之间的经贸往来。

四是以闽南文化的认同精神，广泛凝聚人心力量。闽南文化具有强烈的重乡崇祖意识，强调认祖认宗认乡。闽南人崇信"慎终追远，民德归厚"的儒家思想。多少年来，漂泊在外的闽南人，都流传着这样的民谚："七月半无倒来无祖，年兜无倒来无某。"（农历七月半没回家是没有祖宗观念，春节没有回家是没有老婆，即

---

①② 李曙霞：《文化融合与区域共赢：闽南文化呼唤 21 世纪海上丝绸之路复兴》，收录于福建师范大学、中华全国台湾同胞联谊会、中国艺术研究院、两岸关系和平发展协同创新中心、福建省闽南文化发展基金会主编《第三届两岸文化发展论坛论文集》（下册），2015 年。

没有家庭观念）。闽南人善于把代表闽南文化特色的语言、艺术、观念带到谋生之处，事业有成后一定要衣锦还乡，为家乡事业做出奉献。这种"族源意识"与"文化自觉"，充分表明了闽南人对传统文化的认同。同时，闽南文化之所以能够长期延续，并不断向外传播，是因为它具备了不断自我整合完善的功能。闽南文化从中原延伸至闽南地区，融合了闽越文化敢于拼搏、善于海事的特色，接纳了吴文化、赣文化、客家文化、粤文化等的影响，宋元以来，又融入了阿拉伯民族、东南亚诸民族和现代西方文化的一些特色，使得自身愈来愈丰富多彩。闽南文化犹如海绵，在吸收其他文化精华的基础上，不断获得新的发展，具备新的气象。新时代的海上丝绸之路建设同样要充分挖掘闽南文化所富含的文化认同感与民族认同感，凝聚起共同发展的人心和力量。

在当今日益全球化的时代背景下，闽南文化在海外传播中呈现出与世界其他文化交流日显成熟的范式，和谐相融、整合拓展、坚韧务实的闽南文化精神，对推动"一带一路"建设具有重要的积极意义和现实价值。

第三节 激发闽南文化活力，推动构建人类命运共同体

当今世界正面临着百年未有之大变局，风险与挑战并存，人类社会发展处在关键的十字路口。中华优秀传统文化源远流长、博大精深，其丰富内涵不仅是中华文明的智慧结晶，同时也是促进世界文明交流的重要资源，天下大同、为政以德、讲信修睦、亲仁善邻等思想理念，是人类文明共同的精神资源。闽南文化作为中华优秀文化的重要组成部分，其中所涵盖的"敢拼会赢""和谐共生""山

海交融"等理念与实践，是闽南文化在新时代实现新发展的不竭动能。发挥闽南华侨华人的功能，激发闽南文化的活力，有助于更好地推动构建人类命运共同体。

一是正确把握理论性与实践性的关系。闽南文化的传统价值观可以为人类命运共同体的构建提供有益借鉴。例如，闽南文化中强调的"和谐共生""互利共赢"等理念，与人类命运共同体的核心价值观高度契合。通过弘扬这些传统价值观，可以引导人们关注共同利益，推动各国共同发展，实现人类命运共同体的目标。同时，闽南文化的海外传播与互动交流，是促进国际间的合作与理解的重要途径。通过举办各种文化活动、展览和演出等，展示闽南文化的独特魅力和深厚底蕴，增进国际社会对闽南文化的了解和认识，有助于打破文化隔阂，促进不同国家之间的文化交流与合作，为构建人类命运共同体奠定坚实的文化基础。

二是正确把握传统性与时代性的关系。闽南文化融合了中原文化、闽越文化、"异域文化"①等多种元素，具有开放性和包容性的特点。这种文化特质有助于培养人们的国际视野和尊重多元文化的态度，提高跨文化交流的能力。在全球化日益深入的今天，这种能力对于推动国际合作与发展至关重要。利用闽南文化的海外影响力，可以加强与国际社会的联系与合作。新时代新征程，闽南文化的创新发展与海外传播要始终坚持以习近平文化思想为指导，不断强化文化传承发展的顶层设计，深入系统开展闽南文化史料的整理挖掘和研究阐释，既要保存好闽南文化的历史根基，又要传承好闽南文化的时代精髓，不断以新时代的视角重新定位和认知闽南文化的功能意义，努力为展现民族文化自信贡献闽南力量。闽南文化

---

① 林国平、陈辰立：《试论闽南文化的特质》，收录于闽南文化交流协会主编《闽南文化的当代性与世界性论文集》，海峡文艺出版社，2014年，第8页。

在海外有着广泛的影响力，特别是在东南亚等地区。通过传承弘扬具有历史感与时代感的闽南文化，加强与这些地区的文化交流与合作，可以进一步拓展国际合作的领域和空间，为人类命运共同体的建设贡献文化力量。

三是正确把握民族性与世界性的关系。文化既有民族性，又有世界性，每一种民族文化都是世界文化的有机组成部分，在世界文化体系中发挥着独特作用。随着世界交往的日益频繁，民族历史转变为世界历史，文明交流超越文明隔阂、文明互鉴超越文明冲突、文明共存超越文明优越已成为不可阻挡的时代潮流。随着我国日益走近世界舞台的中央，更加需要向世界阐释推介更多具有中国特色、体现中国精神、蕴藏中国智慧的优秀文化，以中华文化感召力塑造可信、可爱、可敬的中国形象，推动构建人类命运共同体。中华文明是兼收并蓄、开放包容的文明，文化的民族性与世界性在本质上并不矛盾，而是相辅相成、相生相长。在经济全球化、文化大繁荣的时代背景下，闽南文化的创新发展与海外传播要注重把握好民族性与世界性的关系，重视闽南文化与世界文化之间的对话交流，包括相互对照、比较、借鉴、批判、吸收等，通过文化的交流与沟通、文明的交流与互鉴，实现不同国家、不同民族、不同价值理念的和谐、共生、共荣，通过构建人类文化共同体来推动构建人类命运共同体。

文化如水，浸润无声；文明如潮，弦歌浩荡。坚定站在历史正确的一边、站在人类文明进步的一边，历史悠久却又富于时代气息的闽南文化，就一定能够为推动构建人类命运共同体注入深厚持久的文化力量。

参考文献

专著论著类（按时间顺序排列）

1. 费孝通：《乡土中国》，三联书店，1985年。

2. 李亦园主编：《东南亚华人社会研究》（上），台湾正中书局，1986年。

3. 刘春曙、王耀华编著：《福建民间音乐简论》，上海文艺出版社，1986年。

4. 郑杭生：《社会学概论新编》，中国人民大学出版社，1987年。

5. 刘致平：《中国居住建筑简史——城市、住宅、园林》，中国建筑工业出版社，1990年。

6. 林孝胜：《潘家村史》，新加坡亚洲研究会，1991年。

7. 陈支平：《近500年来福建的家族社会与文化》，生活·读书·新知三联书店上海分店，1991年。

8. 郑振满：《明清福建家族与社会变迁》，湖南教育出版社，1992年。

9. 金耀基：《中国社会与文化》，香港大学出版社，1992年。

10. 泰勒：《原始文化》，连树声译，上海文艺出版社，1992年。

11. 陈桂炳：《泉州民俗文化》，福建人民出版社，1993年。

12. 林国平、彭文宇：《福建民间信仰》，福建人民出版社，1993年。

13. 杨力、叶小敦：《东南亚的福建人》，福建人民出版社，1993年。

14. 周南京：《世界华侨华人同典》，北京大学出版社，1993年。

15. 林嘉书：《南靖与台湾》，华星出版社，1993年。

16. 赖伯疆：《东南亚华文戏剧概观》，中国戏剧出版社，1993年。

17. 柯子铭主编：《中国戏曲志·福建卷》，文化艺术出版社，1993年。

18. 吴凤斌：《东南亚华侨通史》，福建人民出版社，1994年。

19. 陈支平：《福建族谱》，福建人民出版社，1996年。

20. 刘海峰、庄明水：《福建教育史》，福建教育出版社，1996年。

21. 李如龙：《福建方言》，福建人民出版社，1997年。

22. 杨国桢、郑甫弘、孙谦：《明清中国沿海社会与海外移民》，高等教育出版社，1997年。

23. 陈耕主编：《歌仔戏资料汇编》，光明日报出版社，1997年。

24. 厦门市档案局、档案馆编：《近代厦门教育档案资料》，厦门大学出版社，

1997 年。

25. 陈国强、陈炎正：《闽台玉皇文化研究》，闽南人出版有限公司，1998 年。

26. 沈继生：《晋江南派掌中木偶谭概》，海峡文艺出版社，1998 年。

27. 陈衍德：《现代中的传统——菲律宾华人社会研究》，厦门大学出版社，1998 年。

28. 厦门市地方志编撰委员会办公室：《厦门市志》（民国），方志出版社，1999 年。

29. 陈支平：《福建六大民系》，福建人民出版社，2000 年。

30. 王耀华：《福建传统音乐》，福建人民出版社，2000 年。

31. 苏黎明：《泉州家族文化》，中国言实出版社，2000 年。

32. 福建省地方志编纂委员会办公室：《福建省志·戏曲志·大事年表》，方志出版社，2000 年。

33. 周长楫、周清海：《新加坡闽南话概说》，厦门大学出版社，2000 年。

34. 斯图亚特·霍尔：《文化身份与族裔散居》，罗钢译，中国社会科学出版社，2000 年。

35. 廖大珂：《福建海外交通史》，福建人民出版社，2002 年。

36. 周跃红：《台湾人的漳州祖祠》，国际华文出版社，2002 年。

37. 张少宽：《槟榔屿华人史话》，燧人氏事业有限公司，2002 年。

38. 塞缪尔·亨廷顿、劳伦斯·哈里森主编：《文化的重要性》，新华出版社，2002 年。

39. 许在全等主编：《泉州名祠》，福建人民出版社，2003 年。

40. 黄少萍主编：《闽南文化研究》，中央文献出版社，2003 年。

41. 陈晓锦：《马来西亚的三个汉语方言》，中国社会科学出版社，2003 年。

42. 福建省炎黄文化研究会编：《闽南文化研究》，海峡文艺出版社，2004 年。

43. 徐晓望：《闽南史研究》，海风出版社，2004 年。

44. 海德格尔：《在通向语言的途中》，孙周兴译，商务印书馆，2004 年。

45. 陈垂成主编：《泉州习俗》，福建人民出版社，2004 年。

46. 厦门市地方志编纂委员会编：《厦门市志》第五册，方志出版社，2004 年。

47. 福建省炎黄文化研究会、漳州市政协主编：《论闽南文化：第三届闽南文化学术研讨会论文集》（上下），鹭江出版社，2005 年。

48. 郑镛、涂志伟主编：《漳州民间信仰》，海风出版社，2005 年。

49. 陈志亮：《漳州地方戏曲》，海风出版社，2005 年。

50. 梅青：《中国建筑文化向南洋的传播——为纪念郑和下西洋壮举六百周年献礼》，中国建筑工业出版社，2005 年。

51. 陈毅明、汤璐聪：《南侨机工抗战纪实》，鹭江出版社，2005 年。

52. 华侨博物院：《南侨机工》，文物出版社，2005 年。

53. 周长楫：《闽南方言大词典》，福建人民出版社，2006 年。

54. 庄长江：《泉州戏班》，福建人民出版社，2006 年。

55. 曹春平：《闽南传统建筑》，厦门大学出版社，2006 年。

56. 洪卜仁：《厦门史地丛谈》，厦门大学出版社，2007 年。

57. 陈支平：《闽南区域发展史》，福建人民出版社，2007 年。

58. 陈支平：《闽南宗教》，福建人民出版社，2007 年。

59. 福建省炎黄文化研究会、厦门市政协主编：《守望与传承——第四届海峡两岸闽南文化学术研讨会论文集》，鹭江出版社，2007 年。

60. 周宁：《东南亚华语戏剧史》，厦门大学出版社，2007 年。

61. 施伟青、徐泓、李弘祺：《闽南区域发展史》，福建人民出版社，2007 年。

62. 陈衍德、卞凤奎：《闽南海外移民与华侨华人》，福建人民出版社，2007 年。

63. 王炜中：《潮汕侨批》，广东人民出版社，2007 年。

64. 林枫、范正义：《闽南文化述论》，中国社会科学出版社，2008 年。

65. 廖庆六：《浯洲问礼》，金门县文化局，2008 年。

66. 福建省地方志编纂委员会办公室：《福建省志·文化艺术志》，福建人民出版社，2008 年。

67. 福建省民俗协会、福建省五缘文化研究会、晋江政协文史委、晋江谱牒研究会合编：《谱牒研究与五缘文化》，中国文联出版社，2008 年。

68. 陈支平：《福建族谱》，福建人民出版社，2009 年。

69. 李启宇：《闽南先贤》，鹭江出版社，2009 年。

70. 钟敬文：《民俗学概论》，上海文艺出版社，2009 年。

71. 戴志坚：《福建民居》，中国建筑工业出版社，2009 年。

72. 泉州市归国华侨联合会、泉州市档案馆、泉州学研究所主编：《回望闽南侨批》，华艺出版社，2009 年。

73. 福建省炎黄文化研究会主编：《中华文化与地域文化研究——福建省炎黄文化研究会 20 年论文选集》（第一、二、三、四卷），鹭江出版社，2011 年。

74. 陈支平：《近 500 年来福建的家族社会与文化》，中国人民大学出版社，2011 年。

75. 王汉民：《福建戏曲海外传播研究》，中国社会科学出版社，2011 年。

76. 林华东主编：《历史、现实与未来：闽南文化的传承创新研究》，厦门大学出版社，2011 年。

77. 张静、黄清海：《文化传承视野下的闽南侨批》，厦门大学出版社，2013 年。

78. 陈嘉庚：《南侨回忆录》，上海三联书店，2014 年。

79. 陈自强：《漳州古代海外交通与海洋文化》，福建人民出版社，2014 年。

80. 闽南文化交流协会主编：《闽南文化的当代性与世界性论文集》，海峡文艺出版社，2014年。

81. 福建师范大学、中华全国台湾同胞联谊会、中国艺术研究院、两岸关系和平发展协同创新中心、福建省闽南文化发展基金会主编：《第三届两岸文化发展论坛论文集》（上下册），2015年。

82. 苏文菁：《闽商发展史·异地商会卷》，厦门大学出版社，2016年。

83. 陈燕玲：《闽南文化概要》，厦门大学出版社，2020年。

84. 张美生：《侨批档案图鉴》，中山大学出版社，2020年。

85. 李如龙：《福建方言与文化》，福建人民出版社，2022年。

86. 李如龙、姚荣松：《闽南方言》，福建人民出版社，2023年。

87. 石奕龙、余光弘：《闽南乡土民俗》，福建人民出版社，2023年。

88. 曹春平、庄景辉、吴奕德：《闽南建筑》，福建人民出版社，2023年。

89. 朱家骏、宋光宇：《闽南音乐与工艺美术》，福建人民出版社，2023年。

90. 王日根、李弘祺：《闽南书院与教育》，福建人民出版社，2023年。

91. 连心豪、郑志明：《闽南民间信仰》，福建人民出版社，2023年。

92. 陈世雄、曾永义：《闽南戏剧》，福建人民出版社，2023年。

93. 郭志超、林瑶棋：《闽南宗族社会》，福建人民出版社，2023年。

期刊论文类（按时间顺序排列）

1. 王赓武、李原、钱江：《没有帝国的商人：侨居海外的闽南人》，《海交史研究》，1993年，第1期。

2. 李添希：《福建晋江华侨有关习俗浅析》，《八桂侨史》，1994年，第4期。

3. 陈伟明：《十六至十八世纪闽南华侨在菲律宾的经济开发与历史贡献》，《海交史研究》，1997年，第1期。

4. 李鸿阶：《海外安溪人对家乡建设的贡献》，《八桂侨史》，1997年，第3期。

5. 刘海峰：《"科举学"——21世纪的显学》，《厦门大学学报》（哲学社会科学版），1998年，第4期。

6. 林华东：《闽南方言的形成及其源与流》，《中国语文》，2001年，第5期。

7. 李鸿阶：《闽南文化与海外华商的新发展》，《统一论坛》，2002年，第6期。

8. 刘登翰：《论闽南文化——关于类型、形态、特征的几点辨识》，《福建论坛》，2003年，第5期。

9. 曾玲：《华南海外移民与宗族社会再建——以新加坡潘家村为研究个案》，《世界历史》，2003年，第6期。

10. 周长楫：《略说闽南方言——兼说闽南文化》，《闽都文化研究》，2004 年，第 1 期。

11. 汤漳平、许晶：《关于中原文化与闽南文化关系研究的几点思考》，《闽都文化研究》，2004 年，第 1 期。

12. 黄嘉辉：《福建泉港北管概述》，《西安音乐学院学报》，2004 年，第 1 期。

13. 蔡湘江：《论闽南民间舞蹈的多元性特征》，《东南学术》，2005 年，第 3 期。

14. 叶伦会：《华族文化源远流长——砂拉越之旅》，《历史文物》，2006 年，第 4 期。

15. 钟建华、汤漳平：《族群文化——闽南文化概念的重新界定》，《泉州师范学院学报》，2008 年，第 5 期。

16. 刘静、曹云华：《华侨华人与中国的海外利益》，《八桂侨刊》，2008 年，第 4 期。

17. 徐心希：《泉州书院、社学的发展与朱熹理学思想的深化》，《闽西职业技术学院学报》，2008 年，第 1 期。

18. 黄新宪：《华侨华人捐资办学的社会效应——以闽南为中心》，《教育理论与实践》，2008 年，第 1 期。

19. 林星：《发挥闽南文化优势促进闽台交流》，《福建省社会主义学院学报》，2009 年，第 1 期。

20. 郑镛：《论闽南文化的特质及其生态保护》，《福建师范大学学报》（哲学社会科学版），2010 年，第 1 期。

21. 郑振满：《国际化与地方化：近代闽南侨乡的社会变迁》，《近代史研究》，2010 年，第 2 期。

22. 邓玮：《论陈嘉庚先生的慈善精神及其时代意义》，《集美大学学报》（哲学社会科学版），2010 年，第 1 期。

23. 邓达宏：《近代闽南华侨捐资兴学之人文路向——兼论陈嘉庚先生办学思想》，《福建党史月刊》，2010 年，第 4 期。

24. 胡沧泽：《关于闽南文化研究的若干思考》，《漳州师范学院学报》（哲学社会科学版），2011 年，第 1 期。

25. 黄科安：《闽南文化与泉州戏曲研究》，《福建论坛》（人文社会科学版），2012 年，第 3 期。

26. 段凌平：《开漳圣王信仰及其海外传播的特点初探》，《漳州师范学院学报》（哲学社会科学版），2012 年，第 3 期。

27. 苏振芳：《两岸闽南文化的内在联系与两岸和平发展》，《中共福建省委党校学报》，2012 年，第 5 期。

28. 杨雪燕：《闽南文化在推动两岸文化交流与发展中的影响与作用》，《天津市社会主义学院学报》，2013年，第3期。

29. 林华东：《肇端于汉 多元融合——关于闽南文化历史形成问题的探讨》，《东南学术》，2013年，第4期。

30. 宋妍：《〈陈三五娘〉与闽南文化传播》，《长春工业大学学报》（社会科学版），2013年，第3期。

31. 施克灿：《古代社学沿革与性质考》，《教育学报》，2013年，第6期。

32. 于晓燕：《"义学"释义》，《贵州师范学院学报》，2014年，第10期。

33. 刘文波：《闽南文化的形成与人文特征》，《高等财经教育研究》，2014年，第1期。

34. 刘登翰：《闽南文化研究的几个问题》，《东南学术》，2014年，第4期。

35. 戴冠青：《闽南人的生死观及其文化意义——以闽南民间故事为例》，《东南学术》，2015年，第3期。

36. 苏振芳：《闽南文化融入21世纪海上丝绸之路建设的思考》，《中共福建省委党校学报》，2015年，第9期。

37. 郭志云：《论社会主义核心价值观与闽南文化》，《福建省社会主义学院学报》，2015年，第5期。

38. 吕秋心：《福建省历代书院述略》（一），《福建史志》，2015年，第2期。

39. 黄木锦：《槟城乔治市与世界文化遗产》，《闽商文化研究》，2015年，第2期。

40. 董晶：《陈嘉庚与中国抗战》，《侨务工作研究》，2015年，第4期。

41. 袁燕：《福建霞浦畲族女子西路式"凤凰髻"发式考察研究》，《艺术设计研究》，2015年，第3期。

42. 陈衍德：《妈祖信仰在东亚传播的特点——以新加坡天福宫和长崎福济寺为个案的研究》，《东南亚研究》，2016年，第5期。

43. 潘怡洁：《初探槟城姓氏桥社会的形成与转变》，《闽商文化研究》，2016年，第1期。

44. 王淼：《闽南童谣的当代文化价值与教育价值探析》，《文艺争鸣》，2017年，第11期。

45. 张嘉星：《再论闽南文化形成于初唐》，《福州大学学报》（哲学社会科学版），2017年，第2期。

46. 陈斌：《东南亚闽南民间美术传播的多元族裔融合现象探讨》，《齐齐哈尔大学学报》（哲学社会科学版），2018年，第7期。

47. 戴美玲、陈支平：《闽南书院文化传承与产业化发展》，《重庆社会科学》，2018年，第11期。

48. 王兰娟、陈少牧：《闽南文化在海上丝绸之路建设中的历史作用与时代价值》，《西安建筑科技大学学报》（社会科学版），2018年，第3期。

49. 时梦怡：《闽南文化是两岸同胞共同的精神家园》，《台声》，2018年，第5期。

50. 郑静玉：《融入21世纪海上丝绸之路：闽南文化的传承与创新》，《长沙理工大学学报》（社会科学版），2019年，第3期。

51. 林华东：《论闽南文化的继承性与创新性》，《闽南师范大学学报》（哲学社会科学版），2020年，第3期。

52. 韩金秒、陈光田：《闽南文化在对外汉语教学中的运用价值》，《集美大学学报》（教育科学版），2020年，第1期。

53. 王曦：《族群认同视域下闽南方言的跨境传播》，《湖南科技大学学报》（社会科学版），2020年，第5期。

54. 洪映红：《闽南文化的海洋叙事——以闽南语民间歌谣为视点》，《集美大学学报》（哲学社会科学版），2020年，第4期。

55. 陈冬珑：《闽南侨批中侨乡文化内涵探究——以德盛批信局侨批为例》，《东方收藏》，2020年，第21期。

56. 顿德华、冯丽萍：《精神遗产：侨批中的家风内涵及其现代价值》，《齐齐哈尔大学学报》（哲学社会科学版），2020年，第2期。

57. 聂德宁：《中国与文莱贸易往来的历史考察》，《中国社会经济史研究》，2020年，第2期。

58. 徐建军、谭良斌：《关于槟城姓氏桥保护与更新的几点思考》，《建筑与文化》，2021年，第7期。

59. 林小芸：《闽南文化融入闽南高校德育工作的路径探析》，《闽江学院学报》，2022年，第3期。

60. 魏宁楠：《中华文化认同视角下闽南侨批的时代价值》，《福州大学学报》（哲学社会科版），2022年，第1期。

61. 林伟莘：《闽南文化：两岸筑牢中华民族共同体意识的媒介逻辑》，《泉州师范学院学报》，2023年，第3期。

62. 宋昕睿：《闽南文化与福建电影的本土化创作》，《电影文学》，2023年，第17期。

63. 谢重光：《闽南文化多元结构刍议》，《地方文化研究》，2024年，第1期。

64. 游俊豪：《激荡风潮：陈嘉庚的现代精神与文化遗产》，《南洋问题研究》，2024年，第3期。

65. 焦建华、耿嘉岐：《陈嘉庚精神研究：以慈善捐赠为中心》，《中国经济问题》，2024年，第3期。

66. 丘金莲、林明水、吴诗雨，等：《闽南文化生态保护区文化—生态系统耦合协调发展研究》，《福建师范大学学报》（自然科学版），2024年，第3期。

学位论文类（按时间顺序排列）

1. 张军：《近代中国侨批业研究》，厦门大学，2001 年硕士学位论文。

2. 周艳玲：《闽南乡土文化与南洋华侨社会》，厦门大学，2009 年硕士学位论文。

3. 刘杰：《闽南文化在闽台文化交流中的作用研究》，华侨大学，2011 年硕士学位论文。

4. 钟璇：《闽南文化生态保护实验区建设中的政府行为研究》，华侨大学，2011 年硕士学位论文。

5. 郭丽：《唐代教育与文学》，南开大学，2012 年硕士学位论文。

6. 刘冉：《闽南文化的思想政治教育资源及其价值研究》，闽南师范大学，2014 年硕士学位论文。

7. 郑慧铭：《闽南传统民居建筑装饰及文化表达》，中央美术学院，2016 年博士学位论文。

8. 陈秋梅（Tan Chiew Mee）：《马来西亚的闽南文化传播研究》，南京大学，2017 年硕士学位论文。

9. 刘永辉：《闽南民间书院源流及建筑形制研究》，福州大学，2019 年硕士学位论文。

10. 施荣新：《爱国主义视角下的陈嘉庚教育救国研究》，西南科技大学，2019 年硕士学位论文。

11. 陈帆：《闽南历史文化遗产时空分布、影响因素及保护策略研究》，华侨大学，2020 年硕士学位论文。

12. 曾思境：《"二战"后菲马新华文文学中的闽南民俗文化书写》，闽南师范大学，2021 年硕士学位论文。

13. 孔利利：《侨批文化及其传播学价值研究》，汕头大学，2022 年博士学位论文。

14. 蔡明宏：《闽台民间历史记忆的文学书写》，福建师范大学，2023 年博士学位论文。

15. 方玲琴：《闽南文化融入大学生家国情怀培育研究》，闽南师范大学，2023 年硕士学位论文。

16. 陈晓芸：《文化距离下闽南文化对外传播研究》，湖南大学，2023 年硕士学位论文。

17. 黄鹏：《意识的构建：闽南宗祠建筑的空间教化研究》，集美大学，2024 年硕士学位论文。

报纸网站类

1. 闵秀文：《高甲戏在菲律宾》，菲律宾《世界日报》，1986 年 1 月 21 日。

2. 李金易：《银江义济社造福桑梓》，《温陵乡讯》，1987 年 7 月 29 日。

3. 《59 场酬神戏今晚开始，厦门芗剧团首演 20 场》，新加坡《联合早报》，1993 年 6 月 19 日。

4. 金元浦：《定义大众文化》，《中华读书报》，2001 年 7 月 25 日。

5. 孙蕴绮：《亲情、故土、载体、桥梁——读厦门市灌口镇陈家抗日战争前后缅甸侨批》，菲律宾《世界日报》，2006 年 6 月 4 日。

6. 林华东：《闽南文化的精神和基本内涵》，《光明日报》，2009 年 11 月 17 日，第 10 版。

7. 陈桂炳：《闽南民俗的形成及其传播》，《光明日报》，2009 年 12 月 29 日，第 11 版。

8. 林华东：《闽南方言的流播与闽台文化认同》，《光明日报》，2010 年 2 月 2 日，第 12 版。

9. 陈秋燕：《泉州古代书院与重教兴学之风》，《光明日报》，2010 年 3 月 2 日，第 12 版。

10. 林华东：《闽南文化的双重性特征》，《光明日报》，2011 年 4 月 21 日，第 11 版。

11. 严春宝：《新加坡华侨华人与辛亥革命》，《中国社会科学报》，2012 年 2 月 8 日，第 6 版。

12. 《陈嘉庚生平》，福建侨网，2014 年 11 月 3 日，http://qb.fujian.gov.cn/ztzl.cjgzt/cjgsj/cjgsp/201411/t20141103 __ 276089.htm。

13. 习近平：《两岸文化交流大有文章可做》，http://www.xinhuanet.com/politics/2015-03/04/c_1114523227.htm。

14. 习近平：《在庆祝改革开放 40 周年大会上的讲话》，《人民日报》，2018 年 12 月 19 日，第 1 版。

15. 习近平：《深化文明交流互鉴 共建亚洲命运共同体》，《人民日报》，2019 年 5 月 16 日，第 1 版。

16. 《福建省侨批档案保护与利用办法》，见于福建省人民政府网站，https://www.fujian.gov.cn/zwgk/zfxxgk/zfxxgkzc/fjsgzk/202112/t20211216_5794880.htm。

17. 习近平：《高举中国特色社会主义伟大旗帜 为全面建设社会主义现代化国家而团结奋斗——在中国共产党第二十次全国代表大会上的报告》，https://www.gov.cn/xinwen/2022-10/25/content_5721685.htm。

后 记

俗话说，四十不惑。作为一个不折不扣的闽南文化研究入门者，有机会在自己人生的第 40 个年头出版一本与家乡故土息息相关的文化论著，心中涌动着的既有责无旁贷、功成有我的光荣，更多的是临危受命、力不从心的忐忑。

闽南，这片充满深厚历史底蕴与鲜活时代生机的热土，不仅孕育了博大精深、气象万千的地域文化，更通过世世代代、成千上万海外移民的筚路蓝缕、久久为功，将这一鲜明地域特色、独特民族性格和丰富思想内涵的文化传播到五湖四海、四面八方。从今年 4 月底斗胆接下这项艰巨任务，到历时两月有余拿出稍显杂乱的初稿，再到多番冥想、几经斟酌、数易其稿终于尘埃落定，在一番与闽南文化的"角力"与"缠斗"中，我深切感受到了内心中升腾起的对闽南文化的热爱与敬仰，伴随着时间的推移而愈发浓烈。

一方水土养育一方人。作为一个土生土长的闽南人，在此之前更多只是在现实层面上直观感受着闽南独具特色的文化景观。幸得前东家的信任，加入到《福建文化海外传播丛书》的编著队伍中，让我第一次有机会从理论思辨层面系统了解闽南文化的源远流长、敢拼会赢的主要特征及其海外传播的具体表现与深刻影响。作为中华文化宝库中无可替代的璀璨明珠、别具一格的瑰丽奇葩，山海交融的闽南文化将中原文化、闽越文化、海洋文化及华侨文化等古今中外的多种元素进行了有机融合，形成了独树一帜的地域文化体系。这种文化不是抽象的、虚无的，而是具体的、可感的，它不仅体现在方言、建筑、民俗、信仰、文学、艺术、教育等方方面面，更是深深烙印在每一个普普通通的闽南人心中，成为我们无论身处何地都无法割舍的心灵港湾与精神寄托。

纸上得来终觉浅，绝知此事要躬行。书稿编著期间的短暂东南亚之行，虽然只是走马观花、浮光掠影，但那些随处可见的闽南文化印迹、熟悉亲切的乡音乡俗乡情，却让我从更加具体而微的层面上感受着闽南文化海外传播的源与流，也深刻体会到丛书编著出版的价值意义。在全方位梳理探讨闽南文化海外传播波澜壮阔的盛况时，我情不自禁地被那些敢为人先、披荆斩棘的勇敢闽南移民所感动。他们带着对家乡的无比思念和对未来的灿烂憧憬，远涉重洋、向海图强，将偏安一隅的闽南文化种子播撒在异国他乡。经年累月的代代相传，这些种子在异域文化的土壤中生根发芽、开枝散叶，与当地文化水乳交融，形成了多元文化美美与共的独特魅力。无论是东南亚的华人社区，还是欧美的唐人街，闽南文化如影随形、无处不在。它不仅为当地人带来了丰富多彩的文化体验，更是成为连接中外文化交流互鉴、构建人类命运共同体的重要桥梁纽带。

看似寻常最奇崛，成如容易却艰辛。本书的编著工作得到了福建省中华文化学院领导的高度重视与关心支持，马建荣副院长专门就本书编写工作与笔者交流讨论，并对编校体例、思路框架等具体工作进行了详细指导。福建省闽南文化研究会涂志伟副会长在百忙之中抽出宝贵时间，对全书初稿逐字逐句进行审读，肯定了论著的学术价值与作者迎难而上的勇气，提出了许多宝贵的修改意见，同时为本书拨冗作序，其提携后进之包容与付出，令人感动。从资料搜集到照片择取，再到编校修改，省中华文化学院文化交流处卓斌斌老师、林颖老师及海峡文艺出版社的相关编辑人员付出了大量心血与汗水。书稿中的许多精美图片多由友人林楷煜提供。在此，一并表示最诚挚的谢意！书稿写作期间，妻儿经常向我问询进度，不知道看到现在这般成稿满意与否？

描绘山河须彩笔，弦歌盛世待华章。真诚希望这本小书能够成为一扇窗，让读者窥见闽南文化在海外的独特魅力。同时，也期待这块"砖"能引出更多的"玉"，会有越来越多的专家学者和读者朋友加入到闽南文化的研究和传播中来，共同为传承和弘扬这份宝贵的文化遗产贡献智慧力量。

因时间仓促、水平有限，疏漏与不妥之处在所难免，恳请各位方家读者批评指正，不胜感激。

郭志云

2024 年冬日于榕城